Manuel Fernandez Alvarez

KARL V.

Herrscher eines Weltreichs

Aus dem Englischen
von Ulrich Bracher
in Zusammenarbeit mit Ursel Bracher

Wilhelm Heyne Verlag
München

HEYNE SACHBUCH
19/715

Titel der englischen Originalausgabe:
CHARLES V – ELECTED EMPEROR
AND HEREDITARY RULER
Erschienen 1975 bei Thames & Hudson, London

Dieser Titel erschien bereits in der Reihe
Heyne Biographien unter der Bandnummer 12/69

Taschenbuchausgabe 11/1999
Copyright © 1975 by Thames & Hudson, London
Copyright © der deutschsprachigen Ausgabe 1977
by Belser AG für Verlagsgeschäfte & Co. KG, Stuttgart und Zürich
Wilhelm Heyne Verlag GmbH & Co. KG, München
http://www.heyne.de
Zeittafel und Stammtafel wurden erarbeitet von Dr. Hubert Fritz
Printed in Germany 1999
Umschlagillustration: Archiv für Kunst und Geschichte, Berlin
unter Verwendung eines Gemäldes von Tizian
Umschlaggestaltung: Atelier Bachmann & Seidel, Reischach
Innenbilder: Archiv für Kunst und Geschichte, Berlin
Gesamtherstellung: Presse-Druck Augsburg

ISBN 3-453-17048-2

Inhalt

Erster Teil
Vom König zum Kaiser

1 Die Anfänge

Europa an der Wende zum 16. Jahrhundert

Gegen Ende des 15. Jahrhunderts begannen sich die National-
staaten herauszubilden. Ein neues politisches Verständnis fing an
sich zu entwickeln, das die verschiedenen Nationalitäten hinter
ihren herrschenden Dynastien verschmolz: den Tudors in England, Valois in Frankreich, Trastámaras in Spanien, Avis in Portugal. In Italien brachten die glänzenden Renaissancehöfe von
Florenz, Mailand, Mantua und Ferrara sowie das Rom der Päpste
und die Handelsstadt Venedig Werke in Kunst und Wissenschaft
hervor, wie es sie seit der Zeit des Perikles in Athen nicht mehr
gegeben hatte. Drei große Persönlichkeiten vor allem – Leonardo,
Raffael und Michelangelo – gaben Italien im Bereich der bildenden Kunst die Führung und erfüllten ihre Zeitgenossen mit Bewunderung. Italien war aber auch der Kreuzungspunkt von Han-
delswegen. Die zahlreichen Staaten füllten ihre Kassen mit den
Erträgen aus ihren wirtschaftlichen Aktivitäten. Und da war
Rom, die wohlhabende Hauptstadt der Christenheit.

Doch zum Unglück für Italien beruhte die einzigartige Stellung
in Kunst und Wirtschaft nicht auf einer stabilen inneren Struktur.
Ihrer Wehrlosigkeit wegen um so begehrter, hatte die Halbinsel
gegen Ende des 15. Jahrhunderts die Anwesenheit fremder Erobe-

rer zu erdulden. Unter der Führung Karls VIII. hatten die Franzosen jene traditionellen kriegerischen Vorstöße nach Italien wiederaufgenommen, aus welchen in ferner Vergangenheit Pippin der Kleine und Karl der Große so gewaltige Vorteile gezogen hatten.*

Die Spanier wiederum gingen unter Isabella und Ferdinand von ihrer Haltung aufmerksamen Beobachtens an den Küsten Siziliens zu aktiver Intervention im südlichen Neapel über. Im Norden meldeten sich die Deutschen, im Osten die Türken, um sich auch an der erhofften Beute zu beteiligen. So begann das neue Jahrhundert für Italien unter düsteren Vorzeichen, und für eine lange Zukunft konzentrierte sich das Interesse Europas auf den italienischen Schauplatz.

Die Aussichten für die Völker der Iberischen Halbinsel waren etwas besser. Sie waren bereits in ihre überseeischen Abenteuer eingetreten, in jene geographischen Entdeckungen, die in ihren kurz- und langfristigen Folgeerscheinungen das Leben Europas dramatisch veränderten. Die Portugiesen hatten mit Bartolomeu Dias 1487 und Vasco da Gama 1496 ihre entschlossene und eifrige Suche nach einem Seeweg bis hin nach Indien, die entlang der Westküste Afrikas und quer über den Indischen Ozean führte, zu einem erfolgreichen Abschluß gebracht. Diese Öffnung des Weges nach Ostindien brachte ihnen Gold, Sklaven und Gewürze. Durch ihren eigenen Mangel an Rohstoffquellen vorwärtsgetrieben, entdeckten die Portugiesen hier die Möglichkeit, durch die Seeverbindungen reich zu werden. Ob sie nicht etwa dabei selbst habgierig, brutal und räuberisch wurden, ist allerdings eine andere Frage.

Ähnliches geschah aber auch im Spanien von Ferdinand und Isabella. Die Eroberung des moslemischen Königreichs Granada 1492 und die abenteuerliche Seefahrt des Kolumbus nach Amerika im selben Jahr erhoben Spanien in den Rang einer großen europäischen Macht, die in Italien wie in Übersee mit auf den Plan treten konnte.

* Pippin III., der Jüngere (fälschl. aus lat. *minor* »der Kleine«, frz. le bref »der Kurze«), König der Franken 747–768, der Vorgänger Karls des Großen, errichtete eine Schutzherrschaft über das Papsttum; Karl der Große, König der Franken 768–814 und Kaiser 800–814, vereinigte das langobardische Königreich mit seinem eigenen Herrschaftsgebiet und nahm die Eiserne Krone der Langobarden an.

Europa, an seinen westlichen Küsten zum Meer hin offen und nach Osten gegen die Türken durch eine feste Verteidigungsfront abgeschlossen, besaß keine Einheit. Der einzige Versuch, einen Zusammenhalt wenigstens in einem großen Teilbereich Europas herzustellen, war der des habsburgischen Kaisers Maximilian I. (1493–1519); aber es gelang ihm nicht, das alte Heilige Römische Reich in einen modernen zentralistischen Staat zu verwandeln.*

Die Niederlande gehörten formell zum Reich. Sie waren ertragreiche Lande, in denen sich tausend Straßen kreuzten, – zum materiellen Nutzen ihrer vielen Städte. Die reichsten Gebiete lagen im Süden, in Flandern und Brabant, wo das Wachstum der Städte Brennpunkte von Handel und Kultur geschaffen hatte: Brügge, damals ein zur See hin offener Hafen, mit seinem Tuchgewerbe; Brüssel, die Hauptstadt Brabants; Antwerpen mit seiner günstigen Lage an der Scheldemündung. Und nicht zuletzt: Gent.

Hier sollte der künftige Kaiser Karl V. zur Welt kommen, der Enkel Maximilians und Marias von Burgund. Er war der Sohn von Maximilians Sohn, Philipp dem Schönen, der die Niederlande von 1494 bis zu seinem Tode 1506 regierte.

Gent zu Beginn des 16. Jahrhunderts

Die Stadt Gent war ein hervorragendes Beispiel für die besondere Art städtischen Wachstums, wie es im nördlichen Teil Europas von der Seine bis zum Rhein zu Beginn der Neuzeit auftrat. In den Kunstschätzen in ihrer Kathedrale spiegeln sich der neuerworbene Reichtum der Mittelschicht, den sich diese durch Gewerbe und Handel erworben hat, hochentwickeltes Handwerkertum und das hohe Niveau der Entwicklung im allgemeinen – man denke an das Meisterwerk der Brüder van Eyck, die *Anbetung des Lammes*, und noch heute kann man auch den stolzen Glockenturm bewundern. Gent liegt am Zusammenfluß der Leie mit der Schelde und ist deshalb offen für Fluß- wie Meerschiffahrt. Früh wurde

---

* Maximilian I. ließ im ganzen Reich einen Ewigen Landfrieden verkündigen; er richtete das Reichskammergericht und den Reichshofrat (einen Gerichtshof, der ihm allein unterstand) ein und teilte das Reich in zehn Kreise: Österreich, Bayern, Schwaben, Franken, Oberrhein, Niederrhein (und Westfalen), Burgund, Kurrhein, Niedersachsen, Obersachsen.

es zu einem der bedeutendsten Zentren in der Grafschaft Flandern. Gegen Ende des 12. Jahrhunderts hatten sich die Grafen von Gent eine mächtige Festung erbaut, in deren Architektur man Spuren der von den Kreuzfahrten nach Europa gebrachten vorderorientalischen Einflüsse feststellen kann.

Es kann nicht überraschen, daß Philipp der Schöne und seine Gemahlin Johanna von Spanien sich Gent nach ihrer Heirat 1496 zum Wohnsitz erkoren. Diese Stadt lag im Herzen der höchstentwickelten Kultur im damaligen nördlichen Europa. Man war aufgeschlossen für das Neue. Gerüchte gingen um, ein unbekannter genuesischer Seefahrer – niemand wußte Genaueres – habe sich in ein phantastisches Abenteuer auf das gefährliche Meer jenseits von Cap Finisterre hinausgewagt; anstatt, wie erwartet, unterzugehen, habe er aufregende neue Landstriche und außerordentliche Dinge entdeckt. Manche lächelten ungläubig. Aber niemand zweifelte an den erfolgreichen Unternehmungen der portugiesischen Seefahrer entlang den Küsten Afrikas und um das Kap der Guten Hoffnung herum. Die Portugiesen hatten ihr Ziel erreicht, indem sie in einem jahrelangen Mühen sich ihren Weg durch die Hindernisse der Südsee ertrotzt hatten. Schwerer war es, daran zu glauben, daß ein Mann namens Kolumbus denselben Erfolg auf der westlichen Route in einem einzigen Anlauf erreicht hatte. Die Zeit bewegte sich in schnellem Lauf neuen Entwicklungen entgegen: man stand am Beginn eines neuen Zeitalters. Von den glänzenden Renaissancehöfen her blies ein frischer Wind, den man überall in Europa freudig empfand und einatmete. Dank Gutenbergs Erfindung konnten schon viele Gedrucktes lesen – und man erkannte das als ein Wunder, auch wenn gebildete Leute noch immer die Meinung vertraten, die gedruckten Bücher wirkten roh und vergänglich im Vergleich zu den herrlichen Büchern, die man in traditioneller Weise von Hand verzierte, unter Aufwendung großer Sorgfalt und Geduld. Es gab noch andere Anzeichen weitreichender Veränderungen. Das alte Byzantinische Reich hatte sich endlich dem Ansturm der Osmanen ergeben müssen. Türkische Säbel wüteten in den christlichen Gebieten des Balkans.

England und Frankreich beendeten ihren Hundertjährigen Krieg, der zuvor unendlich geschienen hatte. Beide Länder sahen sich Bürgerkriegen gegenüber; in England kam der Sieg für das Haus York über das Haus Lancaster rascher, als es in Frankreich gelingen konnte, den Kampf gegen den lehensabhängigen Karl den Kühnen zum Erfolg zu führen. Ludwig XI. errang den schließlichen Sieg 1477, während das Haus Burgund einige nützliche dynastische Verbindungen einging: Maria, die Tochter Karls des Kühnen, heiratete Maximilian von Habsburg, der 1493 zum Kaiser gewählt wurde; und die Kinder aus dieser Ehe, Philipp und Margarete, heirateten wiederum 1496 und 1497 Juan und Johanna, Sohn und Tochter von Ferdinand und Isabella von Spanien. Juan starb erbenlos schon sechs Monate nach seiner Heirat. Aber Philipp und Johanna hatten mehrere Kinder, als deren ältestes im Jahr 1500 Karl geboren wurde.

Die stolze Stadt Gent feierte seine Geburt mit großem Glanz, weil er der Erbe der Niederlande und der Freigrafschaft war; als solcher wurde er mit Freudenkundgebungen begrüßt, wie man sie heute nicht mehr kennt. Überhaupt läßt sich die Atmosphäre einer Zeit, die für uns um beinahe ein halbes Jahrtausend zurückliegt, nur schwer lebendigmachen. Jene Periode liegt ihrer Vergangenheit noch näher als unserer Gegenwart, wegen der schnellen technologischen Entwicklung in der neueren Zeit. Die Bewältigung alltäglicher Probleme, wie etwa die Überwindung von Entfernungen, die Versorgung von Städten und der Schutz gegen Krankheit, insbesondere die Pest, war damals eine riesengroße Aufgabe. Zur Nacht sanken die Städte in eine Dunkelheit, wie sie heute nur noch in einsamen Landgegenden herrscht. Die Jahreszeiten erfuhr man mit voller Gewalt. Der Mensch stand viel mehr als wir heute unter dem Einfluß seiner Umwelt; er war bestimmt durch die doppelte Bewegung der Erde um sich selbst und um die Sonne. Für uns bedeutet die Nacht nur das Aufgehen der Gestirne, aber für die Menschen jener Zeit war die Nacht noch voll von Übeltätern; der Hexenglaube war weit verbreitet. Gebildete gaben sich immer mehr der Astrologie hin, die durch die Renaissance eine sehr hohe Geltung erhielt.

Das Getümmel in den Städten während des Tages wich zur Nacht völliger Stille. Tagsüber jedoch gellten ununterbrochen die Schreie der Bettler, Lumpensammler und von Leuten, die sich um vielerlei Arbeit bemühten, durch die Straßen; sie priesen ihre Waren, ihre Kraft und ihre Fertigkeiten an, so lange und so laut sie nur konnten. Kam die Nacht, so wurden die Stadttore geschlossen. Wer in der Stadt lebte, begab sich zu Hause zur Ruhe; die

Straßen waren dann verlassen, finster, still und unsicher. Wagte sich ein Vornehmer außer Hause, war er immer von Dienerschaft begleitet, die ihm mit Fackeln leuchtete und zu seinem Schutz bereit war. Große Städte waren bei Nacht regelrecht in der Hand der Unterwelt. Man suchte von seiten der Behörden dem zu begegnen, indem man Nachtwächter anstellte.

Die Grundunsicherheit in jener Zeit gab dem Leben einen zusätzlichen Reiz romantischen Abenteuers. Als Ferdinand der Katholische sich als Kronprinz um die Hand Isabellas von Kastilien bewarb, gelangte er in ihr Land verkleidet als Diener einer Gruppe aragonesischer Kaufleute. Man las begeistert Ritterbücher; die Taten und Unternehmungen zahlloser Chevaliers boten einen willkommenen Gegensatz zu einer Wirklichkeit, die häufig rauh und grausam war. Bald kamen die unwahrscheinlichen Berichte über die Abenteuer der Seefahrer zu solchen Ausflügen in die Phantasiewelt hinzu, und noch Jahre danach sollte Thomas More seine *Utopia* auf diesen phantastischen Erzählungen aufbauen. Der Glaube an die Astrologie ließ Leute an die Universitäten die Forderung stellen, sie sollten in ihren Vorlesungsplänen eine Wissenschaft berücksichtigen, die »eine große Bedeutung für die Wohlfahrt der Menschheit« besitze. Eine Atmosphäre von Magie überwältigte alle und ließ die Menschen an Prophezeiungen und Hexen glauben. Bei diesen suchten sie Hilfe für ihre erotischen Probleme – um dann wieder, wenn die Furcht in ihnen erwachte, nach der Verbrennung von Hexen zu rufen. Noch hatte man keine Macht über die Natur, und die Vernunft – auf die man sich ja doch nicht voll verlassen konnte – war nicht stark genug, den Kult der Magie zu brechen. Der Glaube an die heimlichen Künste machte die Alchemie zur anerkannteren Wissenschaft als die Chemie. Man ging lieber zum Quacksalber als zum tüchtigen Wundarzt.

Ortschaften schmolzen durch Hungersnot und Seuche zusammen. Das offene Land war voll von Bettlern; in den Städten lagen sie ständig den Reichen auf. Sie versperrten die Türen zu den Kirchen und kamen in großer Zahl zu Wallfahrten und Jahrmärkten. All diese düsteren und finsteren Aspekte besaß ein Zeitalter, das zwar in das volle Licht des Tages hinausdrängte, in Wirklichkeit aber noch tief im Schatten des Aberglaubens lag. Man wußte, daß die Kirche unter Alexander VI. in einem sehr schlechten Zustand war, indes Cesare Borgia, der Sohn des Papstes, sich in Mittelitalien ein Königreich zusammenzubauen begann. Viele hielten den Dominikaner Savonarola für einen ›Heiligen‹, weil er seine Stimme gegen die Sünden Roms erhoben hatte; seine Verbrennung auf dem Scheiterhaufen erschien ihnen als ein Fehlurteil.

So sah Europa 1500 aus, im letzten Jahr des dahingegangenen 15. Jahrhunderts. Und in eben diesem Jahr wurde nun in der reichen Kaufmannsstadt Gent ein Fürstensohn geboren, dessen Schicksal einzigartig sein sollte. Wie wir schon sagten, war Karl bei seiner Geburt lediglich Erbe der Niederlande und der Freigrafschaft. Aber er wurde danach zum mächtigsten Monarchen seines Zeitalters, zum König von Kastilien und Aragon, zum Herrn über die sagenhaften Schätze Indiens, der letzte Kaiser, der um die Einheit der Christenheit in Europa kämpfte. Für viele war er eine Heldengestalt, für andere ein Gescheiterter. Gebildete des 20. Jahrhunderts sehen in ihm einen Vorkämpfer für ein geeintes Europa, um dessen Zustandekommen sie sich selbst noch mühen.

Am 24. Februar 1500, dem Tag des Apostels Matthäus, war Gent jedenfalls erfüllt von Jubel. Die Gemahlin des Herzogs Philipp des Schönen, Grafen von Flandern und Herrschers über die Niederlande und die Freigrafschaft, wurde von einem Sohn entbunden. Zwölf Tage darauf wurde er in der Kathedrale St. Bavo (Sint Baafs) getauft; er erhielt seinen Namen nach seinem Urgroßvater Karl dem Kühnen. Der burgundischen Tradition zu Ehren wurde Karl von der letzten noch lebenden Repräsentantin der alten Generation, Margarete von York, der Witwe Karls des Kühnen, zur Kirche getragen. Noch immer war die Erinnerung an diesen mächtigen Fürsten lebendig: er war der glänzendste Herrscher seiner Zeit gewesen und 44jährig in der Schlacht gegen die Schweizer 1477 gefallen. Es war, als wolle man das Schicksal des Neugeborenen unter den Glanz seiner Gegenwart und seines Ruhmes stellen.

Der Tod ebnete Karl schon bald den Weg zur Macht. Don Juan, der einzige männliche Erbe Ferdinands und Isabellas, war schon 1497 gestorben. Ihm folgte sein nachgeborener Sohn, und damit wurde Spanien zum Erbe in der weiblichen Linie. Don Juans ältere Schwester Isabella war dem König von Portugal Manuel I. vermählt worden; die beiden hatten einen Sohn, den Infanten Miguel. Isabella und Miguel waren auch schon von den Cortes von Aragon und Kastilien als Erben anerkannt worden. Aber Königin

Isabella von Kastilien sollte mit der Prophezeiung recht behalten, die sie aussprach, als sie die Nachricht erhielt, am Matthäustag sei der Enkel geboren worden. Sie erinnerte an einen Satz im Evangelium und rief aus: ›Er wird der Glückliche sein!‹ Und so war es auch; denn der bald aufeinanderfolgende Tod Isabellas von Portugal und des Infanten Miguel im Juli 1500 machte den Weg frei für Karl von Gent.

Karls Kindheit und Erziehung

Titel und Ehren überhäuften alsbald den Neugeborenen. Die ritterliche Tradition mit ihrem strengen Ehrenkodex und ihrem Sinn für die *gloire*, die man von einem Herrscher erwartete, bestimmte die Erziehung Karls und übte einen tiefen Einfluß auf ihn aus. Noch ehe er ein Jahr alt war, schlug ihn sein Vater zum Mitglied des Ordens vom Goldenen Vlies; noch zu Lebzeiten trat er das Herzogtum Luxemburg an ihn ab. Nach dem Tod Philipps 1506 wurde Karl Graf von Flandern und nomineller Herrscher der Niederlande und der Freigrafschaft. Zehn Jahre später brachte ihm der Tod seines Großvaters, Ferdinands von Aragon, die spanischen Königreiche ein. Seine Mutter Johanna lebte zwar noch bis 1555, aber ihre schwache seelische Gesundheit (sie litt unter Melancholie) machte sie unfähig zur Regierung. Ihre Mutter Isabella war 1504 gestorben, und Ferdinand übernahm die Regentschaft bis 1506, als Philipp und Johanna nach Spanien kamen. Dann starb Philipp noch im gleichen Jahr, und Ferdinand übernahm, nachdem er seine Tochter hatte unter strenge Bewachung stellen lassen, 1507 erneut die Regentschaft im Namen seiner Tochter und als Vormund für deren Sohn Karl, den vermutlichen Erben. Ferdinand selbst starb im Jahr 1516. Johanna *la Loca* (die Wahnsinnige), wie man sie üblicherweise nennt, blieb bis zu ihrem Tod in strikter Klausur. Der Reisende, der sich Tordesillas nähert, mag noch heute die Gegenwart der unglücklichen Königin empfinden, die im Turm hoch über dem Duero-Fluß dahinsiechte.

Karl und seine drei Schwestern Eleonore, Isabella und Maria – in den Niederlanden zurückgelassen – hätten als Waisen aufwachsen müssen, hätte sich nicht ihre Tante, die Erzherzogin Margarete von Österreich, liebevoll ihrer angenommen. Selbst zweimal verwitwet, in erster Ehe mit Don Juan von Spanien und in zweiter mit Herzog Philibert von Savoyen, kannte die kinderlose junge Frau keinen anderen Gedanken als den, für ihren Neffen und ihre Nichten zu sorgen und die Herrschaft über die Niederen Lande, in denen sie geboren war, für Karl zu führen.

Im Juni 1507 befand sich der burgundische Hof in Mecheln, wo sich die Generalstaaten zur Proklamation des neuen Herrschers versammelt hatten. In der Kirche St. Rombaut (Romuald) erscholl der traditionelle Ruf: ›Der König ist tot; lang lebe der König!‹ Karl, ein siebenjähriger Knabe, mußte den formellen Ritus erfüllen; er vollzog einen Ritterschlag, indem er einem vor ihm Knienden mit dem Schwert der Gerechtigkeit über die Schultern streifte, und er forderte die Abgeordneten der Generalstaaten auf, dem Budget zuzustimmen, das seine Tante als Regentin der Niederlande und Vormund für ihn und seine Schwestern benötigte.

Das Kunsthistorische Museum in Wien besitzt ein Gemälde, das Karl als kleines Kind darstellte. Es handelt sich um ein hölzernes Triptychon, das Karl auf der mittleren Tafel mit der Kette des Ordens vom Goldenen Vlies zeigt; ihm zur Seite seine beiden Schwestern, Eleonore und Isabella, unter ihrem jeweiligen Wappen. Isabella, die nur ein Jahr alt ist, trägt eine Puppe. Der unbekannte Maler legte in die Gesichter der beiden älteren Kinder einen unglaublichen Ernst. Nur Isabella ist so dargestellt, wie sie wirklich war, nämlich als ein noch ganz in seine Welt versunkenes Kind.

Karl verbrachte seine frühen Jahre am Hof von Mecheln. Ein Spanier, Luis de Vaca, brachte ihm Spanisch bei und erzählte vom fernen Kastilien. Aber Karls hauptsächlicher Erzieher war der Dechant der Kathedrale von Löwen, Adrian von Utrecht, ein wahrhaft vergeistigter Mann und großartiger Lehrer, der 1522 zum Haupt der Christenheit gewählt wurde. Zu Karls Umgebung gehörte auch Wilhelm von Croy, Herr von Chièvres, dessen Macht- und Ruhmsucht ihn die Stellung eines künftigen Günstlings erhoffen ließ. Er bewachte persönlich den Schlaf des Prinzen und ließ sein Bett in Karls Schlafzimmer rücken, ›damit er, sollte er erwachen, jemand hat, mit dem er sich unterhalten kann‹. 1515 führte Chièvres im Vertrauen auf seinen Einfluß über den Prinzen eine politische Kampagne gegen Margarete von Österreich an, um deren Ruf zu untergraben; es gelang ihm, ihren Einfluß auf ihren

Neffen zu brechen. Margaretes Regentschaft wurde mit Zustimmung ihres eigenen Vaters, Maximilians I., beendet. Die Generalstaaten wiederum bewilligten für den Kaiser eine große Summe als Zeichen der Dankbarkeit dafür, daß er eingewilligt hatte, daß sein Enkel Karl im Alter von erst 15 Jahren für volljährig erklärt wurde.

Noch im selben Jahr stand Karl im vollen Gefühl seiner Verantwortung seinen Untertanen gegenüber und umschrieb seine Vorstellung vom Herrscheramt mit einem sehr einfachen Satz: ›Seid ihr gute und treue Untertanen, so werde ich euch ein guter Herrscher sein.‹ Diese Szene ereignete sich in der Versammlungs-Halle des Herzogspalastes in Brüssel, Karls erster Hauptstadt. Hier begann seine Regierung, und hier endete sie auch 40 Jahre später, als er als Kaiser Karl V. wieder hierherkam, um seine Abschiedsrede an die Niederlande zu halten.

Zu Beginn war Karl nicht sehr belastet mit Staatsgeschäften, weil Chièvres nur zu sehr interessiert war, sie zu besorgen. Karl, der junge Fürst der Terrakotta-Büste von Conrad Meit (sie befindet sich heute im Hôtel Gruthuys in Brügge), vertrieb sich die Zeit zunächst mit Gesellschaften und Jagd. Sein Wahlspruch hieß *Nondum* (Noch nicht); er sollte ihn später abändern in das anspruchsvollere *Plus Ultra* (Noch mehr).

2 Erste Begegnung mit Spanien

Die Reise von Brüssel nach Kastilien

Im Jahr 1516 zwang der Tod seines Großvaters, Ferdinands des Katholischen, Karl, die Niederlande zu verlassen und nach Spanien zu reisen. Dort im Süden, in den vom Mittelmeer bespülten Ländern, wollten die spanischen Königreiche ihrem Herrn und Souverän den Huldigungseid leisten. Und Karl seinerseits mußte schwören, daß er ihre Rechte und Privilegien aufrechterhalten wolle.

Karl wurde jetzt zum Empfänger vieler Ratschläge von seinen neuen Untertanen, die gerne seine Gunst gewinnen wollten. Einer von ihnen, der klüger oder kühner war als die anderen, reiste von Spanien an den Hof in Brüssel. Es war Francisco de los Cobos, einer der Sekretäre Ferdinands des Katholischen. Anfänglich war er mit einer bescheidenen Rolle zufrieden, aber allmählich machte ihn seine Kenntnis·kastilischer Finanzen für Karl immer unentbehrlicher.(1)

Karls Reise nach Spanien mußte sorgfältig vorbereitet werden. Man mußte außerdem für die Regierung und die Sicherheit der Niederlande während seiner Abwesenheit Vorsorge treffen. Der König des benachbarten Frankreich, Franz I., war begierig danach, Ruhm und Ehre auf dem Schlachtfeld zu erringen. Seine Regierung hatte sehr vielversprechend begonnen; man redete überall in Europa von seinem glänzenden Sieg über die Schweizer bei Marignano. Mit einem Schlag war es ihm gelungen, sich im Herzogtum Mailand festzusetzen.

Man mußte unbedingt mit Franz einen Nichtangriffsvertrag abschließen, sollte der französische König nicht Karls Abwesenheit dazu ausnützen, einen militärischen Angriff gegen Brabant vorzutragen. Das Ergebnis der Verhandlungen war der Vertrag von Noyon, der einige demütigende Artikel enthielt. Karl unterzeichnete ihn als Graf von Flandern; er versprach, Frankreich einen jährlichen Tribut von 100 000 Dukaten zu zahlen, und mußte anerkennen, daß der kastilische Anspruch auf Navarra ›nicht über alle Zweifel erhaben‹ sei. Dafür verpflichtete sich Franz I. zu einem künftigen Bündnis, in dem er Karl seine kleine Tochter zur Frau anbot; sie sollte diesem das umstrittene Königreich Neapel als Mitgift einbringen. Karl schlug Franz zum Ritter vom Goldenen Vlies. Doch vermochte der König von Frankreich diese Auszeichnung nicht richtig zu würdigen. Wenn wir seinen Chronisten Glauben schenken können, so trug er die Kette überhaupt nur drei Tage lang.

Nun konnte Karl also nach Spanien reisen, in das Land von Ferdinand und Isabella, das das maurische Königreich Granada erobert, 1492 Kolumbus unterstützt, 1504 die Franzosen in Neapel in die Flucht geschlagen und zwischen 1509 und 1511 Teile Nordafrikas überrannt hatte. Viele sprachen lobend von Spanien; andere wieder äußerten sich weniger angetan und sogar schroff ablehnend. Denn Spanien war auch das Land der Inquisition, das Juden, die zum Katholizismus übergetreten waren, gequält hatte, weil sie angeblich noch immer am Judentum festhielten; 1492 hatte man die Juden, die nicht zum katholischen Glauben übertreten wollten, des Landes verwiesen. Spanien, so konnte man meinen, war eine Mischung von Abenteuerlust, ritterlichen Bestrebungen und religiösen Leidenschaften.

Bevor Karl in Begleitung seiner älteren Schwester Eleonore die Niederlande verließ (Eleonore war ein freundliches Mädchen, mit dem sich Karl gut verstand), berief er eine Versammlung der Generalstaaten zu Gent ein. In seinem Namen wandte sich der Kanzler, Jean Sauvage, an die Versammelten. Karl zog es vor, im Hintergrund zu bleiben, und nur auf die Bitte der Anwesenden wagte er sich vor, um die Abschiedszeremonie zu beenden. Er dankte den Abgeordneten für ihre Treue und sicherte ihnen zu, er werde seine Pflichten als ihr Herrscher erfüllen. Der Geschichtsschreiber Laurent Vital erzählt, als ihr Fürst den Ständen Lebewohl sagte, sei ›jedermann in Tränen ausgebrochen‹.(2) Dieser Gefühlsausbruch läßt sich zum Teil durch das eingewurzelte monarchische Empfinden der Zeit erklären; er geht zum anderen Teil darauf zurück, daß man wußte, wie gefährlich eine so lange Reise wie die vor Karl liegende sein konnte.

Im Frühjahr 1517 reisten Karl und sein Gefolge durch Flandern zur Küste. Die königliche Suite bewegte sich langsam von Gent nach Brügge, dann nach Middelburg und endlich zu dem Hafen von Vlissingen, wo sich die Schiffe sammelten, die Karl nach Spanien bringen sollten. Unterwegs war Karl überall von seinen Untertanen herzlich begrüßt worden, so daß es ihm sogar zu viel wurde. In seinem Alter zählten ja Gefahren nicht, alles Neue war aufregend, und Karl stellte sich die Seereise als ein großes Abenteuer vor. Er konnte sich aber nicht sofort aufs Meer begeben, weil die Schiffe erst auf günstigen Wind warten mußten. Der ganze Sommer verstrich, ohne daß sich der Nordostwind einstellte, den die Seeleute für den besten Wind für eine Seereise nach Spanien hielten. Langsam vergingen die Tage. Einige Höflinge begannen zu murren, es sei sinnlos, noch länger zu warten; der Sommer sei jetzt vorbei und man werde in diesem Jahr nicht mehr segeln können. Aber am 5. September schlug der Wind um, und am 6. kam er spürbar von Nordost. Die Schiffer versicherten Karl, sie würden ihn in sechs Tagen zu seinen spanischen Königreichen bringen, wenn er sich nur eilig an Bord begebe. Karl willigte ein. Damit hatte sein lebenslanges Reisen zu Land und zur See seinen Anfang genommen.

Auf dem königlichen Schiff befanden sich auch Eleonore mit ihrem weiblichen Gefolge, Karls wichtigste Minister aus Spanien und Burgund – Chièvres, Sauvage, Mota, der Bischof von Bajadoz, Don Garcia de Padilla* – und andere von geringerer Bedeutung. Die Flotte des Königs wurde von dem mächtigsten niederländischen Schiff geleitet, dem schwerbestückten ›Engel‹, der bereit war, sich jedem Gegner zu stellen. Der Biskaya kundige Seeleute waren als Steuermänner angeheuert, erfahrene kastilische Seefahrer. An Bord befand sich auch der Navigator der Flotte Philipps des Schönen. Blieb der Wind günstig, so konnte die Seefahrt in sechs oder sieben Tagen zu Ende sein. Wenn aber der Wind drehte oder die Schiffe in Windstille oder Sturm gerieten, konnte die Reise gut zweimal so lang dauern. Es konnte geschehen, daß die Flotte abgetrieben oder an Land getrieben wurde, an Stellen, wo man sich nicht auskannte, oder die Schiffe konnten auch auf Grund laufen. Und das waren noch nicht die einzigen Gefahren. Ein sorglos verstreuter Funke konnte die hölzernen Segelschiffe leicht in Brand setzen, die zudem kräftig kalfatert und mit Pech bedeckt waren, so daß sie für Feuer noch anfälliger waren. Nebel konnte die Flotte zerstreuen oder zu Zusammenstößen führen. Man mußte sorgfältig nach Piraten Ausschau halten, die wie Aasgeier herumlauerten, ob nicht ein Schiff zurückblieb. Stürme konnten die Fahrzeuge zerstören, von denen keines größer war als 500 oder 600 Tonnen. Windstille führte, indem sie die Reise in die Länge zog, zum Verderb von Nahrungsmitteln und zu Seuchen. Jede dieser drohenden Gefahren – Feuer, Havarie oder Krankheit – konnte zum Verlust der ganzen Mannschaft führen. Um so weit wie möglich all diesen Zufällen vorzubeugen, hatte man einen detaillierten Code ausgearbeitet, mit Lichtsignalen und Warnschüssen.

Für den jungen König waren die ersten Tage an Bord voll von neuen und aufregenden Erlebnissen. Am ersten Morgen wurde er

---

* Ähnlich wie Cobos waren Mota und Padilla nach Flandern gekommen, um sich bei dem neuen Herrscher beliebt zu machen.

seekrank, ward aber bald wieder gesund. Um ihn gegen den starken, kalten Nordostwind zu schützen, hüllte man ihn in zobelbesetzte Gewänder. Den Morgen verbrachte er immer mit seiner Schwester und ihren Damen; er belustigte sich über die Possen seines Hofnarren, unterhielt sich und sagte seine Gebete auf. Das Mittagessen gedieh zu einer Art festlichen Wettbewerbs zwischen den Bediensteten, die versuchten, mit Fleisch beladene Platten zum Tisch des Königs zu tragen. Das Rollen der Wellen warf oft Diener und Essen übereinander. War das Meer ruhig, so erfreuten sich alle daran, dem Tanz der Delphine zuzusehen; und die Herren des Hofes ließen sich zum Schiff des Königs rudern, um ihm ihre Aufwartung zu machen. Die Windstille beunruhigte aber die Seeleute: sie wußten, daß länger andauernde Flaute das Aufkommen wilder Stürme anzeigte.

Schon in der ersten Nacht während der Fahrt in den Ärmelkanal ereignete sich ein Unglück, als das Schiff, auf dem sich die Pferde des Königs befanden, in Feuer geriet. Es sank mit Mann und Maus. Besatzung und Passagiere, unter diesen einige Prostituierte, zählten zusammen 160 Menschen. Man nahm zuerst an, das Feuer habe auch das Flaggschiff der Flotte vernichtet, aber am Morgen zeigte sich, daß das zweite zerstörte Schiff – folgen wir dem Zeugnis des Chronisten über das Ereignis – eines von denen war, die am wenigsten ›gente de bien‹ an Bord hatten.*

Als der Rest der Flotte die Hälfte des Wegs zurückgelegt hatte, begegnete sie einem Schiff, das von Süden kam. Es zeigte sich, daß es aus der Biskaya kam und schwerbeladen war mit süßem Wein und Früchten – Orangen, Zitronen, Trauben, Granatäpfeln – für Flandern. Der Kapitän brachte dem König Früchte und Wein als Geschenk. Es war Karls erstes Zusammentreffen mit den Kaufleuten, die spanische Erzeugnisse nach dem übrigen Europa brachten.

Die Flotte des Königs traf nun auf ungünstigen Wind und überstand mehrere Stürme. Als am 18. September Land in Sicht kam, war man sich nicht recht klar, ob es sich um die Biskaya oder Santander handelte. In Wirklichkeit war es Asturien. Im frühen 16. Jahrhundert geschahen beim Navigieren solche Irrtümer, weil man noch keine genauen Instrumente hatte. Ursprünglich hatte

---

* ›gente de bien‹ bedeutet Leute von Rang, ›anständige‹ Leute (Anm. des Übersetzers).

man in Santander landen wollen, um leichter die kastilische Hochebene erklimmen zu können. Doch die Unbequemlichkeit einer Landreise war, wie groß auch immer, den Gefahren einer weiteren Seefahrt vorzuziehen. Karl und sein Gefolge gingen daher an Land. Sie waren in der Nähe der Bucht von Villaviciosa gelandet, vielleicht an der Stelle, die den Namen Tazones trägt.

Das Gelände steigt hier steil an. Der Strand wird von hohen Klippen beherrscht, und darüber erheben sich in allen Schattierungen von Grün Ketten von Bergen, die zu hohen Gipfeln ansteigen, auf welchen zu Anfang September schon der erste Schnee liegt. Das Land ist rauh, und die Bevölkerung hat die kurz angebundene und unfreundliche Art von Menschen, die es nicht gewohnt sind, Fremden zu begegnen. Da man nicht wußte, ob die kleine Flotte, die nahe der Küste in Sicht kam, aus Freund oder Feind bestand, rüstete sich die ganze Gegend mit Schwertern, Wurfspießen und Stöcken aus, um sich zu stellen. Als aber die Reisenden Fuß an Land setzten und die kastilische Flagge wehen ließen, verwandelte sich die Kampfbereitschaft in eine Geste des Willkommens.

Die königliche Barke trug Karl und seine Schwester mit ihrem Gefolge nach Villaviciosa, wo sie vier Tage verbrachten, währenddem sich der königliche Wagentroß für ihr Gepäck bildete. Die meisten Schiffe der Flotte segelten darauf nach Santander, wo ein triumphaler Empfang vorbereitet worden war. Unterdessen genoß Karl die bäuerlichen Willkommenszeremonien, gelegentlich auch einmal einen Stierkampf, in den kleinen Städten an der Ostküste von Asturien: Villaviciosa, Ribadesella und Llanes. Man mußte sich mit dem zufrieden geben, was da war; Etikette spielte keine Rolle. In San Vicente de la Barquera wurde Karl krank und mußte einige Tage ruhen. Als sich die königliche Gesellschaft dann wieder auf die Reise begab, verließ sie die Küste und begann zum zentralen Hochland aufzusteigen. Man überquerte das Kantabrische Gebirge beim Paß von Reinosa. Karls erste Begegnung mit dem offiziellen Spanien fand erst statt, als er Aguilar del Campo erreichte, wo ihn der Bischof von Burgos feierlich begrüßte.

Noch hatte eine wichtigere Begegnung, auf die ganz Spanien mit angehaltenem Atem wartete, nicht stattgefunden. Seit Ferdinands Tod zu Beginn des Jahres 1516 hatten die spanischen Königreiche unter der Regentschaft des Kardinals Cisneros gestanden. Seine Regierungsqualitäten hatten schon ihre Probe bestanden, als Philipp der Schöne 1506 starb. Aber inzwischen waren zehn Jahre vergangen, und Cisneros war jetzt ein Achtziger; das Land gehorchte ihm nicht mehr so gerne. Außerdem erhob sich die Nachfolgefrage. Im Grund genommen war Karl rechtmäßiger Erbe der Kronen von Kastilien und Aragon; aber sein Anspruch auf den Thron wurde dadurch beeinträchtigt, daß seine Mutter, Königin Johanna, noch lebte und daß sein Bruder Ferdinand, der drei Jahre jünger, aber im Herzen Kastiliens geboren war, in Spanien weilte. Viele hielten diesen für den gegebenen neuen Herrscher. Cisneros wiederum legte sehr großen Wert darauf, daß Karl sein Erbe auf friedliche Weise in Besitz nahm; nicht zuletzt weil einige Mitglieder des Adels, wie etwa Pedro Girón, Anzeichen der Unruhe zeigten. Alarmierende Nachrichten aus Nordafrika verstärkten noch die allgemeine Unsicherheit: Algier war durch die Brüder Horudsch und Khair ad-Din Barbarossa zurückerobert worden.

Cisneros mußte all seine Kräfte zusammennehmen, um diesen Schwierigkeiten gewachsen zu sein. Er entwarf einen Plan für ein stehendes Heer, das erste, das es je in Kastilien gab, die sogenannten *Ordenanzasleute,* mit deren Hilfe er dem Königreich für Karl I. den Frieden bewahren wollte. Aber man hatte seinen Plan in Brüssel verworfen und Adrian von Utrecht mit starken Vollmachten nach Spanien geschickt, so als entziehe der Hof Cisneros sein Vertrauen. Aber das war noch nicht alles. In Kastilien angekommen, verzögerte der königliche Zug das Zusammentreffen mit Cisneros. Das war ein politischer Schachzug, hinter dem ebenso, vielleicht sogar noch mehr, der Kastilier Mota steckte, der Bischof von Bajadoz sowie der Flame Chièvres. Mota befürchtete, im Vergleich mit den Diensten, die der große alte Mann der Krone geleistet hatte, könnten seine eigenen Verdienste nicht genügend Anerkennung finden. Der noch junge König war leicht dahin zu bringen, daß er an Cisneros eine Depesche sandte, die diesen in eine weniger herausragende Stellung versetzte. Es war ein Glück für den bejahrten Kardinal, der jetzt schwer krank in Roa weilte, daß er die Botschaft nie zu Gesicht bekam: seine treuesten Mitarbeiter, so etwa der Bischof von Ávila, übergaben ihm den Brief nicht. Aber Cisneros muß es sehr schmerzlich empfunden haben, wie langsam der König und sein Hof sich durch Alt-Kastilien bewegten. Von größerer Bedeutung als die Demütigung für einen bewährten Diener der kastilischen Krone war die darin zum Ausdruck kommende geringschätzige Behandlung Kastiliens. Weder Mota noch Chièvres scheint das zum Bewußtsein gekommen zu sein, und sie ließen Cisneros in Roa sterben, ohne daß sie Karl zu einem Besuch bei ihm zu veranlassen suchten.(3)

Karl besucht seine Mutter in Tordesillas

Bevor sie in Valladolid einzogen, besuchten Karl und seine Schwester ihre Mutter in Tordesillas. Der Hauprgrund für diesen Besuch war politischer Art, aber er diente auch dem Zusammentreffen der Familie. In einem Turm, von dem aus man über den Duero hinausblicken konnte, lebte Johanna mit ihrer jetzt zehnjährigen Tochter Katharina, an die sich die Mutter als an eine letzte Erinnerung an ihren verstorbenen Gatten klammerte. Sie war mit Katharina schwanger, als Philipp starb. Die Geburt des Mädchen war wie ein letztes Geschenk, wie wenn man einen Brief erhält von jemand, der nicht mehr am Leben ist. Durch das Geplauder der Tochter hörte sie ihren Gatten reden. Sie hütete sie eifersüchtig. Johanna hatte keine direkte Beziehung zu ihren anderen Kindern; aber niemand wagte ihr Katharina wegzunehmen. Um sich zu versichern, daß man ihr nicht das Kind raubte, ließ Johanna Katharina in einem Alkoven schlafen, zu dem man nur gelangen konnte, wenn man ihr eigenes Schlafzimmer durchquerte. Das kleine Mädchen wuchs als Gefangene auf, so wie seine Mutter lebte; es kam mit keinen anderen Kindern zusammen. Sein einziges Vergnügen war, durch ein Fenster zu schauen, von dem aus es zuweilen arme, aber freie Kinder spielen sehen konnte. Wir wissen aus dem Bericht Laurent Vitals, daß Katharina häufig darum bat, man solle die Kinder da spielen lassen, wo sie diese beobachten konnte; dann warf sie ihnen kleine Silbermünzen zu, damit sie Lust bekamen, wiederzukommen.

Karl war erschüttert, als er seine kleine Schwester sah. Seiner Mutter war nicht mehr zu helfen. Aber er nahm sich vor, Katharina zu schützen. Wie anders hatten er und seine übrigen Geschwister ihre Kindheit verbracht! Ein Zeitgenosse wußte, Katharina habe über ihrem schlichten Hemd kein anderes Kleidungsstück getragen als eine Jacke aus Schaffell, die weniger als zwei Dukaten wert war. Ihre Gesellschaft habe nur aus zwei alten Dienerinnen bestanden.

In dieser harten Schule wuchs die zukünftige Königin von Portugal heran. Obwohl Karl und Eleonore, tief gerührt, ihr Schicksal ein wenig verbessern konnten, mußten sie eine passendere Gelegenheit abwarten, um Katharina von ihrer Mutter zu trennen.* Die Königin blieb in Tordesillas unter der Obhut des Marquis von Denia, der schon seit der Regentschaft Ferdinands des Katholischen in Kastilien Johannas Betreuer und Wächter war. Der Marquis erfüllte seine Aufgabe – sie bestand darin, zu verhindern, daß die Königin zum Ausgangspunkt politischer Intrigen wurde – entschlossen und zeitweise fanatisch. Der neue König bestätigte ihn in seiner Stellung. Als Karl 1520 seinen zweiten Besuch in Tordesillas vorbereitete, schrieb er am 14. Januar von Barcelona an Denia: ›Es scheint mir, das beste und angemessenste, was Ihr tun könnt, ist, sicherzustellen, daß niemand mit Ihrer Majestät spricht, weil das zu nichts Gutem führen könnte.‹ (4) Der Brief war von Cobos mitunterzeichnet; ohne Zweifel war dieser mit seinem Inhalt einig.

Karls offizielle Begegnung mit Kastilien

Anfang November 1517 verließ Karl Tordesillas und reiste nach Valladolid, wo sich der Adel Kastiliens versammelte, um ihn mit Pracht und Zeremoniell zu empfangen. In Mojados stieß sein Bruder Ferdinand zu ihm. Er war erst 14 Jahre alt, machte aber Karls Ratgebern schon wirklich Sorge, weil einige kastilische Edelleute in seiner Umgebung Ferdinand für den wahren Erbprinzen Spaniens ansahen. Ferdinand seinerseits war ganz bereit, seinem Bruder Karl zu huldigen. Er beugte sein Knie vor Karl als seinem

---

* Dies geschah 1525, als sie mit Johann III. von Portugal vermählt wurde.

König; und dieser umarmte seinen Bruder und verlieh ihm den Orden vom Goldenen Vlies. Von da an ritten die drei königlichen Geschwister zusammen. Gemeinsam zogen sie in Valladolid ein.

Die Hauptstadt am Pisuerga-Fluß war voll von Menschen. Zu Karls burgundischen und flämischen Ratgebern und Ferdinands kastilischem Gefolge gesellten sich bald die spanischen Großen, um sich mit ihren vornehmen Adelsgenossen aus den Niederlanden in unvergleichlichem Prunk und edlem Verhalten zu messen: die Herzöge von Béjar und Nájera, die Marquésen von Villeña und Astorga. Auch Abgesandte des Papstes und viele Fürsten der Christenheit hatten sich eingefunden, um den neuen König von Kastilien und Aragon zu begrüßen. Der Erzbischof von Zaragoza, der natürliche Sohn Ferdinands des Katholischen, war zur Stelle, und ebenso Ferdinands Witwe Germaine de Foix.* Festlichkeiten liefen ab – ritterliche Spiele, Turniere und höfische Bälle.

Der Glanz der Vergnügungen stand in krassem Gegensatz zu praktischen Problemen, wie etwa der Unterbringung. Valladolid hatte nur wenige Häuser, die sich für vornehme Besucher eigneten; die meisten Häuser waren klein und nur aus Holz. Eine große Anzahl Niederländer mußten in Klöstern und den Häusern der weltlichen Priester untergebracht werden, wodurch die Betroffenen sich in ihren Rechten eingeschränkt fühlten, so daß sie sehr unwillig waren. Es kam bald zutage, daß die Stadt im allgemeinen die fremden Leute in Karls Gefolge nicht gern mochte, und mehr als ein Duell zwischen Kastilianer und Niederländer beschmutzte die Straßen Valladolids mit Blut.

In dieser gespannten Atmosphäre traten 1518 die Cortes zusammen. Ihre Abgeordneten (die *procuradores*) drückten ihr Mißfallen und ihren Argwohn gegen Karls ausländische Ratgeber aus. Der König, den sein Rat schlecht beraten hatte, hatte die Deputierten herausgefordert, indem er den Vorsitz in den Cortes seinem Kanzler Jean Sauvage übertragen hatte. Die Reaktion darauf ließ nicht auf sich warten; die *procuradores* waren aus demselben Holz wie die *conquistadores*. Sie verweigerten den Fremden den Zutritt zu den Cortes und wiesen dem König mit aller Deutlichkeit eine Rolle als Monarch Spaniens zu: er mußte die Gesetze und

---

* Die Nichte Ludwigs XII., die Ferdinand dem Vertrag von Blois zufolge 1506 geheiratet hatte (Anm. des Übersetzers).

Privilegien des Königreichs Kastilien achten; er mußte seine Aufgaben erfüllen, deren erste die Bewahrung der Gerechtigkeit war. Sie sprachen eine unverblümte Sprache: ›Denn tatsächlich ist ja der König unser Herr, den wir bezahlen, und aus diesem Grund teilen seine Untertanen mit ihm einen Teil ihrer Einkünfte und ihres Vermögens und dienen ihm mit Einsatz ihres Lebens, wenn sie dazu aufgefordert werden.‹(5). Sie legten Gewicht auf das vertragliche Verhältnis zwischen der Krone und dem Volk, das, wenn auch stillschweigend geschlossen, um nichts weniger wirklich sei. Nach diesem Vertrag hatte der König gerecht zu sein; wie konnte er es aber sein, wenn seine Minister ihren eigenen Vorteil suchten? Karl, so hieß es, solle sein Verhalten nach der Bibel richten: ›Du sollst mein Volk richten und weise Männer erwählen, die Gott fürchten, die Verstand haben und die Begierden verabscheuen.‹ Die Deputierten erinnerten Karl daran, daß seine Mutter Königin von Kastilien sei. Sie ließen ihn außerdem wissen, daß Isabella in ihrem Testament die leitenden Grundsätze für die Regierung Kastiliens niedergelegt habe; es sei darin eindeutig ausgedrückt, daß keine Ämter in Spanien an Ausländer gehen sollten. Zuletzt regten sie an, Karl solle selbst Kastilisch lernen, da dies der einzige Weg sei, wie er seine Untertanen verstehen könne und sie ihn.

Karl ließ durch einen Sprecher antworten: ›Auf diese Forderung antworte ich, daß ich ihren Sinn einsehe und mich in der Tat bemühen werde, Kastilisch zu lernen. Ich verstehe, daß diese Forderung im Interesse des Königreichs Kastilien ausgesprochen worden ist; demgemäß habe ich schon damit begonnen, mich mit euch, seinen Deputierten, und auch mit anderen Untertanen dieser Königreiche zu beraten.‹(6)

Unter den Vertretern der Städte trat nach dem Bericht der Chronisten einer der beiden Deputierten von Burgos, Zumel, besonders hervor; dieser forderte im Namen der Versammlung Karl auf, zu schwören: er wolle die Privilegien (*fueros*) der Königreiche Kastilien und Leon achten und Navarra in Besitz behalten, das – als Vorsichtsmaßnahme gegen französische Pläne – durch ein Heer unter der Führung des Herzogs von Alba 1512 in Namen Ferdinands besetzt worden war.

Zumel stellte an Karl auch die Forderung, er solle gestatten, daß sein Bruder Ferdinand in Kastilien blieb, weil er Karls direkter Nachfolger war, solange Karl noch nicht geheiratet und einen leiblichen Erben gezeugt hatte. Karl jedoch traf, vermutlich gewarnt durch seinen Großvater, den Kaiser Maximilian, insgeheim Vorbereitungen, damit sein Bruder Kastilien sobald wie möglich verlassen konnte, was angesichts der Umstände eine kluge Maßnahme war. Ferdinand stellte eine zu große Gefahr dar. Er hatte mächtige Anhänger. Er war der Infant, der, in Kastilien geboren und aufgewachsen, mit dessen Gewohnheiten, Sitten und Sprache vertraut war. Karl dagegen hatte nichts an sich, was ihn dem spanischen Volk empfehlen konnte, außer der Tatsache, daß er Johannas erstgeborener Sohn war. Um Schwierigkeiten, die vielleicht sogar zu bewaffneten Auseinandersetzungen führen konnten, zu vermeiden, entschloß sich Karl, Ferdinand zum Verlassen seines Vaterlandes zu veranlassen. Man schickte ihn nach Santander zur Überfahrt nach Flandern, versehen mit allgemeinen, aber ungenauen Versprechungen im Blick auf seine politische Zukunft. Ein Kurier sollte dem König sofort berichten, wenn das Schiff in See stach.

3   Die Wahl zum Kaiser

Ein neuer Kaiser

Nachdem er geschworen hatte, er wolle die Gesetze und Privilegien Kastiliens achten, erhielt Karl ein Subsidium von 600000 Dukaten für drei Jahre; darauf reiste er in Richtung Aragon. Am 15. Mai 1518 kam er in Zaragoza an, wo er auf eine ebenso starke Opposition traf wie in den kastilischen Cortes. Es kostete ihn acht Monate, bis er vor den Cortes von Aragon die Anerkennung fand und 200000 Dukaten in Subsidien erhielt. Während dieser Zeit wurde die Ehe zwischen seiner Schwester Eleonore und dem König von Portugal, Dom Manuel I., zustande gebracht; Karl setzte so die Politik der Freundschaft und der Ehebündnisse fort, die Ferdinand und Isabella begonnen hatten.

Von Zaragoza begab sich Karl zu Beginn des Jahres 1519 nach Barcelona, um mit den Katalanen zu verhandeln. Auf dem Weg dorthin erreichte ihn die Nachricht vom Tod seines Großvaters, des Kaisers Maximilian I. Ein neuer Kaiser würde zu wählen sein, und die Kaiserwahl wurde jetzt für Karl zum Thema Nummer eins, hinter dem alles andere zurücktrat. In Barcelona hielt er ein Kapitel des Ordens vom Goldenen Vlies ab und verlieh den größten spanischen Edlen die Kette des Ordens. Weiter fanden Gespräche statt über Fragen, die die innere Regierung des Fürstentums Katalonien betrafen; etwa, wie man sich gegen die Korsaren der Barbaresken zur Wehr setzen sollte, die in den innersten Hafen von Barcelona eingedrungen waren. Die katalonischen Cortes (*consejo de ciento*) und die Gilden (*gremios*) von Valencia legten Karl ausdrückliche Forderungen, eine gute Regierung betreffend, vor; Antworten mußten ausgearbeitet werden. Während des Aufenthalts in Barcelona erfuhr Karl auch, was sich in Erforschung und Expansion in den spanischen Überseeländern Neues getan hatte. Er erhielt die Nachricht von den Großtaten eines gewissen Hernán Cortés und gewährte finanzielle Unterstützung für Maghellan, der Ostindien erreichen wollte, indem er in einem Versuch der Weltumsegelung nach Westen fuhr.

Über all das wurde gesprochen und entschieden; aber Karls eigentliches Interesse galt der Frage der Kaiserwahl. Gemäß der Goldenen Bulle, die Karl IV. in der Mitte des 14. Jahrhunderts erlassen hatte, fiel die Verantwortlichkeit für die Wahl des neuen Kaisers auf sieben Kurfürsten des Reiches: den König von Böhmen, die Erzbischöfe von Köln, Mainz und Trier und die Fürsten von Brandenburg, Sachsen und der Pfalzgrafschaft. Der Erzbischof von Mainz rief die Kurfürsten einen Monat nach dem Tod des Kaisers zusammen. Dann erhielten sie eine Frist von drei Monaten, nach deren Ablauf sie sich für die eigentliche Wahl in Frankfurt versammeln sollten; diese Wahl mußte innerhalb eines Monats von da an stattfinden. Es war also nicht viel Zeit. Karl hoffte sehr, man werde ihn wählen. Er wußte, daß sein Großvater vor seinem Tod seinetwegen geheime Verhandlungen mit den sieben Kurfürsten geführt hatte. Als Mitglied des Hauses Habsburg und demnach von deutscher Abstammung, war er tatsächlich ein gegebener Kandidat; aber er war nie in Deutschland gewesen und konnte kein Deutsch. So hing jetzt alles davon ab, ob sich ein anderer Kandidat fand, der den Kurfürsten mehr zusagte. Ein Rivale erstand in der Gestalt Franz I. von Frankreich: der Herrscher Frankreichs und sein Vasall, der Graf von Flandern, sollten sich gegenseitig auf dem diplomatischen Feld zur Probe stellen.

Daß Franz I. sich um die Kaiserwürde bewarb, war nicht überraschend. Seit seinem Sieg in Italien bei Marignano galt er als der mächtigste Monarch in der Christenheit. Die Erkenntnis seiner eigenen Stärke ließ ihn nach noch größeren Triumphen streben. Die Kaiserkrone war sein Ziel. Der junge französische König war wagemutig und siegessicher; seine Sicherheit und sein Hochmut überzeugten andere, er werde wohl den Erfolg erringen. Karl von Gent dagegen war völlig unbekannt. Er war der vom Glück begünstigte Erbe der Katholischen Majestäten; aber niemand wußte, ob er die Fähigkeit besaß, sein märchenhaftes Erbe richtig zu gebrauchen.

Während Karls kastilische Untertanen weiter daran arbeiteten, seinen Herrschaftsbereich in beiden Teilen Amerikas auszudehnen, ließen sich Anzeichen des Widerstands gegen seine Herrschaft erkennen. Die Spannung zwischen Kastilianern und Niederländern, die feste Haltung der Cortes, die Schwierigkeiten, deren sich Karl und seine Ratgeber in Zaragoza und Barcelona gegenübersahen, wurden jeweils von fremden Beobachtern registriert. Der allgemeine Eindruck, den man von Karl hatte, war der eines nach innen gerichteten Jünglings, der von Ministern, darunter vor allem von Chièvres und Mota, gelenkt wurde. Dem Gerücht zufolge hatte einer seiner aragonesischen Untertanen, als er Karl mit halbgeöffnetem Mund sah, sarkastisch bemerkt, der König tue gut daran, den Mund zu schließen: spanische Fliegen seien unverschämt, und eine von ihnen könnte ihm leicht in den Mund geraten. Das war natürlich mehr Gerede, klang aber doch glaubhaft – und das war ausreichend. Karls Äußeres war wirklich wenig einnehmend. Wer konnte an seinen Sieg glauben in der Auseinandersetzung mit Franz I. um die Kaiserkrone?

Aber Karls Aussehen und Verhalten täuschten. Er machte den Eindruck eines jungen Menschen, der wie ein Schlafwandler durch das Leben ging; aber was er wirklich dachte, war eine andere Sache. Stück für Stück lernte er die politischen Gegebenheiten seines Amtes. Er beging Fehler oder gestand denjenigen, auf die er sein Vertrauen setzte, Fehler zu. Aber er begann doch seinen

Willen für Ziele einzusetzen, auf die es ihm selbst ankam. Die Kaiserwürde war das erste dieser Ziele.

Sobald Karl in Lérida im Februar 1519 durch einen Sonderkurier von Maximilians Tod erfahren hatte, beeilte er sich, die Kurfürsten an ihre Versprechungen gegenüber dem verstorbenen Kaiser zu erinnern. Kuriere wurden alsbald in alle Teile Deutschlands beordert. Karls Tante Margarete war wegen der Nachbarschaft der Niederlande zu Deutschland die ideale Figur für Verhandlungen mit den deutschen Fürsten. Alle sieben Kurfürsten mußten gewonnen werden, und Karl mußte rasch vorgehen, ehe Rivalen ihre Forderungen anmelden konnten. Jeder Tag zählte. Im Blick auf die offenbar guten Beziehungen, die zwischen ihm und Frankreich herrschten, hielt Karl es für klug, dem französischen König seinen Plan, sich um die Kaiserkrone zu bewerben, mitzuteilen. Franz I. machte kein Geheimnis aus seinen eigenen Absichten. Ganz Europa genoß seine fesche Antwort; ›Sire, wir beide werben um dieselbe Dame.‹

Karl hatte von den Katholischen Majestäten einen der größten und wirkungsvollsten diplomatischen Stäbe des 16. Jahrhunderts übernommen, dem er jetzt das Geflecht der niederländischen Diplomatie unter der unermüdlichen Margarete anfügen konnte. Nur das päpstliche Rom mit seinen *nuncios* und Kardinälen arbeitete noch vollkommener. Der Einfluß Roms konnte sich in der Wahl um so stärker geltend machen, weil drei der Kurfürsten Männer der Kirche waren: die Erzbischöfe und Kurfürsten von Köln, Mainz und Trier. Leo X., der von 1513 bis 1521 Papst war, war ein prunkvoller Großer der italienischen Renaissance, der Mäzen von Malern und Bildhauern wie Raffael und Michelangelo. Karl mußte versuchen, seine feindselige Einstellung gegen Rom, die durch die Freundschaft Leos X. mit Franz I. seit Marignano entstanden war, aufzugeben. Die Päpste wiederum hatten seit der Zeit der Herrschaft des mächtigen Kaisers Friedrich II. etwas dagegen, daß der König von Neapel Kaiser wurde, weil eine derartige Kombination ihre politische Unabhängigkeit bedrohte, die sie als Voraussetzung für ihre geistliche Unabhängigkeit ansahen. Wollte sich der Papst nicht zum Hausgeistlichen des Kaisers herabwürdigen lassen, mußte er, wie eine Bulle aus der Zeit des Pontifikats Clemens' IV. es formulierte, verhindern, daß Neapel im Bereich des Kaisertums eine Rolle spielte.

Da Karl als Inhaber der aragonesischen Krone zugleich König von Neapel war, wünschte Leo X. seine Wahl zum Kaiser zu verhindern. Karls diplomatische Tätigkeit mußte sich deshalb gegen zwei mächtige Gegner wenden: Frankreich und den Kirchenstaat. Es gab noch weitere Rivalen, deren Kandidatur aber weniger wahrscheinlich war als die Franz' I. Gerüchte sprachen davon, Heinrich VIII. von England sei unter diesen. Und in Deutschland gab es viele, die den Kurfürsten von Sachsen, Friedrich den Weisen, für den geeignetsten Kandidaten hielten. Margarete hielt die Chancen Karls für so gering, daß sie ihren Neffen Ferdinand als Kandidaten vorschlagen wollte, weil sich in seinem Fall das Argument Neapel nicht einstellte. Bei dieser Anregung aber erwachte Karls trotziger Wille angesichts eines Widerstands. Er befahl seiner Tante, sie solle sich seinen Anweisungen genau fügen: alles sei für seine eigene Kandidatur einzusetzen; als Erbe der Häuser Österreich und Spanien, Burgund und Neapel sei er der Ansicht, daß die Ehre der Kaiserkrone ihm zustehe – jede andere Lösung wäre ›schmachvoll‹.

Die Frist ging zu Ende. Franz I. hatte bereits den Kurfürsten von Brandenburg und den Erzbischof von Trier gewonnen. Seine Propaganda war klug. Karl, so ließ er andeuten, sei keine Gestalt, die des Reichs würdig sei, er habe keine Erfahrung in der Politik; und war es nicht möglich, daß er den Wahnsinn seiner Mutter, Doña Juanas, geerbt hatte? Die Anfangsrunden des Streits um die Kaiserkrone schienen an den französischen König zu gehen. Das allerdings hatte ihn ein Vermögen gekostet, das sich in die Taschen der Kurfürsten und ihrer Ratgeber verteilte. Durch Geschenke und das Versprechen künftiger Unterstützung hatte er die Hilfe des Herzogs von Württemberg gewonnen; er war auch in Verhandlungen mit dem berühmten *condottiere* Franz von Sickingen eingetreten. Indem er gleichzeitig Geldgeschenke und die Drohung mit Gewalt einsetzte, glaubte Franz sich den schließlichen Erfolg gesichert zu haben. Aber etwas ging schief mit dem französischen Anspruch. Franz empfand, er brauche mehr Geld, und versuchte Kredite zu bekommen von den Fuggern in Augsburg, den finanzkräftigsten Bankiers nicht nur in Deutschland, sondern von ganz Europa. Aber er hatte kein Glück. Die Fugger wollten die französische Kandidatur nicht unterstützen; ihr deutscher Nationalismus veranlaßte sie, sich hinter Karl zu stellen. Ihre Unterstützung erwies sich als entscheidend dafür, daß der König von Spanien schließlich den Sieg davontrug.

Auch die Sendlinge Karls trugen zu diesem Sieg bei. Sie bewegten sich frei und wirksam im Bereich der Diplomatie und zeigten ebensoviel Aufmerksamkeit für die Interessen der Kurfürsten wie für die Stimmung der öffentlichen Meinung in Deutschland. Den Kurfürsten versicherte man, ihre Interessen würden die ›angemessene Anerkennung‹ finden, wenn sie sich hinter Karl stellten. Franz I. wurde als ein Despot dargestellt, der, wählte man ihn zum Kaiser, ›die Freiheiten Deutschlands vernichten‹ würde. Vergleiche man damit den König von Spanien und Herzog von Burgund: als erste Regierungshandlung in Spanien wie in den Niederlanden habe er geschworen, die Gesetze und Privilegien in seinen verschiedenen Herrschaftsgebieten zu achten. Allein schon die Tatsache, daß er Herrscher über so viele Gebiete war, würde sich zum Vorteil der Kurfürsten auswirken – da er so selten im Land sein könne, hätten sie große Handlungsfreiheit. In öffentlichen Kundgebungen versuchte man die Zustimmung der einfachen Leute in Deutschland zu gewinnen, während in den Ohren der Mächtigen die Versprechungen reicherer Belohnung Widerhall fanden.

An Geld wurde nicht gespart. Karl machte ohne Zögern große Schulden, weil er annahm, er werde sie künftig ohne Mühe zurückzahlen können. Er brauchte das Geld jetzt, sehr viel Geld, weil man die Stimmen kaufen mußte. Er nahm Kredit auf bei Bankiers in Italien und Deutschland: bei den Fornari in Genua und den Welsern in Deutschland, in erster Linie aber bei den Fuggern.(1) Es war dies der Anfang jener Allianz zwischen Politik und Hochfinanz, die seine ganze Regierungszeit beherrschen sollte. Glücklicherweise begann zu dieser Zeit Hernán Cortés jene bemerkenswerten Eroberungszüge auf dem amerikanischen Festland, die sich als so wesentlich für die Finanzierung von Karls Politik herausstellen sollten. Im Augenblick allerdings bildeten noch die Einnahmen Kastiliens die Hauptstütze für Karls Kredit bei den Bankiers.

Karl errang seinen ersten Erfolg in Deutschland, als der Kurfürst von der Pfalz begann, sich für seine Sache einzusetzen. Ermutigt hatte ihn dazu sein Bruder, der Pfalzgraf Friedrich, der in enger Beziehung zum burgundischen Hof stand. Auch daß sich der Erzbischof von Mainz zu Karl schlug, war Margaretes Bemühungen zu danken: man versprach ihm als Belohnung für seine Wahlstimme die Großkanzlerschaft des Heiligen Römischen Reichs. Geld redete in beiden Fällen mit; der pfälzische Kurfürst erhielt 139 000 Goldgulden und der Erzbischof 103 000. Auch den Ratgebern beider Kurfürsten mußte man ihren Mut durch Geldsummen oder andere wertvolle Geschenke und Pensionen stärken. Die Wahlstimme des Erzbischofs von Köln war billiger (sie kostete 40 000 Gulden), was vielleicht auf das besondere Geschick von Karls Sonderbotschafter, dem Grafen Heinrich von Nassau, zurückzuführen war. Daß Ludwig II., der König von Böhmen, eines seit langem mit den Habsburgern verbündeten Staates, für Karl stimmen würde, durfte man annehmen. Und so fühlte sich denn gegen Ende Mai der König von Spanien einer Mehrheit der Stimmen im Kurfürsten-Kollegium einigermaßen sicher.

Aber das Spiel war noch nicht gewonnen. Friedrich der Weise, der Beschützer Luthers, hatte sich bisher über seine Absichten ausgeschwiegen. Leo X. wirkte auf ihn ein, er solle seine Kandidatur erklären; er hatte ihm die persönliche Unterstützung zugesagt gegen ein Versprechen Friedrichs, den Augustinermönch in Schach zu halten. Das war ein verlockendes Angebot, und da die Deutschen Friedrich als ihren gegebenen Herrscher ansehen mochten, konnte er sehr wohl den beiden Hauptbewerbern Stimmen abnehmen. Da Franz I. sich der günstigen Position und des hohen Ansehens Friedrichs bewußt war, versuchte er mit ihm zu unterhandeln. Der französische König konnte nicht wissen, daß der sächsische Kurfürst erfahren hatte, daß Franz Joachim I., dem Kurfürsten von Brandenburg, das Amt eines Reichsverwesers und königlichen Status bei diplomatischen Anlässen zugesagt hatte – das hatte den Sachsen tief verletzt. Auch Karl versuchte Friedrich von Sachsen auf seine Seite zu bringen; er deutete die Möglichkeit einer späteren Heirat seiner Schwester Katharina mit Johann Friedrich, dem Neffen des Kurfürsten, an. Als entscheidender Faktor in der Wahl stellte sich heraus, daß Friedrich der Weise keinen persönlichen Ehrgeiz besaß. Er wurde im ersten Wahlgang gewählt, nahm aber die Wahl nicht an und stimmte selbst im zweiten Wahlgang für Karl von Spanien. Wie zu erwarten, gewann seine Entscheidung auch diejenigen für die habsburgische Kandidatur, die sich noch nicht dafür entschieden hatten.

Die sieben Kurfürsten versammelten sich dem Brauch gemäß in Frankfurt, und der Erzbischof von Mainz forderte seinen Trierer Kollegen auf, seine Stimme abzugeben. ›Für Karl von Österreich‹, war die Antwort. Der Reihe nach stimmten die Kurfürsten dann ab, und am 28. Juni war Karl von Gent, der Enkelsohn Maximilians, einstimmig als Karl V. zum Kaiser des Heiligen Römischen Reiches gewählt. Das Ergebnis muß schon vor dem genannten Termin festgestanden haben, denn ein Kurier konnte Karl die Nachricht schon am 6. Juli in Barcelona überbringen. Das war ganz unmöglich, wenn er nicht schon vor dem 28. Juni abgeritten wäre; allerdings ritten Überbringer guter Neuigkeiten oft ihre Pferde zu Tode, um sich die übliche Belohnung zu sichern. Die offizielle Mitteilung, daß heißt die formelle Benachrichtigung von seiten des Kurfürsten-Kollegiums, dem der Pfälzer präsidierte, kam in Barcelona eineinhalb Monate später an als der Kurier.

So hatte Karl von Habsburg die höchste Würde errungen. Aber zugleich übernahm er die Sorgen und Lasten der Herrschaft über das Reich: das Suchen nach einer Lösung für das Problem der Verbreitung des Luthertums, gespannte Beziehungen mit dem König von Frankreich und den Widerstand seiner spanischen Untertanen. Die Verantwortung, die ein Kaiser übernahm, übertraf bei weitem die finanziellen Vorteile aus dem Amt. Manche waren der Meinung, Karl sei einem Traum nachgejagt; aber man muß neben seinem persönlichen Ehrgeiz auch seinen ererbten Sinn für Verantwortung berücksichtigen.

Ein Besuch Deutschlands war jetzt unaufschiebbar. Karls Vertreter im Ausland warnten ihn vor den Machenschaften Franz' I. Karl wußte, daß der französische König und Kardinal Wolsey, der englische Kanzler, an einem politischen Bündnis spannen, das nur gegen ihn selbst gerichtet sein konnte. Er konnte in London auf die guten Dienste seiner Tante Katharina von Aragon bauen, der Gattin Heinrichs VIII., aber diese mochten erst zum Zug kommen, wenn er als Kaiser auftreten konnte. Nachdem die katalanischen Angelegenheiten geregelt waren, brach Karl deshalb Anfang 1520 von Barcelona auf. Ohne Aufenthalt durchquerte er Aragon und hielt sich in Kastilien nur länger auf, um die Cortes einzuberufen, die ihm die für die Reise ins Reich notwendigen Mittel beschließen mußten. 1517 hatten die Niederlande die Kosten für die Flotte übernommen, die ihn nach Spanien brachte; es schien nur gerecht, daß jetzt Kastilien an der Reihe war, die Kosten zu tragen, – so dachten jedenfalls die Niederlande und der Kaiser.

Die Kastilier dachten aber anders. Ihnen gefiel es nicht, daß der König, dem sie eben erst Treue geschworen hatten, die spanischen Königreiche verlassen wollte, um sich die Kaiserkrone zu holen. Außerdem hatte Karl nun die Cortes in Santiago im Königreich Galicien zu seinem eigenen Interesse einberufen, um sie für eine Reise bezahlen zu lassen, die sie als ihren Interessen entgegenlaufend ansahen. Dafür gab es kein früheres Beispiel. In Valladolid entstand eine Verschwörung, um ihn aufzuhalten; man sandte bewaffnete Gruppen an die Stadttore von Valladolid, die Karl, wenn nötig mit Gewalt, daran hindern sollten, die Stadt zu verlassen. Diese offene Revolte drohte den Plan des Kaisers zu stören; denn er hatte nur eine kleine Zahl bewaffneter Leute um sich. Er entschloß sich aber, der Gewalt, wenn notwendig, mit Gewalt zu begegnen, und brach nach Tordesillas auf, um von seiner Mutter Abschied zu nehmen. Es kam zu keinem Zusammenstoß, denn Karl – er benutzte einen plötzlichen Regenschauer – erreichte das Tor Richtung Tordesillas zu einer Zeit, als nur wenige Verschwörer da waren, und seine Soldaten hatten keine Mühe, sie zu zerstreuen. Nachdem er die Sohnespflicht erfüllt hatte, reiste Karl in aller Eile nach Galicien. In Benavente empfing er Abgesandte der Städte Toledo und Salamanca und sprach ihnen seinen Tadel aus, weil sie die Opposition in Kastilien gegen seine Kaiserpläne anführten. Er versuchte sie einzuschüchtern: ›Würde ich nicht die von Euern Vorgängern der Krone geleisteten Dienste in Betracht ziehen, würdet ihr eine harte Strafe empfangen.‹(2) Er verließ den Raum, ohne den Deputierten eine Gelegenheit zur Antwort zu geben; er wollte ihnen damit zu verstehen geben, daß er in seiner königlichen Würde gekränkt war und ihr Verhalten nicht dulden wollte.

Trotzdem hatte er keinen raschen Erfolg. Als die Cortes in Santiago zusammentraten, bewilligten ihm die Deputierten nicht die Subsidie, die er für seine Reise nach Deutschland haben wollte, sondern bestanden darauf, daß ihre Beschwerden abgestellt wurden, ehe man über die Frage einer Bewilligung beriet. Eine solche Forderung, welche die Autorität des Monarchen gegenüber den Cortes unmittelbar tangierte, hatte es bisher noch nicht gegeben.

Karl ließ die Abgeordneten im Thronsaal zusammenkommen und hoffte, sie besänftigen zu können, indem er Mota seine Sache vertreten ließ. Der Bischof redete gewandt und mit Geschick. Er hob hervor, daß der Kaiser Spanien als die eigentliche Grundlage und Quelle seiner Macht ansehe; es sei der Teil seines Herrschaftsbereichs, den er am meisten liebe und wo er zu leben und zu sterben gedenke. Habe er das nicht bewiesen, indem er Kastilisch lernte und sich in der Art eines kastilischen Edelmanns kleidete? Er habe erst eingewilligt, die Kaiserkrone anzunehmen, nachdem seine kastilischen Ratgeber zugestimmt hatten. Er habe sie zudem nicht angenommen aus persönlichem Ehrgeiz oder Eitelkeit; er besitze ja mehr als genug durch die Erbschaft, die ihm seine Vorfahren hinterlassen hatten, und durch jene ›Königreiche von Gold‹, die seine kastilischen Untertanen in Übersee für ihn gewannen. Er habe aber die Bürde des Kaisertums übernommen, um Ziele zu erreichen, die – ohne Zweifel – auch die seiner kastilischen Untertanen seien: der Wunsch, den Übeln zu begegnen, welche die Christenheit bedrohten, und einen Kreuzzug gegen die Ungläubigen zu führen. Er versprach, er werde in drei Jahren zurückkommen, und wenn er zurückkomme, ›werde Spanien der Garten seiner Vergnügen sein, die Festung für seine Verteidigung, die Quelle seiner Macht, sein Schatz, sein Schwert, sein Roß und der Ort, wo er ruhen und weilen könne‹. Es sei wichtig für seinen guten Ruf, so schloß Mota im Namen Karls, daß der Kaiser seine spanischen Herrschaftsgebiete in guten Beziehungen zu seinen kastilischen Untertanen verlasse, – ›denn Spanien ist das eine Land, welches das Abenteuer der Kaiserkrone gelingen oder mißlingen lassen kann‹. Nach Motas Rede sprach der Kaiser selbst zu den Deputierten. Er wiederholte die Hauptpunkte, über die er verhandeln wollte, und versprach, er werde keine Ausländer mehr für spanische Ämter ernennen. Es war eine kurze Rede, aber sie erfüllte ihren Zweck, nämlich darzutun, wie gut Karl die kastilische Sprache beherrschte.

Die Cortes versammelten sich nun in der Kirche des heiligen Franz und gingen daran, über Karls Bitte um eine Bewilligung abzustimmen. Die Stimmung war gespannt, weil die kastilischen Städte ihre Abgeordneten mit sehr genauen Anweisungen versehen hatten, kein Geld zu bewilligen, ehe man nicht über die Beschwerden beraten hatte. Ein Kampf um die Macht zwischen

Fürst und Cortes begann, in dem sich der Monarch als stärker erwies. Achtzehn kastilische Städte hatten das Recht der Vertretung in den Cortes; jede konnte zwei Abgeordnete schicken. In Santiago waren aber nicht alle Städte vertreten, weil Toledo aus Gründen, die unten erklärt werden, seine Deputierten zurückgehalten hatte; und die *procuradores* von Salamanca wurden nicht zugelassen, weil ihre Instruktionen nicht in Ordnung waren. Insgesamt waren also nur 32 Deputierte anwesend, und unter diese hatte die Krone einige ihrer Anhänger einschmuggeln können. Einer der Abgeordneten von Granada etwa war Francisco de los Cobos, der Sekretär des Königs; von Burgos kam Bischof Motas Bruder, der *alcalde mayor** Garcia Ruiz de la Mota. Und Mota selbst hatte als Präsident der Versammlung großen Einfluß.

Die Abstimmung begann. Im ersten Druchgang wurde der Antrag des Königs (*proposición real*) verworfen: 12 Städte dagegen, drei dafür und eine Enthaltung. Wie zu erwarten war, hatten Burgos und Granada für Karl gestimmt, und dasselbe tat Sevilla; Ávila hatte sich enthalten. Fünf weitere Wahlgänge und Druck in Form von Bestechungsgeldern und Drohungen brachten keine Veränderung: die Deputierten blieben bei ihrer Forderung, daß man erst ihre Beschwerden beraten müsse, ehe sie dem Antrag des Königs zustimmten. Die Cortes wurden nun vertagt. Man berief sie wieder ein nach La Coruña, wo sie erneut unter Druck gesetzt wurden. Zuletzt, 21 Tage nach ihrem Zusammentreten, stimmten die Cortes im Sinne der Wünsche des Kaisers, allerdings nur mit einer absoluten Mehrheit von einer Stimme: acht stimmten dafür, sieben dagegen, und eine Stadt enthielt sich. Wären auch Toledo und Salamanca anwesend gewesen (Salamanca hätte in der Zwischenzeit vor dem Zusammentreten in La Coruña die Instruktionen seiner Vertreter erneuern können), hätte das Ergebnis anders lauten mögen. Aber in einer Zeit, als in ganz Europa die Fürstenmacht zuzunehmen schien, hätten die Cortes auch dann vielleicht ihren Willen nicht durchsetzen können.

Karl war auf jeden Fall der Sieger. Aber sein Sieg erwies sich als kurzfristig und brüchig, weil die Kastilier fühlten, daß man ihnen den Triumph abgezwungen hatte – eine Tatsache, die sie der

---

* Ein ausgebildeter Anwalt im Zivil- oder Strafprozeß, der dem *corregidor* in seinen Gerichtspflichten zur Seite stand (Anm. d. Übers.).

Liste ihrer Beschwerden hinzufügten. Toledo befand sich jetzt in offener Revolte, und Karl mußte sich entscheiden, ob er den Aufstand niederschlagen sollte, bevor er Kastilien verließ. Nachrichten von draußen halfen ihm bei seinem Entschluß. Berichte über die Erfolge Franz' I. in seinem Bemühen um eine Allianz mit England sprachen für Karl deutlich genug, daß er sich sagte, daß jetzt nicht die Zeit war, sich mit Toledo auseinanderzusetzen: er mußte so rasch wie möglich die Krönung in Aachen hinter sich bringen, um sich auf den bevorstehenden Konflikt mit Frankreich vorzubereiten. Um der diplomatischen Offensive Franz' I. zu begegnen, organisierte Karl einen kurzen Besuch am englischen Hof auf seinem Weg in die Niederlande. Heinrich VIII. hatte sich schon bereit erklärt, mit Franz I. im Juni auf dem Festland zusammenzutreffen, und am 11. April unterschrieb Karl über seinen Vertreter in London eine Abmachung, wonach er vor Heinrichs Abreise eintreffen wollte. Karls Flotte stand schon lange unter Segel. Am 20. Mai ging er für seine Reise nach England an Bord.

Indem er seinen alten Tutor Adrian von Utrecht zum Regenten von Spanien während seiner Abreise ernannte, brach Karl – nach der Auffassung der Cortes – sein eben abgegebenes Versprechen, keine Ausländer für Ämter in Spanien vorzusehen. Karl freilich sah in dem Regenten seinen persönlichen Vertreter. Die Cortes waren noch nicht auseinandergegangen; sie äußerten sofort ihre Mißbilligung. Die Deputierten von Córdoba, Valladolid, Murcia und León artikulierten ihre Meinung mit einer Festigkeit, die des berühmten Ximénez de Cisneros würdig gewesen wäre: ›Was die Frage des Regenten angeht, so ist die Tatsache, daß er nicht Spanier ist, gegen die Statuten des Reiches und dient zum Schaden seiner Bürger.‹(3)

Karls erster Besuch in England

Karls Flotte fand günstigen Wind und überquerte rasch den Golf von Biskaya; am 26. Mai ließ sie gegenüber der englischen Küste die Anker fallen. Man hatte große Vorbereitungen getroffen, um Karl willkommen zu heißen. In Dover erwartete ihn Kardinal Wolsey. Der König und die Königin, Katharina von Aragon, weilten mit dem Rest des Hofes im nahe gelegenen Canterbury.

In Übereinstimmung mit dem ritterlichen Brauch der Zeit ritt Heinrich auf die Nachricht von der Ankunft von Karls Flotte hin die ganze Nacht hindurch, um Karl persönlich zu begrüßen. Heinrich VIII. war eine der hervorragenden politischen Persönlichkeiten der ersten Hälfte des 16. Jahrhunderts. Gerade jetzt genoß er Frieden im Lande und nach außen. Elf Jahre an dem Ruder des Staates hatten ihm ein großes Maß an politischer Erfahrung vermittelt. Er war offen und dynamisch, ein guter Menschenkenner und ein Freund der Humanisten. Daß sich gleich beide mächtigen Monarchen des Festlands, Franz I. und Karl V., um seine Gunst bewarben, krönte seine Erfolge.

Die Freundschaft Englands war für Karl von der größten Bedeutung. Wenn er sich um sie bemühte, befand er sich in der Nachfolge nicht nur seiner burgundischen, sondern auch seiner kastilischen Vorfahren. Seine Wahl zum Kaiser machte diese traditionelle Freundschaft mit der englischen Krone noch notwendiger. Als Herrscher der Niederlande mußte er die Zusammenarbeit suchen mit einem Land, das seinerseits auf die Niederlande angewiesen war: flämische Tuchmacher brauchten die englische Wolle. Es war in Verfolg eines Handelsvertrags, daß Thomas More 1515 als Mitglied einer Handelsmission einige Zeit in den Niederlanden verbrachte. Mores Meisterwerk, die *Utopia*, entstand mitten aus dem Hin und Her diplomatischen Geschehens, das sich mit dieser Mission verknüpfte. In seinem Buch machte More sich Gedanken über die Fehler der Gesellschaft, in der er lebte; er versuchte eine bessere Gesellschaft zu entwerfen, wie sie sich aus den Geboten der Vernunft ergeben hätte. Seine Kritik an der bestehenden Gesellschaft zog Nahrung aus Berichten über Welten, die neuerdings jenseits der Ozeane entdeckt wurden.

Am Tag nach seiner Ankunft in England wurde Karl offiziell vom englischen Hof in Canterbury empfangen; er traf zum erstenmal Katharina, seine Tante väterlicherseits. Die Festlichkeiten anläßlich seiner Ankunft mußten kurz sein, weil Heinrich schon bald zu seiner Begegnung mit Franz I. abreisen mußte. Und auch Karl hatte für seinen Besuch in England nur fünf Tage Zeit. Aber so kurz sein Aufenthalt auch war, so trug er doch seine Früchte. Am 29. Mai wurde der Vertrag von Canterbury unterzeichnet. Er bestätigte neu das Bündnis, das zwischen Ferdinand dem Katholischen und Heinrich VIII. bestanden hatte. Heinrich war auch einverstanden, sich nach seinen Gesprächen mit Franz I. erneut auf dem Festland mit Karl zu treffen.

Es war klar, daß Heinrich sich die Angebote beider Seiten anhören wollte; aber schon die Tatsache, daß er bereit war, Karl sowohl vor als auch nach der Begegnung mit Franz I. zu treffen, berechtigte zu Hoffnungen. Und bei der zweiten Zusammenkunft mit Heinrich VIII. am 11. Juni zwischen Calais und Gravelines – nach Heinrichs prächtiger, aber ergebnisloser Begegnung mit Franz I., bekannt als ›Feld vom goldenen Tuch‹ – konnte Karl tatsächlich das erwünschte neue Bündnis mit England abschließen. Da Karl noch nicht verheiratet war, verhandelte man über eine Verbindung der Dynastien, um die politische Allianz zu bekräftigen. Die ins Auge gefaßte Ehe mit Heinrichs Tochter, Maria Tudor, ließ sich allerdings auf Jahre hinaus noch nicht verwirklichen: Maria war zu dieser Zeit erst fünf Jahre alt.

Die Kaiserkrönung in Aachen

Nach diesem Erfolg auf dem Feld der Diplomatie konnte Karl sich daranmachen, sich auf die Kaiserkrönung vorzubereiten. Es fehlte ihm zwar an Geld, aber die Generalstaaten der Niederlande sprangen mit einer Bewilligung von einer Million Goldgulden ein. Vor nicht zu langer Zeit war in Aachen die Pest aufgetreten. Es war zwar die Beerdigungsstätte Karls des Großen und der traditionelle Ort für die Kaiserkrönung; trotzdem schlugen Karls Ratgeber vor, man solle die Krönungszeremonie in einer anderen Stadt abhalten. Aber Karl selbst hatte ein starkes Gefühl für Tradition; er wollte in keiner anderen Stadt gekrönt werden als in der Kaiserresidenz Karls des Großen. So wartete er lieber zu, und diese Fähigkeit, seine Zeit abzuwarten, blieb ein Zug seines Charakters sein ganzes Leben hindurch. Sein Hofstaat hielt sich deshalb in Brüssel auf, bis man hörte, daß Aachen von der Pest frei war.

Am 23. Oktober 1520 paradierte die kaiserliche Suite durch die Straßen von Aachen. Die Fürsten des Reiches hatten sich dort versammelt, um ihren jungen Kaiser zu geleiten. Im großen Dom Karls des Großen erwarteten Karl die Erzbischöfe von Mainz und Trier; zwischen ihnen betrat er die Kirche. Die kriegerische Musik der kaiserlichen Garde mischte sich mit der Kirchenmusik, die aus den offenen Portalen der Kathedrale drang. Von weither waren die Menschen gekommen, um sich die Krönungszeremonien genau anzusehen. Sie sahen, wie man Karl zum Hochaltar geleitete. Denn erfüllte tiefes Stillschweigen den weiten Dom: die religiöse Zeremonie der Krönung sollte beginnen. Karl mußte bestimmte Fragen in Übereinstimmung mit einem jahrhundertealten Ritual beantworten und dem ritterlichen Kodex seiner Zeit Genüge tun. War er bereit, als Kaiser den alten Glauben zu bewahren, die Kirche zu schützen, gerecht zu herrschen, für die Armen und Niedrigen, die Witwen und Waisen zu sorgen? Auf jede dieser Fragen, die ihm in der Sprache der Kirche – in Latein – gestellt wurden, antwortete Karl mit einem entschlossenen *Volo* (Ich will).

Danach wandte sich der Erzbischof von Köln altem Brauch zufolge an die Versammlung, um die Anwesenden zu fragen, ob sie bereit waren, Karl als ihrem Herrn und Kaiser Treue zu geloben. Nachdem die Menge zugestimmt hatte, folgte die Weihe. Karl wurde hinten am Hals, an Brust, Händen und Haupt gesalbt, während der Erzbischof jedesmal die rituellen Worten aussprach: *Ungo te regem oleo sanctificato.* Geweiht, konnte Karl die Symbole seines neuen Amtes entgegennehmen: das Szepter, den Reichsapfel und die Krone. Die große Kirche hallte wider von dem triumphalen *Vivat, vivat, vivat rex in eternum*, und ihre Glocken läuteten mit jubilierenden Schlägen, um der Welt zu verkünden, daß Europa einen neuen Kaiser hatte.

Die Bürde der Herrschaft:
Kämpfe mit comuneros und Lutheranern.
Krieg mit Frankreich

Karls Herrschaftsgebiete erstreckten sich vom Rhein bis an die mittlere Donau und von den Alpen bis zu den baltischen Ländern. Seine Titel bildeten eine bunte Kollektion alter und neuer Würden. Noch wußte keiner, was er zu leisten fähig war. Eine Anzahl ernster Probleme waren in seinen Erblanden noch ungelöst. Gleichzeitig König von Kastilien und Aragon, Herr der Niederlande und Kaiser des Deutschen Reiches zu sein, bedeutete unvermeidlich, daß auch künftige Schwierigkeiten auftreten würden.

Um sich in Aachen krönen zu lassen, hatte Karl Spanien, und besonders seine kastilischen Untertanen, in einem Zustand schwerer Unruhe verlassen müssen. So wie die Dinge jetzt lagen, mußte Karls Stellung als König von Spanien hinter der Würde des Kaisers des Heiligen Römischen Reiches auf den zweiten Platz zurücktreten. Noch war der volle Ernst der Lage nicht klar; aber Kastilien, jenes stolze Kastilien, das die Erinnerung an die großen Taten der Katholischen Monarchen bewahrte, war zutiefst unzufrieden.

Granden, Kirchenleute und Städter ebenso wie die unter stetem Druck stehenden Bauern fühlten sich alle auf den zweiten Rang zurückgesetzt; ihr nationaler Stolz war verletzt. Der König war ein fremder Herrscher, der weder ihre Sprache genau kannte noch ihre Sitten. Sollte er sich ungestraft mit flämischen und burgundischen Höflingen umgeben, ihnen die höchsten Würden im Land anvertrauen, neue Steuern auferlegen und die spanischen Königreiche unter der Kontrolle eines Mannes lassen, der Fremder war so wie er selbst? Das Erzbistum Toledo – die reichste und mächtigste aller spanischen Diözesen, das erste an Rang unter den spanischen Erzbistümern, das unter dem großen Ximénez de Cisneros gestanden hatte – war einem jungen Herrn aus Flandern, Guillaume de Croy, übertragen worden, dessen einziges Verdienst es war, daß er ein Neffe Chièvres, des ersten Vertrauten Karls, war. Würde sich eine Wiederholung ereignen jener kurzen, aber unglücklichen Epoche unter Philipp dem Schönen (1504–1506), als Ferdinand, durch das Testament seiner Gemahlin Isabella von der Nachfolge in Kastilien ausgeschlossen, sich auf Aragon zurückgezogen hatte und die spanischen Königreiche nahe daran waren, daß sich die Verbindung von Kastilien und Aragon aufgelöst hätte? Konnte man so viel Anmaßung und Stolz der ausländischen Höflinge des Königs stillschweigend hinnehmen? Kastilien warf Karl vor, daß er seinen Bruder Ferdinand aus dem Land geschickt hatte – und das gegen den Rat der Cortes von Burgos von 1518. Zudem hatte Karl 1520 Spanien verlassen, ohne noch Toledo oder Valencia offiziell besucht zu haben. Seine spanischen Untertanen – von den vornehmsten bis zu den niedrigsten – fühlten sich tief verletzt.

Die ersten Anzeichen des Aufstandes in Kastilien fanden deshalb Unterstützung bei allen Untertanen des Reichs. Erst als der *comunero**-Aufstand sich radikalisierte, konnte der Kaiser die Granden von Kastilien auf seine Seite bringen. Die erste Ausschreitung, die Vertreibung des *corregidor* (der höchsten königlichen Beamten in der Verwaltung einer Stadt) von Toledo, hatte schon vor Karls Abreise von Spanien stattgefunden. Die internationale Lage hatte ihn jedoch gezwungen, darüber hinwegzusehen; er hatte sich um seine Reise nach England gekümmert und an die Krönungszeremonie in Aachen vorausgedacht. Karl war sich bewußt, daß das Zusammentreffen mit seinen Untertanen im Reich ihn mit den durch Luther aufgeworfenen religiösen Fragen konfrontieren mußte. Aus Karls Aufzeichnungen und seiner Korrespondenz erfahren wir, daß er die Kaiserkrone auch als eine Aufforderung ansah, in dem Kreuzzug gegen Soliman den Prächtigen, den Sultan der osmanischen Türken seit 1520, die Führung zu ergreifen. Denkt man an all diese Aufgaben, so wird verständlich, daß Karl im Augenblick den kastilischen Problemen keine volle Aufmerksamkeit zuwenden konnte. Adrian von Utrecht sandte aber immer ernstere Nachrichten. Aufständische Städte wurden durch Toledo und Madrid unterstützt. In der geschäftigen Finanz- und Handelskapitale Medina del Campo entwickelten sich zwischen Soldaten und der Bevölkerung der Stadt heftige Straßenkämpfe um den Besitz eines Geschützes, wobei ein großer Teil der Stadt dem Feuer zum Opfer fiel. Die Feuersbrunst in Medina del Campo weckte den Aufruhr unter den Städten Südkastiliens; diese entschlossen sich, mit den Städten des Nordens gemeinsam Sache zu machen. Nord- und Südkastilien entsandten so Vertreter nach Avila und setzten eine Junta ein, die den Aufstand lenken sollte – symptomatisch für ihren Glauben an die Gerechtigkeit ihrer Sache ist der Name, den sie ihr gaben: die Heilige Junta. Führer traten hervor; der bedeutendste unter ihnen war Juan Padilla von Toledo, Schwiegersohn des Grafen von Tendilla, des ersten christlichen Statthalters von Granada.

Karls schweigende Untätigkeit im Blick auf die Ereignisse des Sommers 1520 ist schwer zu erklären. Sah er sie als unwichtig an im Vergleich mit der Menge von Problemen, denen er sich in Europa gegenüberfand? Setzte er zuviel Vertrauen auf den Regenten? Oder glaubte er, seine kastilischen Untertanen würden letzt-

* Wörtlich ›vom gemeinen Volk‹ hier: Verteidiger der Privilegien der Städte gegen die Krone.

lich doch loyal bleiben? Der Gang der Dinge jedenfalls zwang ihn bald zum Eingreifen.

Im September 1520 unternahmen die *comuneros* eine wichtige Tat: sie besetzten die kleine Stadt Tordesillas und bekamen dadurch Doña Juana *la Loca* (Johanna die Wahnsinnige) in ihre Gewalt. Die Aufständischen gewannen auf diese Weise einen entscheidenden Trumpf beim Kampf um die Macht. Karls Maßnahme, daß er Ferdinand aus dem Land geschickt hatte, wurde dadurch nutzlos; denn Johanna war noch immer die Königin von Kastilien. Was würde geschehen, wenn man plötzlich die schwer Geisteskranke dazu brachte, die Sache der *comuneros* zu unterstützen? Hatten sie die Königin auf ihrer Seite, so konnten die *comuneros* ihrem Aufstand den Schein der Legitimität verleihen. Karl riskierte, seine kastilische Krone, seine spanischen und italienischen Herrschaftsgebiete und die überseeischen Besitzungen zu verlieren, ohne daß eine Hoffnung bestand, sie jemals wiederzugewinnen. Das wäre aber ein sehr hoher Preis für den Gewinn der Kaiserkrone gewesen.

Etwas mußte geschehen, und zwar rasch. Ein erster Schritt konnte sein, die Rebellen zu spalten, die Zögernden zu sich herüberzuziehen, die Mächtigen an ihre Verantwortung zu erinnern und den Beschwerden der Unzufriedenen, soweit es möglich war, entgegenzukommen. Karl mußte versuchen, die Regierung Kastiliens zu straffen, ohne Adrian von Utrecht seiner Autorität zu berauben – ein Zugeständnis, das ihm zu demütigend erschien, als daß er es in Erwägung gezogen hätte. Man fand einen Kompromiß und ernannte zwei repräsentative Vertreter des kastilischen Adels zu Mitregenten Adrians; ein Triumvirat trat also an die Stelle der persönlichen Regierung eines einzigen Regenten. Durch die Ernennung zweier kastilischer Adeliger hoffte man die anderen Granden auf die Seite des Königs zu ziehen und die Popularität der Regierung zu vermehren, indem man gleicherweise die kastilischen Traditionen wiederbelebte und die notwendige feste Ordnung herstellte, um der Situation zu begegnen. Wohlberaten von seinen spanischen Ratgebern, in erster Linie Mota, erhob Karl zu Mitregenten Adrians den Konnetabel von Kastilien, Don Iñigo de Velasco, und den Admiral Don Fadrique Enríquez. Der erstere hatte sich wegen seiner militärischen Energie und Geschicklichkeit wohlverdienten Ruhm erworben, während der letztere ein wohlerfahrener Diplomat war. Man verkündete weitere geplante Maßnahmen: die Städte und Märkte, die Karl loyal verblieben, sollten von den unpopulären Steuern befreit werden, die von den Cortes zu Santiago und La Coruña beschlossen worden waren, um die Bewilligung für den König zu bestreiten.

An Burgos, die Hauptstadt von Kastilien, und den kastilischen Adel im allgemeinen richtete man einen besonderen Appell und forderte ihre Unterstützung für das neueingerichtete Triumvirat. Das waren kluge Maßnahmen, die sofort Ergebnisse zeitigten, zumal der *comunero*-Aufstand, der als eine nationale Erhebung mit weiter Unterstützung aus allen Rängen der Gesellschaft begonnen hatte, radikal wurde. Wenn die Aufständischen die Absicht hatten, die Übel und Irrtümer abzustellen, die von der Regierung mit sich gebracht wurden, und im Reich die Gerechtigkeit wiederherzustellen, konnte es dann unterbleiben, daß sie auch die sozialen Mißstände angriffen, die sich aus der feudalen Struktur Spaniens ergaben? Dagegen standen die Bauern mit vollem Herzen hinter der *comunero*-Revolte, weil sie diese Gelegenheit ausnützen wollten, um Mißbräuche von seiten der Grundbesitzer abzustellen: schon im September 1520 erhoben sich die Bewohner der Stadt Dueñas gegen ihren Grundherrn, den Grafen von Buendía. Der Konnetabel von Kastilien, der Admiral, der Herzog von Nájera, der Graf von Benavente und alle die anderen Granden sahen jetzt ihre Privilegien in Gefahr. Der Zusammenbruch des Königtums würde die Vernichtung der Feudalstruktur Kastiliens in seinem Gefolge haben. Der hohe Adel, unterstützt von seinen Verwandten und Bekannten aus dem übrigen Adel, tat sich zur Verteidigung seiner sozialen und ökonomischen Stellung zusammen. Karl fand somit starke Verbündete in seinem Kampf gegen die *comuneros*.(4) Auch war es eine leichte Sache für den Konnetabel von Kastilien, Burgos in das royalistische Lager zurückzubringen. Burgos hegte Eifersucht gegenüber Toledo, das die Führung in dem Aufstand übernommen hatte; man konnte die jahrhundertealte Rivalität zwischen den beiden Städten im Streit um die führende Stellung unter den kastilischen Städten wirksam ausnutzen.

Aber die politische Krise war noch keinesfalls vorüber. Adrian von Utrecht, der sich in Valladolid nicht sicher fühlte, hatte hinter den Mauern von Medina de Ríoseco Zuflucht gesucht, das zum

Besitz des Admirals Don Fadrique gehörte. Hier erreichten ihn dringende Bitten um Leute und Geld vom Konnetabel von Kastilien, die er nicht erfüllen konnte. Ende September schrieb er an Karl in einem Anflug von Pessimismus, »das ganze Land von hier bis zur Sierra Morena (stehe) unter Waffen«. Wenn er die Rebellion unterdrücken solle, müsse der Kaiser ihm Truppen senden, »und wenn er sie aus der Hölle holen müßte«.

»Das Glück hilft nicht nur den Tapferen, sondern auch den Jungen.« Diese Version der klassischen Maxime, die Karl in seinen späteren Jahren zu zitieren pflegte, paßte auf die Situation in Kastilien. Entgegen der Erwartung begingen die Anführer der *comuneros* Fehler auf Fehler. Die Heilige Junta von Ávila entzog Juan Padilla den Befehl über ihre Milizen und ersetzte ihn durch einen mürrischen und unfähigen Adelsmann, Pedro Girón. Die königlichen Truppen – jetzt aktiv unterstützt von den Granden – verbesserten ihre militärische Lage Schritt für Schritt. Die Regenten erhielten vom portugiesischen König eine große Anleihe (50 000 Dukaten) und schlugen ihr Hauptquartier in Medina de Ríoseco auf. Durch einen kühnen und unvermuteten Angriff im Dezember eroberten die Regierungstruppen Tordesillas zurück und befreiten die Königinmutter. Dieser Schlag führte im Lager der *comuneros* zu schweren Zerwürfnissen. Juan Padilla wurde zurückberufen, hatte aber nicht mehr den alten feurigen Glauben an die Sache und an die Gerechtigkeit des Aufstands. Vielleicht beunruhigten ihn die Übergriffe der Massen, vor allem in den Ländereien der Adelsherren, wo die Bauern sich gegen ihre Herren erhoben; schließlich war er ja doch von Geburt ein Mitglied des Standes, gegen den er jetzt kämpfen sollte. Was immer seine Gründe waren – er zeigte Apathie und mangelnde Entschlußkraft. Er nahm die Festung Torrelobatón ein, eine starkbefestigte Stellung nahe Tordesillas, aber anstatt vorzurücken im Vertrauen auf die zahlenmäßige Überlegenheit seiner Streitkräfte, hielt er sich hinter den sicheren Wällen des Schlosses, ohne die Königlichen und die Granden anzugreifen. So konnten die beiden militärischen Hauptstützpunkte der Regierung, Burgos und Medina, ihre Truppen vereinigen und im Frühjahr 1521 die Offensive beginnen.

Im April hatte Padilla keine andere Wahl mehr, als sich in einen sichereren Platz wie Toro oder Zamora zurückzuziehen, weil Torrelobatón zu abgelegen und zu schwach war, um einer entschlossenen Belagerung die Stirn zu bieten. Er beschloß abzuziehen; doch war es dafür schon zu spät. Die königliche Armee überfiel die Streitkräfte der *comuneros* auf offenem Feld, noch weitab von den schutzversprechenden Türmen von Toro, in der Nähe des kleinen Dorfes Villalar, das der Unternehmung ihren Namen gab, die am 23. April ausgekämpft wurde und zur Niederlage Padillas führte. Die unerfahrene Infanterie der *comuneros* war der Reiterei der Regierungstruppen nicht gewachsen. Die meisten ihrer Anführer wurden gefangen; unter ihnen waren Padilla, Juan Bravo (von Segovia) und Pedro Maldonado (von Salamanca). Schon am folgenden Tag wurden alle drei hingerichtet. Die Sache der *comuneros* brach zusammen. Toledo hielt noch bis zum Oktober stand. Aber der Sieg zu Villalar hatte die Entscheidung gebracht.

In Valencia jedoch errangen die *germanías*, eine radikale soziale Bewegung ohne Zusammenhang, aber zu gleicher Zeit mit dem *comunero*-Aufstand, am 25. Juli bei Alfandech (südlich von Valencia) einen Sieg gegen die Truppen der Regierung. Aber auch hier machte der aragonesische Adel gemeinsame Sache mit den königlichen Truppen, und bald hatte man die Lage unter Kontrolle. Die Kämpfe bei Valencia hatten für Karl keine ernsthafte Herausforderung bedeutet. Obwohl sich der Konflikt bis zu den Balearen, vor allem nach Mallorca, ausbreitete, blieb er doch eine Randerscheinung; er vermochte Karls politische Position in Spanien nicht zu gefährden, wenn nur einmal die Herrschaft über Kastilien gesichert war.

Andere Staatsangelegenheiten forderten nach Villalar Karls Aufmerksamkeit. Seit dem Augenblick, da sein Fuß die Niederlande betreten hatte, stand er unter dauerndem Druck von seiten des päpstlichen *nuncio*, gegen Luther vorzugehen. Leo X. hatte den Wunsch, den Kaiser so rasch wie möglich mit der Verteidigung der Kirche beschäftigt zu sehen. Da Luther Karls Untertan im Reich war, hatte der Kaiser die Pflicht – so argumentierte Leo –, seinem Einfluß ein Ende zu setzen. Roms Bitten und Befehle hatten natürlich ihre Wirkung auf Karl, der tiefe religiöse Empfindungen hegte. Er war jedoch nicht bereit, Luther zu verdammen, ehe er ihn angehört und ihm eine Gelegenheit gegeben hatte, zu widerrufen. Es war auch nicht klug, einfach zu handeln, ohne vorher die Gefühle der Deutschen zu ergründen. Karl berief deshalb einen kaiserlichen Reichstag nach Worms ein. Am 6. März befahl er Luther (unter Zusicherung freien Geleits zum Reichstag und wieder zurück), vor ihm zu erscheinen.

Nach seiner Krönung in Aachen begab sich Karl nach Worms, wo er am 27. Januar 1521 den Reichstag eröffnete. Für Luthers Erscheinen vor Kaiser und Reich hatte man den 17. April bestimmt. Auf dem Weg nach Worms konnte Luther feststellen, wie populär ihn seine trotzige Auflehnung gegen Rom gemacht hatte. Wo auch immer er vorüberkam, drängte sich das Volk in den Straßen. Und ebenso war es in Worms.

Aber als er dann am 17. April vor der ganzen feierlichen Versammlung gefragt wurde (den Vorsitz hatte der Kaiser, indes die Fürsten und hohen geistlichen Würdenträger des Reiches mit den Abgesandten aus den freien Reichsstädten anwesend waren), ob er zu dem stehen wolle, was er geschrieben habe, obgleich doch die Kirche seine Schriften verdammt habe – da erbat sich Luther Bedenkzeit. Karl war durch diese Antwort erleichtert, glaubte er doch in seinem Optimismus, nun sei alles in Ordnung. Aber bald folgte die Enttäuschung. Als am folgenden Tag Luther erneut gefragt wurde, ob er sich zu seinen Schriften bekenne, erklärte er seinen festen Entschluß, seine Auffassungen über den christlichen Glauben beizubehalten; er war nicht bereit, Argumente anzuerkennen, die sich lediglich auf die Päpste und die Konzilien der römischen Kirche berufen konnten.

Karl geriet in Zorn über das, was ihm ein Angriff auf die heiligsten Grundsätze und Lehren der Kirche zu sein schien. Er weigerte sich, Luther weiter anzuhören. Am folgenden Tag trat der Kaiser vor den Reichstag und las laut und mit fester Stimme seine Erklärung des Glaubens an die Lehren der römischen Kirche, die aufrechtzuerhalten er bei der Krönungszeremonie in Aachen feierlich versprochen hatte, vor. Konnte er, der Kaiser, daneben stehen, während die Einheit der Christenheit gefährdet wurde? War er nicht der Nachkomme der allerchristlichsten Kaiser, Könige, Erzherzöge und Herzöge, die alle echte Söhne der römischen Kirche gewesen waren? Hatte er nicht von seinen mütterlichen Großeltern, Ferdinand von Aragon und Isabella von Kastilien, den Titel des Katholischen Monarchen geerbt? Wie konnte für ihn ein Zweifel bestehen, welches die wahre Religion war? Seine Führer mußten die Kirchenväter und die Konzilien der Kirche sein, die dem Augustinermönch so wenig bedeuteten. Karl äußerte deswe-

gen offen seine Entschlossenheit, der römischen Kirche beizustehen und seinen Glauben mit Hilfe seiner Herrschaftsansprüche,
seiner Freunde und Anhänger, ja mit seinem eigenen Blut und Leben zu verteidigen. Und wenn auch ganz Kastilien hinter *comuneros* und *germanias* in Waffen stünde – konnte er denn nach Spanien zurückkehren und die religiösen Probleme des Reichs hinter
sich lassen? In seinem lakonischen Stil schrieb Karl in seinen
»Aufzeichnungen« (er sprach in diesen gewöhnlich von sich selbst
in der dritten Person): ›Er hielt seinen ersten Reichstag in Worms
ab‹. Es war dies das erste Mal, daß er dem Rhein entlang nach
Deutschland kam. Dies war, als die lutherische Ketzerei in
Deutschland und die *comunidades* in Kastilien zu schwären begannen.‹(5)

Karl glaubte selbstverständlich Luther in seinen Anschauungen
im Irrtum, doch hatte er ihm sicheres Geleit versprochen; dieses
sein Wort wollte er halten. Man versuchte in jeder Weise auf ihn
einzuwirken, daß er es breche. Doch hatte man damit keinen Erfolg. Man gestattete Luther, Worms ungekränkt zu verlassen.
Seine Lehren freilich wurden vom Reichstag verurteilt, und am
26. Mai erging ein Edikt, das den Reformator ächtete.

Die schwierige Entwicklung in Deutschland und auf der spanischen Halbinsel führten nicht dazu, daß Karl seine dynastische
Politik aus dem Auge verlor. Sein Wunsch war, Ferdinand in dem
einen oder anderen habsburgischen Land als herrschenden Fürsten einzusetzen. Weil er keine Apanage für ihn in den Niederlanden finden konnte – dort war eine Teilung der Erbschaft rechts-
widrig –, machte Karl im Februar 1522 Ferdinand zu seinem Erben
in allen österreichischen habsburgischen Erblanden. Außerdem
schuf die Vermählung Ferdinands mit Anna von Ungarn am 8. Juli
1521 und die zwei Wochen später erfolgende Heirat zwischen An-
nas Bruder, Ludwig II. von Böhmen und Ungarn, und Maria von
Österreich, Karls jüngerer Schwester, die Voraussetzung für die
künftige Ausdehnung und Machtverstärkung des österreichischen Zweiges der Habsburger in Mitteleuropa.

Hinter diesen Entscheidungen stand die drohende Gefahr, die
von den Osmanen für ganz Europa ausging. 1521 hatte Soliman
der Prächtige Belgrad eingenommen. Er hatte offene Bahn, der
Donau entlang gegen Budapest und sogar auf Wien vorzu-
marschieren.

Nachdem man sich erst über die zukünftige Teilung der habsburgischen Erbschaft zwischen Karl und seinem Bruder geeinigt hatte, verließ der Kaiser Deutschland. Dauernde Gerüchte, die von allen Seiten kamen, warnten ihn, Franz I. treffe Kriegsvorbereitungen; er versammele Truppen entlang der Grenze von Navarra, um aus dem *comunero*-Aufstand in Kastilien Nutzen zu ziehen. Als wollte sie diese beunruhigenden Neuigkeiten wiedergutmachen, langte aus Spanien die Nachricht vom Triumph der königlichen Truppen über die *comunero*-Milizen bei Villalar an. Wie dem auch war: die Zeit wurde knapp. Um der Herausforderung durch Frankreich gewachsen zu sein, mußte Karl in seinen Erbreichen die Ordnung wiederherstellen. Sonst war die Grundlage für seine Macht als Kaiser in Gefahr zusammenzubrechen.

Im bevorstehenden Krieg mit Franz I. mußte er seine nördliche Flanke absichern. Karl kehrte deshalb über die Niederlande und England nach Spanien zurück und kam Anfang Juli 1521 in Brüssel an. Während seine Tante Margarete und sein Kanzler Mercurino Gattinara in Calais und Brügge mit Wolsey um einen Beitritt Englands zu dem Bündnis zwischen dem Papst und dem Kaiser gegen Frankreich verhandelten, besuchte Karl verschiedene Teile der Niederlande. In Oudenaarde hatte er im November und Dezember das kurze Verhältnis mit Johanna van der Gheenst, die ihm sein erstes Kind gebar, die spätere Herzogin von Parma. Er ließ es Margarete nennen nach seiner Tante, deren Obhut er das Kleine anvertraute. Am 15. April 1522 ernannte Karl seine Tante zur Regentin; ihr zur Seite standen ein Rat, der *conseil privé*, sowie ein beratender Finanzausschuß. Zum Präsidenten des *conseil* wählte Karl den erfahrenen Juan Carondelet, Herrn von Chapuans, dessen Vater schon Karl dem Kühnen gedient hatte und Maximilians Kanzler gewesen war. Jean Carondelet war ein Freund des Erasmus; er sollte sich als Margaretes Hauptstütze erweisen in den Auseinandersetzungen mit Ratsteilnehmern und dem Adel im allgemeinen, welche die Zukunft brachte.

Karls Politik im ganzen erfuhr zu jener Zeit vor allem wegen des wachsenden Einflusses Gattinaras eine einschneidende Verlagerung des Schwerpunkts. Am 18. Mai 1521 hatte die Pest in Worms den Tod Chièvres gefordert, der bei der Bildung der politischen Anschauungen seines Herrn eine entscheidende Rolle gespielt hatte. Chièvres Ziel war die Sicherung der Niederlande durch

Verständigung mit England und Frankreich gewesen; er hatte immer den Krieg mit Frankreich zu vermeiden gesucht. Der Piemontese Mercurino Gattinara, der Jean Sauvage nach dessen Tod 1518 als ›Großkanzler aller Reiche und Königreiche des Königs‹ gefolgt war, stieg jetzt zum einflußreichsten der Ratgeber des Kaisers auf. Er verfolgte die Absicht, Karl aus einem begrenzten burgundischen und spanischen Standpunkt herauszuführen und bei ihm eine weitschauende imperiale Haltung zu entwickeln, die alle seine Herrschaftsbereiche einschloß. Bis zu seinem Tod 1530 übte Gattinara einen führenden Einfluß aus, wie ihn vor ihm Chièvres gehabt hatte, nach ihm aber kein anderer mehr bekommen sollte.

Gattinara war 1465 in Vercelli geboren worden. Er war in die Dienste des Herzogs von Savoyen eingetreten und hatte die Erzherzogin Margarete als ihr rechtmäßiger Ratgeber von der Freigrafschaft in die Niederlande begleitet. Gattinara wollte Italien zum Mittelpunkt der Interessen des Kaisers machen. Sein Plan fiel mit den strategischen Zielrichtungen des Habsburgerreichs zusammen; denn Mailand war das entscheidende Bindeglied in der Kommunikationslinie zwischen Spanien und der Freigrafschaft einerseits und Tirol andererseits. So verlegte sich denn auch der Hauptschauplatz des Kriegs mit Frankreich in den letzten Monaten des Jahres 1521 von Navarra nach Italien.

Der französische Einfall nach Navarra, der im Mai 1521 begonnen hatte, erwies sich als nur von kurzer Dauer. Der comunero-Aufstand war damals schon zu Ende gegangen, und es kam sogar dahin, daß die früheren Rebellen jetzt auf der Seite der königlichen Armee mithalfen, die französischen Eindringlinge zurückzuwerfen. In Italien lag der Schwerpunkt der Auseinandersetzungen bei Mailand. Dort hatten im November päpstliche und kaiserliche Truppen die Franzosen zum Rückzug gezwungen. Man besetzte die Stadt. Fünf Monate später errangen die Verbündeten einen noch bedeutenderen Sieg bei Bicocca. Noch heute enthält das Kastilische diesen Namen als ein Synonym für etwas Herrliches und unerwartet Glückliches.

Die guten Nachrichten von Mailand wurden durch den Tod Leos X. im Dezember etwas beeinträchtigt. Die Befürchtung kam auf, sein Nachfolger könnte das Bündnis mit Karl aufgeben und sich Frankreich zuwenden. Karl sandte an seinen Vertreter in

Rom, Don Juan Manuel, Anweisungen, er solle sich für den Kardinal Medici einsetzen. Doch zu seiner Überraschung wurde sein früherer Vormund, Adrian von Utrecht, jetzt Karls Regent in Spanien, 1522 als Hadrian VI. zum Papst gewählt. Adrian erwies sich als kein so bequemer Papst, wie man erwartet haben mochte; aber zur Zeit seiner Wahl sah Karl diese als eine Fügung Gottes an. Karl sandte jetzt La Chaulx und Don Lope Hurtado de Mendoza als Sonderbotschafter zu dem neuen Papst. Er schrieb Adrian, Gott habe gewünscht, »ihnen ein Zeichen zu geben, daß es Sein Wille sein, die Dinge der Christenheit in Ordnung zu bringen und es ihnen gemeinsam zu ermöglichen, den christlichen Glauben auszubreiten«.(6)

Gattinaras zwei Bedingungen, von denen er Karls Erfolg als Kaiser abhängig sah – die Herrschaft über Italien und das Bündnis mit Rom –, schienen erfüllt. Konnte man die Engländer als zuverlässige Freunde gewinnen, so war Karl in der Lage, Franz I. zum Nachgeben zu zwingen. Er konnte sich dann ganz auf den Kreuzzug gegen die osmanischen Türken verlegen, die bereits nicht nur Ost- und Mitteleuropa, sondern auch den Bereich des Mittelmeers bedrohten.(7)

Die Verhandlungen mit Wolsey in Calais und Brügge um den Beitritt Englands zu dem Bündnis zwischen Rom und dem Kaiser wurden am 24. November zu einem erfolgreichen Abschluß gebracht. An diesem Tag – es war einen Tag, ehe die Nachricht von der Eroberung Mailands in Brügge eintraf – unterzeichneten England, der Heilige Stuhl und der Kaiser einen geheimen Vertrag, der das Verteidigungsbündnis von 1520 zwischen Heinrich VIII. und Karl V. in ein Offensivbündnis verwandelte: der gemeinsame Einfall in Frankreich wurde für 1523 geplant.

Nachdem Karl so seine militärische und diplomatische Position Frankreich gegenüber beträchtlich verstärkt hatte, segelte er Anfang Juni 1522 von Calais nach Dover, um sein Bündnis mit Heinrich VIII. zu ratifizieren. Sein Aufenthalt in England wurde zu einem Erfolg. Der junge Kaiser, der Heinrich als seinem Onkel stets Ehrerbietung und Achtung entgegenbrachte (er redete ihn als seinen ›wirklichen Vater‹ an) und ebenso seiner Tante, der Königin, machte sich während des einen Monats, den er in England verbrachte, bei den Leuten beliebt. Es gab Feste, Banketts, königliche Jagden und Hofbälle. Karl brachte nach England zur hellen Verwunderung des englischen Hofes den erstaunenerregenden Schatz des Aztekenherrschers Montezuma mit, den Hernán Cortés nicht lange vorher von Westindien gesandt hatte. Er hatte einen Teil davon für Ferdinand auf die Seite gelegt (man kann dieses Geschenk noch heute in Wien bewundern). Aber der größere Teil lag jetzt vor den Augen des englischen Königs und seines Hofes und stellte ein eindrucksvolles Beispiel dar für Karls Macht und Reichtum.

Am 16. Juni 1522 wurde der Bündnisvertrag in Windsor ratifiziert. Ihm folgte ein geheimer Vertrag drei Tage danach, in dem sich die beiden Partner darauf einigten, den gemeinsamen Angriff gegen Frankreich auf 1524 zu verschieben. Karls Verlobung mit Heinrichs Tochter, Maria Tudor, wurde bekräftigt.

Jetzt konnte Karl nach Spanien zurücksegeln und sich erneut – zum dritten Male in fünf Jahren – den Gefahren und Ängsten der Bucht von Biskaya aussetzen. Im Gegensatz zu seiner ersten Reise 1517, auf der er als junger Mann voller Erwartung eines aufregenden Abenteuers südwärts gesegelt war, schiffte er sich jetzt ein im vollen Bewußtsein seiner vielfältigen Verantwortung: gegenüber den religiösen Streitigkeiten in Deutschland, der wachsenden Drohung, die Soliman der Prächtige im Osten Europas und im Mittelmeer darstellte, dem Krieg mit Frankreich in Italien – und dazu zu Hause der Aufgabe, die Bestrafung der *comunero*-Anführer durchzuführen. Man kann seine Einstellung zur Zeit seiner Abreise von Southampton der Tatsache entnehmen, daß er sein erstes Testament aufsetzte, in dem er seinen Begräbnisort genau festlegte. Sollte er in den Niederlanden sterben, wollte er in Brügge neben seiner Großmutter, der Herzogin Maria von Burgund, bestattet werden. Würde ihm aber das Kriegsglück lächeln und die Heimholung des zur Zeit des Todes Karls des Kühnen an Frankreich verlorenen burgundischen Erblands erlauben, sollte seine letzte Ruhestätte in Dijon sein. Würde ihn der Tod während seiner Reise durch die Biskaya oder in Spanien ereilen, wollte er bei seinen Großeltern mütterlicherseits, Ferdinand und Isabella, und neben seinem Vater, Philipp dem Schönen, ruhen.

Karl ging am 16. Juli 1522 sicher in Santander an Land.

Zweiter Teil

Der europäische Staatsmann

4 Leitvorstellungen und wirtschaftliche Realitäten

Karl V. Der Mensch und seine politischen Ideen

Was für ein Mensch war Karl V.? Ein Kaiser, der sich im Krieg mit Frankreich befand, der Rom versprochen hatte, der lutherischen Ketzerei ein Ende zu machen, der davon träumte, einen Kreuzzug des gesamten christlichen Europas gegen den Beherrscher des Ostens, den türkischen Sultan, den Herrn von Konstantinopel und Unterdrücker des Heiligen Landes, anzuführen. Er war nicht mehr nur der junge Mann mit dem langen Hals und dem Ausdruck ständigen Erstaunens. Im Alter von 22 Jahren war er ein Fürst, der die Schwelle zum Mann überschritten hatte; ein Mann, dem der Mantel des Herrschers und Kaisers Selbstvertrauen verliehen hatte und ein Bewußtsein, daß er im Leben eine Mission zu erfüllen habe. Mittelgroß gewachsen, mit klarer Stirn, erweckte er jetzt nicht mehr den Eindruck der Schwäche, obwohl sich sein habsburgisches Kinn und der halbgeöffnete Mund als lebenslange physische Mängel erweisen sollten. Sein durchdringender Blick und seine würdige Haltung machten der Welt deutlich, daß der Kaiser die Zeit jugendlicher Pläne hinter sich gelassen hatte und bereit war, in seine Pflichten einzutreten.

Seine zeitgenössischen Biographen beschrieben ihn als einen frommen Fürsten, der sich gerne aus der Heiligen Schrift vorlesen ließ. Er habe die Gerechtigkeit geliebt. In seinem späteren Leben zeigte er auch Freude am Krieg; aber in jüngeren Jahren seiner Regierung kannte man ihn vor allem als Freund der Jagd und der Frauen, obwohl das seinen Pflichten als Herrscher keinen Abbruch tat. Papst Hadrian, der ja die moralische Erziehung des jungen Karl geleitet hatte, hatte in ihm den Sinn für Verantwortung geweckt und seine Fähigkeit zu herrschen entwickelt.

Wer Karl genau kannte, wußte um seine Schwächen: Habgier und Rachsucht. Er konnte nur schwer vergangene Kränkung vergessen; die *comuneros*, die es gewagt hatten, sich gegen seinen ausdrücklichen Befehl der Hilfe seiner Mutter bedienen zu wollen, mußten es zu ihrem Nachteil erfahren. Und was seine Knickrigkeit betrifft, so war seine Herrschaft so stark von Schulden belastet und so sehr durch seine vielen Unternehmungen geprägt, daß es gar nicht anders sein konnte, als daß er mit Belohnung zurückhaltend war. Gesprächig konnte man ihn nicht nennen. »Ein einsamer Mensch, selten bereit zu lachen«, so schilderte ihn der Chronist und Kosmograph Alonso de Santa Cruz. Karls melancholisches Temperament und seine zurückhaltende Art verraten beim Rückblick schon den Mann, der sich zuletzt von der Welt in ein Kloster zurückzog. Er hatte ein ausgezeichnetes Gedächtnis und war musikalisch; sein Gehör war gut und erleichterte ihm das Lernen fremder Sprachen: Karl sprach Flämisch, Französisch, Spanisch und Italienisch, seltsamerweise aber meisterte er nie das Deutsche. Er fand früh Vergnügen an den Aufgaben seines Amtes. Nach den Worten des venezianischen Gesandten Contarini (1) hatte Karl seine Freude »an Beratungen mit seinen Ratgebern und Besuchen bei ihren Versammlungen, an denen er gewissenhaft teilnimmt und wo er das meiste von seiner Zeit verbringt«. Er brauchte Zeit, bis er eine Entscheidung fällte, erwies sich aber als willensstark und sogar hartnäckig, wenn er einmal sich entschlossen hatte.

Karl war stolz darauf, ein Herrscher zu sein, stand aber noch stärker unter dem Einfluß seiner Vorstellungen von ritterlichem Verhalten; es war ihm ernst damit, das Oberhaupt des berühmtesten ritterlichen Ordens, des burgundischen Ordens vom Goldenen Vlies, zu sein. Er lernte bald, Menschen abzuschätzen, versuchte aber ohne Erfolg, Gesetze der Politik Regeln des Rittertums anzupassen, deren Zeit eigentlich schon abgelaufen war. Seine

Aufgabe als weltliches Haupt der Christenheit verlieh ihm einen kosmopolitischen Anstrich. Mehr Flame als die Flamen in den Niederlanden, ein Spanier in Spanien, ein Italiener in Neapel oder Mailand, fügte er sich doch keinem der Völker völlig ein, über die er herrschte. Gerade das aber machte ihn zum wahren Kaiser in Europa: seit dem Jahr 1520 fühlte er sich frei, in jedes seiner Herrschaftsgebiete zu gehen, wie es die Umstände erforderten.

Karls Herrschaftspraxis und Verwaltung

Als Karl im Sommer 1522 nach Spanien zurückkehrte, führte er mit sich eine Reihe besonderer Pläne zur Reform der Regierung des Landes. Nach Salinas, der Karls V. Bruder Ferdinand am kaiserlichen Hof vertrat, »wünschte der Kaiser unnötige Arbeit in der Verwaltung abzuschaffen«. Daraus ergaben sich gewaltige Veränderungen in der Regierung Spaniens. Nach Chièvres Tod wollte Karl selbst den Verwaltungsapparat beaufsichtigen, und wir besitzen den dokumentarischen Beweis dafür, daß er einen großen Teil seiner Zeit Staatsangelegenheiten widmete. Er war kein Bürokrat wie sein Sohn Philipp, der ständig alle eingehenden Akten persönlich überprüfte. Aber Karl ließ sich die Nachrichten laut von seinem Sekretär vorlesen und diktierte passende kurze Antworten. Später, als der Umfang der Korrespondenz zunahm, während Karls Kräfte abnahmen, las man ihm nur noch Auszüge aus wichtigen Dokumenten vor. Gelegentlich schrieb er eigenhändig Instruktionen an Minister und Botschafter und Briefe an nahe Verwandte. Lange Zeit schrieb er persönlich an seine Schwester Maria; doch hörte das auf zu Beginn des Jahres 1536.

Er erklärte selbst seine Gründe so: »Madame, meine liebe Schwester, ich habe Ihre Briefe erhalten. Ich muß gestehen, daß es mir unmöglich ist, sie eigenhändig zu beantworten, wie ich es in der Vergangenheit gewöhnlich getan habe, und aus diesem Grund werden Sie keine Antwort von mir erhalten, sondern ich beziehe mich auf Granvelle, dem ich aufgetragen habe, an meiner Stelle zu schreiben, und ich bitte Sie, die Briefe Granvelles so aufzunehmen, als hätte ich sie selbst geschrieben…« (2)

Von diesem Zeitpunkt an zwang Karl der bloße Umfang an Arbeit, sich mehr und mehr auf seine Minister zu verlassen. Er war sich sehr wohl der Gefahr bewußt, die darin lag, die persönliche Berührung, den direkten Kontakt zu verlieren; daher die große Zahl eigenhändiger Postskripta in seiner Korrespondenz sogar noch in seinen späteren Lebensjahren, als ihn doch die Gicht an den Händen plagte. Trotz seiner Schmerzen vermochte er einen oder zwei Sätze anzufügen, die sein persönliches Interesse verrieten – wie etwa in einem Brief von Brüssel am 18. Februar 1553, der an seinen Schwiegersohn Maximilian gerichtet war: »Mein Sohn, ich hätte gerne diesen ganzen Brief mit eigener Hand geschrieben, aber meine Gicht hinderte mich daran. Ich schreibe diese wenigen Zeilen, um zu zeigen, daß ich Euer guter Vater bleibe. Karl« (3)

Der Staatsrat befaßte sich gewöhnlich mit den wichtigsten Eingängen und berichtete darüber an Karl, wenn dieser nicht an seinen Sitzungen teilgenommen hatte.

Karls Sekretär las dann dem Kaiser die *consulta* (Vorschlag) des Staatsrats vor und schrieb Karls Anmerkungen auf den Rand des Dokuments. Diese Anmerkungen des Kaisers dienten schließlich dazu, daß man sie zu Mitteilungen ausweitete oder aber als Richtlinien für eine künftige Politik ansah. Es läßt sich dieses Vorgehen an einer interessanten *consulta* verfolgen (sie stammt aus den Archiven von Simancas), die der Staatsrat 1536 an Karl richtete, als dieser vermutlich in Neapel weilte. Wir geben am Rand die Bemerkungen, die der Kaiser diktierte:

Sire,
wir schließen die Briefe ein, die gestern chiffriert aus Italien kamen, zusammen mit einer Zusammenfassung ihres Inhalts zuhanden Eurer Majestät für Eure Überlegungen...

Aus den Briefen des obengenannten Botschafters Figueroa scheint hervorzugehen, daß er im Ungewissen ist über die Absicht des Fürsten Doria im Blick auf Neapel und Sizilien; Doria selbst schreibt auf entschlossenere und genauere Weise, und da Figueroa krank gewesen ist, bezieht sich der Rat für eine klare Beurteilung der Situation auf Dorias Briefe. Kein

Keine Anmerkung

Ist in Ordnung

*Handelt entspre-
chend diesem Rat,
und ich werde die
Sache gleich nach
meiner Ankunft
morgen weiter-
verfolgen.*

*Nicht notwendig,
aus Guido Rangóns
Bericht eine große
Sache zu machen,
da das allgemein
bekannt ist.
Es kann gut sein, daß
er selbst solche
Gerüchte in die Welt
gesetzt hat.*

besserer Weg also für uns, als uns der
Lage so zu nähern, wie Doria sie sieht.
Was die Galeeren von Spanien betrifft, so
müssen sie angekommen sein, wenn man
von dem günstigen Wetter ausgeht, das
zur Zeit ihrer endgültigen Abfahrt ge-
herrscht hat, nachdem sie zweimal wegen
schlechten Wetters in den Hafen zurückgekehrt waren. Der Rat aus Venedig an
Don Lope de Soria und auch der Druck
von seiten des venezianischen Sekretärs
und Kardinals Medici waren unseren
Plänen günstig und zeugen für unsere
guten Beziehungen mit Venedig, das
französische Verhandlungsvorschläge
zurückgewiesen hat. Auch darüber, was
in bezug auf Guido Rangón erfolgte, gibt
es gute Nachrichten, und Eure Majestät
mögen entscheiden, ob wir Eure Ankunft
abwarten sollen, ehe wir uns an den venezianischen Botschafter wenden, oder ob
wir uns jetzt sogleich an ihn wenden sollen, sei es in Eurem Namen oder in unserem eigenen Namen; im letzteren Falle
sollte der obengenannte Botschafter in
der Lage sein, unverzüglich eine chif-
frierte Antwort zu senden.
Was Guido Rangón und sein Unternehmen betrifft, ...scheint seine Einschät-
zung angemessen zu sein.(4)

Die Wichtigkeit dieser *consulta* für uns liegt nicht so sehr in ihrem
Gegenstand als in der Art, wie der Kaiser sich offensichtlich damit
abgegeben hat und wie er sich den Staatsangelegenheiten widmet.
Sein lakonisches ›Ist in Ordnung‹ oder das noch mehr typische
›nicht notwendig, etwas anzumerken‹ steht im Gegensatz zu langen Zusatzbemerkungen, wenn diese erforderlich sind, wie etwa
bei der Aushebung von Schweizer Truppen durch Guido Rangón
für Franz I. oder im Blick auf die Gefahr, die der Freigrafschaft

drohte. Karl behielt sich sein persönliches Eingreifen in Staatsangelegenheiten für kritische Situationen vor, wie etwa seine Teilnahme am Reichstag zu Worms 1521, seine Ansprachen an den Staatsrat in Madrid 1528 und an den Papst Paul III. und das Kardinalskollegium 1536. Von Don Luis de Ávila y Zúñiga wissen wir, daß Karl die Kämpfe an der Donau 1546 und auf Elba 1547 persönlich geleitet hat; er selbst bezieht sich in den Aufzeichnungen zu diesen Kämpfen im einzelnen darauf. Wer diese Aufzeichnungen und andere originale Dokumente liest, wird einen energischen Charakter entdecken, der selbständig zu handeln weiß, und nicht einen Herrscher, der brav den Rat seiner Ratgeber ausführt: Karl gibt genaue Instruktionen und besteht in kritischen Situationen darauf, diese eigenhändig zu schreiben. Das folgende Beispiel stammt aus Instruktionen, die im Zusammenhang mit der Kampagne gegen die Provence 1536 geschrieben wurden:

Der Kaiser und König: dies ist es, was Ihr, Mein Herr von Rye, angewiesen werdet Eurerseits zu sagen in Eurer Mission an Fürst Ascoli, Antonio de Leyva (*in Karls V. eigener Handschrift*) ›Daß nach der Sitzung des Staatsrats, die hier in seiner Anwesenheit stattfand, die Lage sich verschlimmert hat, weil man zur Zeit der Sitzung die Beunruhigung über Fossano (noch) nicht in Betracht gezogen hat...

(Anmerkungen durch Sekretär)

›Diese Frage sollte uns nun in erster Linie beschäftigen... und wir sollten uns zuerst mit ihr befassen. Der König ist sich bewußt, wie entscheidend wichtig es ist, eine Lösung für diese Lage zu finden, denn sein ganzes Ansehen steht in Fossano auf dem Spiel... *Ich bin* sicher, daß er (Leyva) alles tun wird, was er kann mit seinen gegenwärtigen Hilfsmitteln... Aber er könnte nicht in der Lage sein, das von den Franzosen besetzte Fossano zu bezwingen, und die französischen Vertei-

Wir sind

diger ihrerseits, ermutigt durch ihren bisherigen Widerstand und durch die Hoffnung auf Verstärkungen, könnten tatsächlich so lange durchhalten, bis solche Verstärkungen eintreffen; das würde weitere Truppen fesseln, die man wirksamer gegen Frankreich verwenden könnte. Geld und Zeit könnten so verschwendet werden, während der französische König in der Lage wäre, Fossano Verstärkungen zu schicken, wenn er das wünschte. Und müßte er Fossano oder sogar Turin aufgeben, so wäre er immer noch darin erfolgreich gewesen, daß er einem Angriff auf französisches Territorium entgangen wäre. Und *ich* fände mein Ansehen ernstlich beeinträchtigt, weil ich nicht mehr erreicht hätte...‹(5)

Dieses Dokument zeigt wieder einen Herrscher, der sich in seinem diplomatischen und militärischen Apparat voll einsetzt. Es stammt aus dem späten Frühjahr 1536 während der großen Offensive gegen Frankreich, der ersten, die von Karl V. an der Spitze seiner Truppen unternommen wurde. Es ist eine Kampagne zur Bestrafung Frankreichs; nicht ein vollständiger Krieg, sondern ein Teil des Planes, sich die volle Kontrolle des Bereichs des westlichen Mittelmeers zu sichern. Nach Tunis stand Marseille als nächstes auf der Tagesordnung. Die Einnahme dieser Hafenstadt mußte Karl die unanfechtbare Herrschaft über das westliche Mittelmeer geben und so die Hoffnung wecken, daß man Algier später besetzen konnte.

Die Kastilier vermochten aber die Bedeutung dieses Planes nicht richtig einzuschätzen, weil sie die Strategie des Kaisers nicht verstanden. Das Scheitern der kaiserlichen Streitkräfte bei dem Versuch, Marseille zu bezwingen, machte Karls ›großem Plan‹ ein Ende und schien die Ansicht jener Kastilier zu bestätigen, die den Angriff gegen Algier als das erste gefordert hatten.

Überblickt man die dokumentarischen Quellen im einzelnen, so wird sichtbar, in welch großem Ausmaß Karl V. persönlich die

Politik in Krieg und Frieden überwachte; sein Wille war unterworfen nur noch den Zielvorstellungen, die er selbst hegte.

Finanzielle Grundlagen

Der Monarch, dessen Besitz die wohlhabenden Niederlande einschloß, dazu das erwerbsame Deutschland, die wichtigsten italienischen Territorien, Spanien und seine westindischen Kolonien, mochte wohl den Ruf genießen, der reichste aller europäischen Herrscher zu sein. Aber in Wirklichkeit war das nicht so. Gleich zu Beginn seiner Herrschaftszeit mußte sich Karl an Heinrich VIII. wenden und von ihm hohe Summen leihen. Seine Beziehungen zum König von Portugal, ebenfalls einer der reichsten Fürsten der Christenheit, und sogar seine Heirat mit Isabella von Portugal lassen sich nur verstehen im Zusammenhang mit der finanziellen Hilfe, die er von Portugal erwartete, um seinen Haushalt auszugleichen. Die Gefangenschaft Franz' I. in Spanien 1525 setzte Karl instand, ein sehr hohes Lösegeld herauszuhandeln. Karls wirtschaftliche Position ließ sich nicht mit der Solimans des Prächtigen vergleichen, dessen Schatztruhen unerschöpflich schienen.

Man hat oft darauf hingewiesen, Kastilien und die überseeischen Dominien seien das Rückgrat von Karls Imperium gewesen. Aber das stimmt nicht ganz. Tatsächlich erhielt der Kaiser während seiner Reisen durch seine europäischen Territorien der Reihe nach von allen finanzielle Unterstützung, wie er ihrer jeweils bedurfte. Zu Anfang und Ende seiner Regierung bewilligten ihm die Generalstaaten der Niederlande Summen, die groß genug waren, daß er damit seine Soldaten bezahlen und den Krieg gegen Frankreich fortführen konnte. 1529 bezahlte Kastilien den Hauptteil der Ausgaben, die im folgenden Jahr die Krönung in Bologna erforderte. 1535 war Sizilien dran, und 1536 bezahlte Neapel. Die Truppen wiederum, die 1532 zur Verteidigung Wiens zusammengezogen wurden, und jene, mit welchen man 12 Jahre später den Krieg gegen Frankreich begann, wurden vom Reich bezahlt.

Im allgemeinen benutzten Karls Herrschaftsgebiete ihre Einnahmen für ihre eigenen Bedürfnisse. In der Regel konnte nur die Anwesenheit des Kaisers selbst sie dahinbringen, von dieser Übung abzugehen. Außerordentliche Situationen machten Argu-

63

mente überflüssig, wie etwa bei Karls verzweifelter Auseinandersetzung mit den protestantischen Fürsten 1546. Neapolitaner und Niederländer wie auch Kastilier kamen ihm mit Truppen und Geld zu Hilfe. Sonst aber verwaltete und verwandte jedes Land, einschließlich des Königreichs von Aragon in Spanien, jahraus, jahrein seine Einkünfte selbst. Nur Kastilien und die westindischen Gebiete stellten regelmäßig dem Kaiser beträchtliche Summen zur Verfügung, die er in Spanien oder außerhalb Spaniens verwenden konnte, wie er es für notwendig hielt.

Kastilien hatte ehr viele Steuern zu tragen, direkte und indirekte: die *servicios*, die von den Cortes beschlossen wurden; die *alcabala*, ein Art Verkaufssteuer von 10 Prozent, die auf Wollballen lag, die nach Frankreich, den Niederlanden oder Italien exportiert wurden; und Steuern, die – mit der Zustimmung des Papstes – der Geistlichkeit auferlegt wurden, als ein Beitrag zum Kampf gegen die Ungläubigen (die *cruzada*, *tercias* und *excusado*). Die westindischen Gebiete mit ihrem Reichtum an Edelmetallen, besonders nach der Eroberung der großen Azteken- und Inka-Reiche des Kerngebiets, leisteten den ›königlichen Fünften‹ an die Krone.

Aber all das reichte nicht aus, und Karl mußte seine Zuflucht zu außerordentlichen Maßnahmen nehmen. Unvergleichbar blieb der Anteil Kastiliens; es war die finanzielle Basis des Kaisers. Seine Schulden an Bankiers, vor allem an die deutschen Fugger, wurden gedeckt durch Einnahmen aus Kastilien und die Überlassung von Edelmetall aus Westindien. Um die Bankiers zu bezahlen, mußte Karl die Einnahmen von den Gütern der geistlichen Ritterorden verpachten, und weil er zur Finanzierung teurer militärischer Unternehmen bares Geld dringend benötigte, nahm er seine Zuflucht zum Verkauf von *juros* (Leibrenten, die aus Regierungseinnahmen bezahlt werden mußten), die seine Untertanen zu hohen Zinsen kauften. In besonders drängender Lage wie der von 1552 lieh er Geld von kastilischen Prälaten und Granden und von den Kaufleuten von Sevilla und Burgos.

Andere Maßnahmen, um sich Bargeld zu beschaffen, waren Lizenzen für den Import von Sklaven in die westindischen Dominien (die *asientos*) und der Verkauf öffentlicher Ämter. Gegen die ersteren erhoben die Theologen Einspruch – mehr weil der Sklavenhandel dadurch monopolisiert wurde, als aus Protest gegen die

Sklaverei an sich. Was das zweite betrifft, so waren viele dagegen, weil es dem Grundsatz, Ämter nach Begabung und Leistung zu vergeben, diametral entgegenlief. So wurde auch der Verkauf von *ejecutorias de hidalguía* (Adelsbriefen) von denjenigen *pecheros*, den nicht-privilegierten Bauern, bekämpft, deren Steuerbelastung vermehrt wurde, um damit die Steuerbefreiungen auszugleichen, die mit dem *hidalgo*-Status verbunden waren. Die Tatsache, daß Karl V. 1552 auf alle diese Arten der Geldbeschaffung zurückgreifen mußte, ist ein Beweis dafür, wie stark er in der finanziellen Klemme steckte.

Obwohl die verschiedenen Herrschaftsgebiete im allgemeinen selbständig wirtschafteten, versuchte Karl ihre Interessen und Anstrengungen zu verschmelzen. Als er 1535 den Angriff auf Tunis startete – ein Unternehmen, das Neapel und Sizilien zum Nutzen gereichte –, forderte er Truppen, Leute und Geld von Kastilien. Umgekehrt: als er 1541 Algier zu erobern versuchte – wozu ihn Kastilien gedrängt hatte –, hatten die Italiener den größten Beitrag zu den Kriegskosten zu leisten. Als die Sache schiefging, betonte Karl, wie um die kastilischen Cortes zu trösten, daß wirklich die italienische Halbinsel die meiste Last zu tragen gehabt habe.

5 Die Begründung von Karls V. Herrschaft in Kastilien

Rückkehr nach Spanien

Als Karl im Sommer 1522 nach Spanien zurückkehrte – die meisten seiner Ratgeber hatten ihn gedrängt, statt dessen nach Italien zu gehen, um seinen Sieg bei Bicocca auszunutzen und mit Hadrian VI. zu verhandeln –, da hatte er ein besonderes Ziel im Sinn: die Befriedung seiner spanischen Herrschaftsgebiete, und in erster Linie die Kastiliens. Es war ihm bewußt, daß der Aufstand der *comuneros*, oder zumindest der Geist hinter diesem, noch nicht voll besiegt war. Die *comuneros* waren bei Villalar vernichtend geschlagen worden, und Toledo hatte endlich die Waffen gestreckt; aber noch immer wurden Klagen laut, darunter die über die Abwesenheit des Königs. Es waren auch Probleme entstanden: als Adrian von Utrecht nach Rom gereist war – wer sollte zu seinem Nachfolger ernannt werden? Karl hatte zudem den kastilischen Cortes versprochen, er werde innerhalb von drei Jahren, nachdem er von ihnen Urlaub genommen hatte, wieder zurück sein; zwei Jahre waren bereits verstrichen. Der Verlust von Fuenterrabía im Mai 1521 war ein klares Anzeichen dafür, daß der Krieg gegen Frankreich nicht erfolgreich verlief. Aus vielen Gründen erschien es also notwendig, sich mit diesen spanischen Problemen zu befassen; und als Karl Mitte Juli 1522 von England absegelte, kam er mit mehreren tausend deutschen Söldnern und einem Aufgebot an Geschützen, 74 an der Zahl, wie Spanien es noch nie zuvor gesehen hatte.

Eine solche Demonstration der Macht sollte eine Warnung für die stolzen kastilischen Städte sein, daß Karl keine weiteren Akte der Illoyalität dulden werde. Er bewies sogleich, daß es nicht seine Art war, vergangene Unbill zu vergessen. Die ersten erfolgreichen Schritte in Spanien wurden durch Strafmaßnahmen beeinträchtigt. Einige der vornehmsten *comuneros* wurden hingerichtet, unter ihnen Pedro Maldonado Pimental, ein Adliger aus Salamanca und Neffe des Grafen von Benavente, der durch die Hilfe seiner einflußreichen Verwandten am Leben geblieben war. Nachdem er jedoch gezeigt hatte, daß er zu strafen verstand, erließ Karl im Oktober 1522 in Valladolid eine allgemeine Amnestie, von der allerdings 300 Aufrührer ausdrücklich ausgenommen waren. Viele von diesen entkamen in das benachbarte Königreich Portugal, einige sogar bis nach Wien, worin sich eine Verbindung zwischen Ferdinands Partei und den *comuneros* andeutete. Karl mag Schuldgefühle gehegt haben, weil er seinen Bruder gezwungen hatte, Spanien zu verlassen, und nach Ferdinands Heirat mit Anna von Ungarn trat er – wie wir gesehen haben – seine Rechte auf die österreichische Erbschaft an ihn ab. Außerdem ernannte er Ferdinand zu seinem Stellvertreter im Reich und versprach, er wolle ihm so bald als möglich den Titel eines römischen Königs verschaffen. Während seines ersten Reichstags als Kaiser (1521 in Worms) hatte Karl von dem Reich eine Bewilligung erhalten, mit der er sechs Monate lang 20000 Mann Infanterie und 4000

Reiter unterhalten konnte; beinahe diese gesamte Streitmacht wurde Ferdinand zur Verfügung gestellt. Karl veranlaßten dazu ohne Zweifel zum Teil brüderliche Gefühle und das Wissen, daß er seinem Bruder verpflichtet war, weil dieser ihm in Spanien freie Hand gelassen hatte. Er hoffte aber auch, daß man diese Geste in Kastilien freudig aufnehmen werde, wo Ferdinand ein hohes Ansehen genoß.

Eine Unternehmung mußte mit Sicherheit ganz Kastilien hinter Karl bringen – die alten Anhänger des Königtums ebenso wie die *comuneros* –, nämlich der Krieg gegen Frankreich. Karl wandte sich jetzt an das Volk von Kastilien mit der Bitte, ihm die Franzosen aus Fuenterrabía vertreiben zu helfen. Als er die Cortes in Valladolid zusammenberief, nannte er als sein vermutliches Ziel einen Kreuzzug gegen die Ungläubigen; aber bevor man dazu aufbrechen könne, betonte er, müsse Fuenterrabía zurückerobert werden.

Wenn Karl aber glaubte, mit den neuen Cortes sei leichter umzugehen als mit denjenigen von Santiago-La Coruña, so hatte er sich getäuscht. Erneut bestanden die kastilischen Cortes darauf, daß ihre Beschwerden erörtert wurden, ehe man sich den Angelegenheiten des Königs zuwenden könne: Karl müsse zuerst ihre Petitionen beantworten, dann werde man die von der Krone geforderten Mittel bewilligen. Karl geriet über diese Haltung in Zorn. Er hielt seine zweite persönlich entworfene Ansprache* (wir kennen sie aus den Protokollen der Cortes), in der er seine politische Rolle beschrieb, so wie er sie auffaßte: es sei für ihn von äußerster Wichtigkeit, daß die ganze Welt glauben könne, daß seine kastilischen Untertanen loyal seien; sonst würde sein Ansehen in der Welt Schaden leiden. Man konnte hinter solchen Argumenten leicht Karls absolutistische Tendenzen erkennen. In seinem Tauziehen mit den Cortes standen, mehr noch als bei Villalar, kastilische Privilegien auf dem Spiel, wenn er zu den Cortes das folgende sagte:

»Gestern bat ich Euch um Eure Geldbewilligung; heute bitte ich um Euern Rat. Und weil es das erstemal ist, daß ich Euch um Rat angehe, nehme ich an, daß Ihr mir guten Rat geben werdet. Was erscheint Euch besser? Daß Ihr mir den *servicio* sogleich bewilligt

---

* Die erste hielt er als Kaiser auf dem Reichstag zu Worms; vgl. S. 50.

(denn wie ich gestern versprach und heute erneut verspreche, werde ich Euch nicht entlassen, ehe ich nicht für all das gesorgt habe, worum Ihr bittet, soweit es gerecht und für die Wohlfahrt dieser Königreiche nützlich ist) und damit deutlich macht, daß ich Vergünstigungen aus meinem eigenen freien Willen verleihe? Oder daß ich erst auf Eure Petitionen antworte und damit deutlich wird, daß ich das (nur) tue, um Euern *servicio* zu erhalten?«(1)

Zu jener Zeit blickten die Monarchen auf die ›Freiheiten‹ ihrer Untertanen mit einigem Argwohn, und wer sich für diese stark machte, war in Gefahr, wegen Hochverrats angeklagt zu werden. Zuletzt gaben die Abgeordneten Karls Forderungen nach. Von diesem Zeitpunkt an begann für die Cortes eine Zeit der Unterwürfigkeit gegenüber der Krone, die schwere Rückwirkungen nicht nur auf die Privilegien Kastiliens hatte, sondern auch auf seine Wirtschaft. Die Schwächung der ökonomischen Verhältnisse Kastiliens aber machte das Land im Verlauf der Zeit der Krone nur um so mehr gefügig.

Unterdessen wurde der Krieg mit Frankreich fortgesetzt. Franz I. und seine Verbündeten, der Herr von Sedan und der Anwärter auf den navarresischen Thron*, hatten die Initiative ergriffen. Die französische Offensive war in Navarra besonders erfolgreich gewesen; 1521, im Jahr von Villalar, war die französische Armee mit sehr leichter Mühe in diese Provinz eingedrungen. Die französischen Erfolge in Navarra ließen den Widerstand in Toledo um einige Monate länger andauern. Zu der Zeit jedoch, als Karl nach Spanien zurückkehrte, hatte Toledo sich bereits den königlichen Truppen ergeben, und Navarra war nach der Schlacht von Quirós im Juni 1521 befreit worden. Nur Fuenterrabía verblieb in der Hand des Feindes, und Karl ging daran, es zurückzuerobern. Eine englisch-niederländische Armee kam ihm zu Hilfe und bedrängte Franz I. von Norden. Außerdem hatte Karl zahlreiche Verbündete gewonnen, unter ihnen den Papst Leo X. und den Herzog von Burgund, und seine italienische Flanke war frei, weil die Poebene seit dem Sieg bei Bicocca fest in der Hand der kaiserlichen Truppen war.

---

* Henri d'Albret folgte auf seinen Vater Jean, der sein Gebiet 1512 an eine Armee verloren hatte, die vom Herzog von Alba befehligt wurde. Ferdinand der Katholische hatte im Namen seiner zweiten Gemahlin Germaine de Foix Anspruch auf Navarra erhoben, als nach dem Tode von Gaston de Foix der Streit um die Nachfolge in Navarra begann.

Aber trotz all dieser Vorteile erwies sich die Kriegsführung in den Pyrenäen als außerordentlich schwierig. Karl richtete seinen Hof in Pamplona ein, um nahe bei seinen Truppen zu sein, aber der spanische Vorstoß durch Roncesvalles mißlang kläglich; man mußte den geplanten Angriff gegen Bayonne aufgeben. Die Bemühungen konzentrierten sich deshalb auf die Rückgewinnung Fuenterrabías, weil die französische Besatzung dieser Stadt nicht nur Navarra, sondern ganz Kastilien bedrohte. Karls Armee rückte über Vitoria vor und nahm die Belagerung von Fuenterrabía auf; das Feuer von 60 Geschützen lag auf der Festung. Durch Sprengung legte man eine Bresche in die Mauern, so daß Infanteristen zum Sturmangriff antreten konnten. Die Stürmung brauchte aber nicht stattzufinden, weil die Stadt sich im September 1524 Alba ergab. Die Besatzung durfte mit fliegenden Fahnen die Festung verlassen.

Die erfreuliche Nachricht erreichte auch Ferdinand in Deutschland. Hier entwickelte sich die Lage weniger gut. Die deutschen Fürsten nahmen Ferdinands Politik übel auf und warfen ihm vor, er lasse sich durch einen Spanier, Gabriel de Salamanca, bestimmen. Die türkische Gefahr dauerte an, und trotz der Rückeroberung von Fuenterrabía zog sich der Krieg gegen Frankreich weiter hin, ohne daß ein Ende in Sicht war. Karls Angriff gegen Marseille, den er 1524 mit der Hilfe des Konnetabel von Frankreich, Charles de Bourbon*, begann, endete mit einem totalen Fehlschlag. Als wolle er der Welt zeigen, wozu der Sieger von Marignano noch fähig war, sammelte Franz I. seine Truppen und fiel in Norditalien ein. Rasch rückte er gegen Pavia vor. Wer würde ihn aufhalten können? Als Karl die Nachricht davon erreichte, geriet er in Furcht: gewannen die Franzosen Norditalien, so würde man Franz I. nicht aufhalten können. Konnte er selbst unter diesen Umständen untätig in Spanien bleiben? Er schien beunruhigt zu zögern; die Sorge vor nicht wiedergutzumachenden militärischen Rückschlägen in Italien befiel ihn.

Dann brachten die Kuriere jedoch – sie waren in höllischem Tempe geritten – die gute Nachricht von einem spanischen Sieg, der am 24. Februar 1525 vor den Toren von Pavia errungen worden

---

* Charles de Bourbon grollte dem französischen König zutiefst, weil man den Heimfall des Lehens seiner Gemahlin, als sie kinderlos starb, an die Krone angeordnet hatte.

war. Einen solchen Sieg hatte er nie für möglich gehalten. Seine Armee in Italien hatte – ihres Mangels an Reserven bewußt – alles gewagt. Und nicht nur war die französische Armee geschlagen worden; man hatte Franz I. als Gefangenen eingebracht. Frankreich war nun Karl schutzlos ausgeliefert. Der Kaiser ordnete Franz' Überbringung nach Madrid an; er hoffte mit seinem Rivalen einen endgültigen Friedensvertrag aushandeln zu können, um der ganzen Christenheit den Frieden zu sichern. An seinem 25. Geburtstag – dem Tag der Schlacht von Pavia – schien er eine Stellung erreicht zu haben, von der herab er Frankreich die Friedensbedingungen diktieren konnte.

Aber solch ein entscheidender Sieg war nicht nur ein Segen. Er machte Karls Ratgeber übermütig und maßlos. Von allen Seiten wurde er aufgefordert, »den Feind zu erledigen«. Der Vizekönig von Neapel, Lannoy, einer der Niederländer, die ihm am nächsten standen, schrieb: »Gott schickt einem jeden im Lauf seines Lebens eine gute Ernte. Wenn er sie nicht gut einbringt, verliert er seine Chance für immer.« Der Admiral von Kastilien äußerte die Meinung, da Franz den Schimpf seiner Niederlage nie vergessen werde, gebe es nur eine Lösung: ihn für immer zu brechen. Ferdinand, Karls Bruder und sein Vertreter im Reich, gab den Rat, man müsse den Sieg derart ausnützen, daß Franz nie wieder seinen alten Wagemut zurückgewinne: das schutzlose Königreich Frankreich müsse ausgeplündert und unter Engländer, Flamen, Spanier und Charles de Bourbon aufgeteilt werden.

Karls gesunder Verstand erwies sich darin, daß er solchem Druck von seiten seiner Ratgeber widerstand und sich den Sieg nicht in den Kopf steigen ließ. Anstatt den Krieg fortzusetzen, bestand er auf unmittelbaren persönlichen Unterhandlungen mit seinem Gefangenen.

Franz langte am 12. August in Madrid an und wurde im Torre de los Lujanes gefangengehalten, der heute noch an der Plaza de la Villa steht. Gleich darauf begannen die Friedensverhandlungen. Karl hatte seine Kommandeure bereits angewiesen, die Feindseligkeiten entlang seinen ganzen Grenzen mit Frankreich einzustellen. Im Bewußtsein seiner starken Position forderte er von Franz den Verzicht auf seine Ansprüche auf Neapel und Mailand (womit der Anlaß für italienische Unternehmungen wegfiel); des weiteren sollte er seinen Anspruch auf die Souveränität über

Flandern und Artois aufgeben. Franz I. würde diese Bedingungen ohne Zweifel akzeptiert haben. Aber Karl fühlte sich stark genug, um noch mehr zu fordern. Im Gedanken daran, daß sein Vorfahre und Namensvetter Karl der Kühne die Herrschaft über das Herzogtum Burgund besessen hatte – Ludwig XI. hatte sie 1477 übernommen –, fügte er die burgundische Erbschaft der Liste von Territorien hinzu, auf die Franz im Austausch für seine Freilassung verzichten sollte. Hier aber stimmte der französische König nicht mehr zu. Es ging dabei um mehr als persönliche Rivalität: Frankreich war umgeben von den Herrschaftsgebieten des Habsburger Kaisers, und Franz war nicht bereit, Burgund am Verhandlungstisch zu opfern. Wenn Karl das Herzogtum gewinnen wollte, sollte er es mit bewaffneter Macht erobern. Und hätte Franz selbst zugestimmt, dieses Opfer für die Wiedergewinnung seiner persönlichen Freiheit zu bringen – Frankreich hätte ihm darin nicht gehorcht.

Wie es oft geschieht, so war es auch hier: gerade die Rückschläge erzeugten eine feste Entschlossenheit, sie wieder wettzumachen. Besiegt zu sein, erwies sich als eine Herausforderung an die heroischen Züge im Charakter der Franzosen. Und auch die diplomatische Situation begann sich für Frankreich zu verbessern. Heinrich VIII. gab auf den Rat Wolseys hin seiner Politik gegenüber Spanien eine neue Wendung. Sein Neffe Karl war jetzt nicht mehr der zuvorkommende junge Fürst, der nach England gekommen war, um dort Rat und finanzielle Unterstützung zu finden. Er war zum selbstbewußten Herrscher emporgestiegen, der bei Pavia gesiegt hatte und Franz I. gefangenhielt. Solche Macht und Herrlichkeit sich frei entfalten zu lassen, konnte nicht klug sein. Dazu kam, daß spanische Diplomaten Karls Position noch dadurch verstärken wollten, daß sie eine Heirat mit der Prinzessin Isabella von Portugal ins Spiel brachten. Beinahe über Nacht wurde England aus einem Feind Frankreichs zu seinem Freund. Und Frankreich – regiert durch die Königinmutter-Regentin, Louise von Savoyen – fand einen noch mächtigeren Verbündeten in der Person Solimans des Prächtigen: die Auseinandersetzungen zwischen den Fürsten Europas hatten wieder einmal den Türken den Weg ins christliche Abendland geöffnet.

In Madrid zeigte sich Franz nach langen Verhandlungen und vielem Auf und Ab zwischen Hoffnung und Verzweiflung – dar-

unter ein Fluchtversuch und schwere Erkrankung – schließlich
bereit, einen Friedensvertrag zu unterzeichnen, wie ihn Karl ent-
worfen hatte. Seine Schwester Margarete, die ihn besuchen
durfte, und Karls persönliches Drängen veranlaßten ihn dazu.
Franz stellte sich jedoch auf den Standpunkt, daß er unter Zwang
unterzeichnet habe; er legte heimlich ein feierliches Gelübde ab,
er werden den Vertrag für null und nichtig erklären, sobald er
nach Frankreich zurückgekehrt sei. Dieser Friedensvertrag von
Madrid, der Anfang 1526 unterzeichnet wurde, machte zur Bedingung den formellen Verzicht auf das Herzogtum Burgund und
ebenso Franz' I. Verzicht auf alle Ansprüche in Italien, insbesondere auf Mailand und Neapel; außerdem mußte er mehrere Städte
an der französischen Grenze gegen die Niederlande abtreten.
Weiter wurde die französische Teilnahme an einem Kreuzzug gegen das Osmanische Reich festgelegt. Zur Bekräftigung des politischen Bündnisses sollte Franz I. Karls ältere Schwester Eleonore,
die verwitwete Königin von Portugal, heiraten. So schien der Kaiser jetzt seine wichtigsten Ziele erreicht zu haben: den Frieden mit
Frankreich und dazu die Herrschaft über das Herzogtum Burgund. Aber der Fortgang der Ereignisse sollte bald erweisen, daß
er vom Erfolg noch weit entfernt war. Nachdem die Abschlüsse
in Illescas ratifiziert waren, trennten sich die beiden Herrscher.
Franz reiste nach Frankreich und in die Freiheit; als Geiseln ließ
er Karl seine beiden älteren Söhne zurück. Karl empfing das Ehrenwort des französischen Königs, daß er den Frieden einhalten
werde. Er begab sich nach Sevilla, um Isabella von Portugal zu
heiraten. Er schien mehr auf den mittelalterlichen Ritterkodex zu
bauen als auf Franz' Unterschrift unter dem Vertrag.

Königliche Hochzeit in Sevilla

Schon unmittelbar seit Karls Geburt gab es Pläne für seine Ver-
heiratung. Die ersten tastenden Versuche waren in Richtung
Frankreich gegangen: eine Annäherung an den benachbarten
Staat war eine der Konstanten der Politik Philipps des Schönen
und seines ersten und einzigen Günstlings, Chièvres. Nach der
Kaiserwahl und der damit verbundenen Verschlechterung der Beziehungen zwischen Frankreich und Spanien geriet eine solche

Verbindung aus dem Bereich des Wahrscheinlichen. Die Bündnisverträge mit England, die eine Folge der Besuche Karls bei Heinrich VIII. und bei seiner Tante Katharina von Aragon waren – davon insbesondere der Vertrag von 1522 –, schufen neue Hindernisse für die Möglichkeit einer französischen Heirat, weil in diesen Verträgen eine Verlobung Maria Tudors mit dem Kaiser vorgesehen war. Allerdings war eine solche Heirat höchst unwahrscheinlich, weil die englische Prinzessin noch erst ein Kind war. So lange zu warten, konnte man einem Monarchen nicht zumuten, dessen kastilische Untertanen ihn ständig an die Notwendigkeit erinnerten, er müsse heiraten, um leibliche Erben in die Welt zu setzen. Die Kastilier befürworteten eine andere Wahl; weder Frankreich noch England kam für sie in Frage, sondern Portugal.

Die Erinnerung an die Katholischen Monarchen und ihr Eintreten für dynastische Bande mit den Avis in Portugal war immer noch lebendig. Karl hatte noch persönliche Motive für die Fortsetzung der Verbindung mit Portugal. Sah er sich in Portugal nach einer Braut um, so konnte er damit hoffen, die Kluft zwischen sich, dem Fremden, und seinen kastilischen Untertanen zu überbrücken. Es war ein Beweis dafür, daß er sich Spanien und seinen Wünschen anpaßte. Damit wieder hatte er die Möglichkeit, nach freiem Belieben Spanien zu verlassen und wieder zurückzukommen, weil er für die Dauer seiner notwendigen Abwesenheit eine Frau als Regentin zurücklassen konnte, die für seine kastilischen Untertanen akzeptabel war. Überall sonst – in Valencia, Katalonien und Aragon – konnte er einen Vizekönig an seiner Stelle regieren lassen; aber in Kastilien brauchte er einen Regenten aus seiner eigenen Familie, jemanden, den man als sein *alter ego* ansehen konnte. Es gab noch einen dritten Grund, der wirtschaftlicher Art war. Der König von Portugal, der Herr über die Seewege nach Guinea und Ostindien, war der reichste Monarch im Abendland; Karl konnte ohne weiteres von einer Heirat mit dessen Tochter eine große Mitgift erwarten. Die diplomatischen Verhandlungen zwischen portugiesischen und kastilischen Gesandten beschäftigten sich vorwiegend mit solchen prosaischen Dingen. Der Ehevertrag, auf den man sich einigte, legte fest, daß Isabellas Mitgift 900 000 Dukaten betragen sollte – eine enorme Summe, obwohl das Geld, das Karl dem König von Portugal schuldete, davon abgezogen werden sollte. Auch so noch konnte man der Auszahlung einer Summe von mehr als 600 000 Golddublonen entgegensehen.

Karl ging also in diese Ehe sehr nüchternen Sinnes und unter sorgfältiger Erwägung ihrer ökonomischen und internationalen Aspekte. Die Tatsache, daß Karl und Isabella eine glückliche Ehe führten, in der sie eine tiefempfundene Liebe vereinte, die auch die notwendige Abwesenheit des Kaisers überdauerte, war ein Kapital, dessen Kredit weitgehend der bezaubernden, liebevollen und treuen Ehefrau zuzuschreiben war. In Notzeiten war sie zu jedem Opfer bereit, und jederzeit wußte sie klugen Rat und war ein würdiger Vertreter Karls, wenn ihn seine kaiserlichen Unternehmungen aus Spanien wegführten – war sein Wahlspruch doch das kühne *Plus Ultra*. Karl erfuhr so das Glück romantischer Liebe; es war freilich von kurzer Dauer, da die Kaiserin noch als junge Frau starb.

Karl traf seine Braut zum erstenmal in Sevilla im festlichen Gepränge der Triumphbogen und Flaggen. Der prächtige Alcázar war der Rahmen ihrer ersten Begegnungen. Die zeitgenössischen Chronisten gebrauchten Superlative, um sie zu beschreiben. Der portugiesische Botschafter schrieb an seinen König: »Wenn die Braut und der Bräutigam zusammen sind, mögen noch so viele Leute anwesend sein, sie haben nur Augen füreinander.«(2)

Da die Verlobten im ersten Grad verwandt waren, mußte eine Dispens von Rom beschafft werden. Überbracht wurde sie von Kardinal Salviati, der auch die Hochzeitsriten vollzog. Von Sevilla reiste das königliche Paar nach Granada, wo Karl Isabella die exotische Pracht der Alhambra zeigte, die von der Nasrid-Dynastie erbaut war, und sie die Wasserspiele und Blumenarrangements des Generalife bewundern ließ. Karl beschloß, hier ein Zeichen seiner Anwesenheit zu hinterlassen. Vielleicht in der Hoffnung, einmal nach Granada zurückzukehren, ließ er einen prächtigen Palast bauen in der besten Tradition der italienischen Renaissance. Sein Erbauer, Pedro Madruga, wurde wegen des edlen Bauwerks berühmt, obwohl Karls Aufgaben als Kaiser und seine vielen Feldzüge zusammen mit seinem Geldmangel die Vollendung nicht zuließen. So blieb es ein schöner jugendlicher Traum, den zu verwirklichen ihm die Sorgen des Lebens verwehrten. Es hatte auch einen Versuch dargestellt, sich bei seinen maurischen Untertanen beliebt zu machen, die direkte Nachkommen der Erbauer der Alhambra waren. Vor kurzer Zeit hatten seine Truppen Schulter an Schulter mit den Moriscos gegen die *germanías* von Valencia gekämpft, die ihrerseits eine fanatische Hingabe an den christlichen Glauben zeigten, zu dem sie die Moriscos bekehren wollten. Nach und nach gewannen sie auch Karl für ihre Seite; denn nach dem Sieg von Pavia glaubte er sich in der Schuld der Vorsehung und versuchte sie zu löschen, indem er die Bekehrung seiner maurischen Untertanen fortzusetzen versuchte.

Als diese Untertanen sich widersetzten, fühlte Karl sich verpflichtet, nach seinen Priestern seine Soldaten zu schicken. Die Mauren von Valencia suchten in der Sierra de Espadón Zuflucht, und Karl versuchte ihre Rebellion zu unterdrücken: Mord, Gewalttat, Plünderung und die Vernichtung kleiner Wohnstätten waren das Endergebnis seiner guten Absichten. Würde ihn sein Gewissen zwingen, in Granada ebenso vorzugehen? Das königliche Dekret von 1526, das mohammedanische Zeremonien, Sitten und Bräuche verbot, schien das anzudeuten. Aber zum Glück für die Mauren in Granada wendete sich das Geschick; das war zum Teil auf Karls Bewunderung für die Leute zurückzuführen, die eine so herrliche Kultur geschaffen hatten (er fühlte sich von ihr sehr angesprochen), aber auch die Erinnerung an glückliche Erlebnisse seiner jungen Ehe wird eine Rolle gespielt haben. Es wird auch berichtet, ein Maure habe ihm das Leben gerettet, als er bei der Jagd im wildesten Teil der Sierra Nevada in die Irre gegangen war. Eine Abordnung hochgestellter maurischer Adliger bat ihn, sein Edikt gegen Granada zu annulieren. Bestechungsgelder an den obersten Ratgeber des Kaisers und Tribute an diesen selbst erwiesen sich als wirksame Unterstützung ihrer Petition; Karl benutzte das Geld, um mit dem Bau seines Alhambra-Palasts zu beginnen. Zwar wurde das königliche Dekret gegen mohammedanische Praktiken nicht annuliert; aber seine Durchführung wurde um 40 Jahre hinausgeschoben. Die nächste Generation hatte sich mit diesem Problem auseinanderzusetzen.

Glückliche Tage sind bald vergessen. So war es auch mit dem kaiserlichen Urlaub in Granada.

Diese Tage sollten im Leben des Kaisers eine besondere Bedeutung gewinnen; denn nie mehr nachher war ihm wieder eine Zeit des Friedens und der Ruhe geschenkt – und diese jetzt hatte nur einige Monate gedauert.

Bald kamen Kuriere mit schlechten Nachrichten. Franz I., jetzt in Freiheit, war trotz seines Ehrenworts nicht bereit, die Bestimmungen des Vertrags von Madrid durchzuführen. In einer in Cognac unterzeichneten Allianz waren Papst Clemens VII. (Giulio de' Medici, 1523–1534) und Karls vorheriger Verbündeter, Heinrich VIII., auf die Seite des französischen Königs getreten; man nannte das Bündnis wegen der Teilnahme des Papstes damals die clementinische Liga. Aber noch schlimmer: im Herbst 1526 gelangte die Nachricht nach Granada, daß Franz I. einen noch gefährlicheren Verbündeten gefunden hatte; Soliman der Prächtige hatte Franz I. versprochen, er werde sein Roß satteln lassen und sein Schwert aus der Scheide ziehen, um ihm zu helfen. So geschah es. Da Solimans Schwert Tausende anderer kommandierte und seinem Roß eine gewaltige Armee folgte, wurde Mitteleuropa das Opfer eines Einfalls der Türken. Die Kräfte, die Karls Schwager Ludwig II. von Ungarn zusammenbrachte, waren bald bezwungen. Boten brachten die Nachricht von einer doppelten Katastrophe: der Niederlage bei Mohács und dem Tod Ludwigs II. Karls Schwester Maria hatte in dieser blutigen Schlacht Gatten und Thron verloren. Jetzt war Wien selbst in Gefahr, und mit ihm das ganze Römische Reich. Karl sah sich in der Lage, daß er keine Truppen hatte für die Verteidigung Wiens. Seine eigenen Kräfte waren alle in den Krieg gegen die Liga von Cognac verwickelt. Er mußte seinen Zufluchtsort Granada verlassen und die Cortes von Kastilien einberufen.

Wieder im Krieg: der sacco di Roma

Die Niederlage bei Mohács rüttelte ganz Kastilien auf. Jetzt war Österreich zum Bollwerk gegen die Türken geworden, und Ferdinand war in schwerer Gefahr. Ferdinand aber war ein spanischer Prinz; er war in Kastilien geboren und aufgewachsen. Und solange Karl keinen leiblichen Erben hatte, war Ferdinand auch der Erbe der spanischen Königreiche. Deshalb war es vom kastilischen Standpunkt aus unausweichlich, daß man dem fernen Hof in Wien zu Hilfe kommen mußte.

Für Karl hatte sein Krieg gegen Frankreich den Vorrang. Man würde die Situation völlig mißdeuten, wenn man davon ausginge, daß das allein auf die Rivalität zwischen Karl und Franz zurückzuführen war und man leicht zu einem Friedensschluß hätte kommen können – wodurch der Katholische Monarch frei gewesen wäre, sich gegen die Türken zu wenden. Solimans Offensive war in Wirklichkeit durch den französischen König herbeigeführt worden, und Karl wandte sich mit vollem Recht zunächst gegen die militärische Gefahr, die seinen spanischen Herrschaftsgebieten von französischen und päpstlichen Truppen drohte. Er wies deshalb Ferdinand an, er solle Truppen aus Deutschland abberufen zur Verstärkung der kaiserlichen Kräfte in Italien, die gegen Ende des Jahres 1526 in der größten Gefahr waren.

Der Krieg gegen den Papst brachte Karl in eine äußerst verwirrende Situation. Wie sollte er es seinen Untertanen erklären, daß er, der Katholische Monarch, der Kaiser und der Schild der Kirche, es für notwendig hielt, gegen die Soldaten des Papstes zu kämpfen? Bei der Versammlung der Cortes 1527 in Valladolid gab es nur eine einzige Stimme, daß nämlich der Infant Ferdinand vor der schweren Gefahr, die Österreich bedrohte, bewahrt werden müsse. Die Armee, die man ausrüstete, kam aber niemals in Wien an. Karl sandte sie nämlich gegen Rom.

Karls Soldaten, die von Charles de Bourbon angeführt wurden, marschierten nach einem versuchsweisen Angriff auf Florenz in Eilmärschen auf Rom und nahmen die Ewige Stadt in einem kühnen Angriff, bei welchem sie ihren Führer verloren. Die siegreiche Armee – hungernd, ohne Sold und jetzt führungslos – ging dazu über, Rom zu plündern. Eine ganze Woche lang fielen die Soldaten raubend über die Stadt her. Es war der Skandal für Europa – obgleich sich auch widerstrebende Bewunderung meldete. Kaum hatte Karl sich auf der europäischen Bühne gezeigt, und schon hatten seine Truppen den König von Frankreich besiegt und gefangengenommen; und jetzt war der Papst selbst besiegt worden. Wer würde sich ihm noch entgegenzustellen wagen? Seine Seeleute, Maghellan und Elcano, hatten die Welt umsegelt, und seine conquistadores hatten auf dem Festland Amerikas sicher Fuß gefaßt und sich rasch in den Besitz des Aztekenreichs gesetzt. Was für ein glücklicher Mensch, der über solch unternehmungsfreudige Untertanen herrschte!

Aber Karl selbst mußte sich seinen Kritikern im Lande stellen und versuchen, für seine Aktion gegen Rom eine Entschuldigung zu finden. Der Stil seiner ›Aufzeichnungen‹ scheint, wenn er auf diese Ereignisse kommt, einen verworrenen Geisteszustand widerzuspiegeln:

»...die Hauptverantwortung lag nicht bei ihm, sondern bei denjenigen, die ihn dazu gezwungen hatten, sich zu verteidigen und eine so große Armee einzusetzen, die, wie sich herausstellte, schwer in Zaum zu halten war...«(3)

Karls Propagandamaschine tat alles, was sie konnte, um eine annehmbare Version der Plünderung Roms zu verbreiten. Zum Glück für ihn half ihm der Einfluß des Erasmus, der damals in Spanien sehr groß war, aus der größten Schwierigkeit. Erasmus' These, der Kaiser stehe über dem Papst, war weithin anerkannt und lieferte eine Anschauung, die dazu dienen konnte, die von Karl regierten Länder zu verschmelzen. Sie paßte zu Karls imperialer Einstellung und untermauerte die Zusammenarbeit zwischen führenden Männern in seiner politischen und religiösen Verwaltung. Es ist bemerkenswert, daß in der Theologenversammlung, die 1527 in Valladolid zusammenkam, um Erasmus' Werke zu diskutieren, der Generalinquisitor, Alonso Manrique de Lara, sich als einen Bewunderer und Anhänger des niederländischen Humanisten zu erkennen gab. Auch die Versammlung im ganzen stellte sich hinter die Anschauungen des Erasmus.

Alfonso de Valdés, der lateinische Sekretär in der Kanzlei, einer der führenden spanischen Humanisten des 16. Jahrhunderts und ein Freund des Erasmus, wurde zu einem fähigen Verteidiger der Politik Karls. Er beklagte, daß es zwischen christlichen Staaten zu bewaffneten Auseinandersetzungen kommen mußte, vertrat aber die Meinung, Karl sei durch die ehrgeizigen Umtriebe seiner Gegner in den Krieg gezogen worden; diese machten sich wenig daraus, daß die Türken in Europa einfielen. Karl habe den Vertrag von Madrid mit Franz ausgehandelt, um den Krieg mit Frankreich zu beenden:

»Der Kaiser erkannte, wieviel Unheil durch seinen Krieg gegen Frankreich dem Christentum zugefügt wurde; und weil er nicht wollte, daß man von ihm sagte, er wolle nicht sein Ende, setzte er alle seine Herrschaftsgebiete daran.«(4)

Valdés verteidigte auch Karls Vorgehen gegenüber Franz I. Er habe ihm das Ehrenwort abgenommen, ehe er ihm die Freiheit gegeben habe, daß er den Vertrag von Madrid einhalten werde: »Es ist üblich und angemessen unter Soldaten, daß ein Gefangener, der sein Ehrenwort gibt und nicht sein Wort hält oder in die Gefangenschaft zurückkehrt, seine Ehre verliert.«(5) Als der französische König sein Wort gebrochen hatte, entschloß sich Karl, ihn zum Zweikampf herauszufordern. Er ließ den französischen Botschafter zu sich rufen: »Botschafter, berichtet Eurem Herrn und Meister, daß er unehrenhaft gehandelt hat, indem er das Ehrenwort nicht gehalten hat, das er mir persönlich gegeben hatte, und daß ich ihn auf dem Feld der Ehre herausfordern werde.«(6) Karl handelte gleichzeitig aus seinem Gefühl für ritterliche Ehre wie aus dem Verlangen, die Differenzen mit Franz zu bereinigen, ohne mehr Blut zu vergießen. Aber der französische König hatte seine Herausforderung nicht angenommen. Der Krieg war wieder aufgenommen worden, und Karls Truppen hatten schließlich – so als handelten sie in einem göttlichen Auftrag – die Plünderung Roms durchgeführt. Ganz Europa war voller Staunen. Die Voraussage von Luis Vives, einem anderen Freund von Erasmus, war in Erfüllung gegangen. Aus Brügge schrieb er: »Dies ist Karls Bestimmung; nur Feinde in großer Anzahl zu besiegen, damit sein Sieg um so glänzender dasteht.«(7)

In Spanien jedoch war man sehr geteilter Meinung. Es gab Leute, die Karl ebenso eindeutig verteidigten wie Valdés, aber die meisten Spanier waren mit der Plünderung Roms nicht einverstanden. Wenn Karl es gewagt hatte, Rom anzugreifen, war es dann zu verwundern, daß Franz I. sich mit Soliman zusammentat?

Auch von außerhalb Spaniens kamen feindselige Stimmen, und Karl erkannte, daß er für seinen Angriff auf Rom eine Erklärung abgeben mußte, vor allem gegenüber seinem früheren Verbündeten Heinrich VIII. Valdés zitiert den lateinisch geschriebenen Brief Karls an Heinrich, in dem Karl darlegt, Gott habe der Sünden des Papstes wegen Strafe geübt:

»Gott, in dem Wunsch Rache zu nehmen für die uns angetanen Ungerechtigkeiten, hatte schon entschieden, was geschehen sollte, und obwohl der Angriff auf Rom eher Sein Wille war als ein überlegter Akt der Gewalt, ohne Eingreifen, Zustimmung oder Willen von unserer Seite, hat uns doch die dem Heiligen Stuhl angetane Verletzung sehr geschmerzt und beschämt, und wir hätten es wahrhaftig vorgezogen, lieber nicht siegreich zu sein als einen solchen Sieg nach Hause zu tragen.«(8)

Nach der Ansicht eines modernen spanischen Historikers war der Krieg wegen Italien, einschließlich der Plünderung Roms, ein Krieg, der für ›Gerechtigkeit und Vernunft‹ geführt wurde.(9)

Die Geburt des Erben

Am 21. Mai 1527 ließ Karl von Valladolid aus an alle Städte und Dörfer seiner Königreiche die freudige Nachricht verbreiten, daß die Kaiserin eines Sohnes entbunden worden sei:

»Da ich weiß, welches Glück und welche Freude das für euch alle bedeuten wird, gebe ich hiermit bekannt, daß es unserem Herrn gefallen hat, unserer Kaiserin und Königin, meinem sehr teueren und hochgeliebten Weibe, einen Sohn zu schenken. Das glückliche Ereignis hat heute stattgefunden, am Dienstag, dem 21. Mai. Ich vertraue auf Gott, daß er Ihm und meinen Königreichen dienen wird. Aus Valladolid am 21. Tage des Mai des Jahres 1527. Ich, der König. (Unterzeichnet in seinem Namen und in seinem Auftrag, Francisco de los Cobos)«(10)

Die Katholische Monarchie hatte nun endlich einen Kronprinzen, der in Spanien geboren war. Bis ins kleinste Dorf nahm man die Nachricht mit Jubel auf. In Villaruela, das ungefähr 20 Kilometer von Salamanca entfernt liegt, trug der Halter des Kirchenbuchs die Geburt und den Namen wie folgt ein: »Er wurde benannt Don Felipe, Prinz von Kastilien, und Ich, Baccalaureus, bezeuge das mit meiner Unterschrift.«(11) Fünfzehn Tage später fand in der Kirche St. Paul die Taufe statt. Man war sich nicht ganz einig darüber, welchen Namen der Neugeborene bekommen solle. Der alte spanische Adel wünschte den Namen Ferdinand in Erinnerung an ihren großen König, und ein Chronist berichtet uns, während der Zeremonie habe der Herzog von Alba laut gerufen: ›Hernando ist sein Name.‹(12) Aber Karl wollte das Gedächtnis seines Vaters ehren und seines burgundischen Erbes gedenken; damit fand der Name Philipp in Spanien Eingang, und ein Name, der bis dahin ganz ungewöhnlich gewesen war, wurde volkstümlich und sogar typisch spanisch. Daß Karls Erbe im Herzen von Kastilien geboren worden war, freute die Spanier. Man nahm das als einen Beweis dafür, daß der König Spanien als seine Heimat, als seine Zuflucht und die hauptsächliche Quelle seiner Macht ansah. Die Festlichkeiten, die man in Valladolid beging, waren voll berechtigt – nicht einmal der *sacco di Roma* und die Nachrichten von den Kriegsschauplätzen konnten die Freude über das glückliche Ereignis stören.

Aber eben diese beiden Geschehnisse – so verschieden und doch so bedeutsam – schienen Karl in seinem Planen lahmzulegen: er ließ die Sommermonate tatenlos verstreichen, und daraus konnten seine Gegner Nutzen ziehen. Im Herbst reisten Karl und seine Familie nach Burgos und von dort nach Madrid, um ganz Kastilien den Sohn und Erben zu zeigen. In Madrid rief Karl – es wurde darüber das Jahr 1528 – die Cortes zusammen, damit sie Philipp als Kronprinz Treue schwören konnten. Er bereitete sich jetzt auf eine Reise nach Italien vor; und obwohl er über seine Pläne Stillschweigen bewahrte, forderten die Cortes (die wohl ahnten, wohin die Dinge liefen) ihren König auf, das Geld, das sie ihm bewilligten, nur für die Verteidigung von Kastilien zu verwenden. Sie argumentierten, daß sonst ›es sich sehr zu ihrem Nachteil herausstellen würde, da sehr viel nötig war, um eine lange Grenze zu Land und zur See gegen christliche wie gegen ungläubige Feinde zu verteidigen.‹(13)

Die Cortes Generales und die Erasmus-Kontroverse

1527 war ein denkwürdiges Jahr. Die Geburt eines Erben Karl zu Ehre und Ruhm und die Plünderung Roms sind bereits erwähnt worden. Aber dieses Jahr brachte auch die einzigen *Cortes Generales**, die Karl in Kastilien einberief, und eine leidenschaftliche Kontroverse über die Lehren des Erasmus.

Schon 1522 hatte sich herausgestellt, daß das konsiliare Regierungssystem, wie es während der Regierung von Ferdinand und Isabella eingeführt worden war, den neuen Anforderungen eines Reiches, das so weitgespannt war und so verschiedene Strukturen hatte, wie das Karls V., nicht angemessen war. Von 1524 bis 1526 verbesserte Karl mit der Hilfe und auf den Rat des Großkanzlers Gattinara und von Francisco de los Cobos hin dieses Konsiliarsystem und schuf im Blick auf die ernsten Entwicklungen in Mittel-

---

* Die Cortes von 1538 waren keine *generales*, obwohl man sie als solche bezeichnet.

europa und die schreckliche Invasion Solimans des Prächtigen den Staatsrat. Seine Aufgabe war es, dem Kaiser in Angelegenheiten der allgemeinen Politik »hinsichtlich der Regierung Spaniens und Deutschlands« beratend zur Seite zu stehen. Der Rat von Kastilien* (er hatte es mit der Regierung in Kastilien zu tun) konnte diese weitergesteckte Aufgabe nicht erfüllen.

Der Kaiser und seine Ratgeber waren sich jedoch darüber klar, daß die Situation von 1527 äußerste Anstrengungen gerade Kastiliens verlangte. Deshalb beriefen sie allgemeine Cortes ein, also eine Versammlung, zu der neben dem Adel und der Geistlichkeit auch Abgeordnete von Städten und Dörfern einberufen wurden. Vor dieser Versammlung hielt Karl eine wohlgesetzte Rede, mit der er die beiden privilegierten Stände des Königreichs dahin zu bringen versuchte, daß sie für den Kampf gegen die Türken wirtschaftliche Opfer brachten. Eines seiner Argumente war, daß sein Bruder Ferdinand in Wien von den osmanischen Armeen bedroht wurde. Der Staatsrat, der sich der türkischen Gefahr wohl bewußt war, regte an, der Kaiser solle sich mit Frankreich besser zu verständigen suchen, auch wenn das einige Zugeständnisse bedeuten würde – ein verhüllter Wink, daß Karls Anspruch auf das Herzogtum Burgund um des Kampfes gegen Soliman willen geopfert werden müsse.(14) Aber Karl erhielt Unterstützung für sein Hauptziel: man forderte ihn dringend auf, die gesamte noch in Italien weilende kaiserliche Armee abzuziehen und Ferdinand zu Hilfe zu schicken.

Als zweites forderte man von den Cortes die Bewilligung der finanziellen Mittel, um Ferdinand unterstützen zu können, »denn diese Aufgabe obliegt dem Kaiser wegen seiner Blutsverwandtschaft mit Ferdinand, und ebenso seinen Untertanen und Spanien«.(15) Um die kastilischen *procuradores* herumzukriegen, wurde auch Schmeichelei angewandt. Spanien mußte sich der Aufgabe stellen, weil »es nach der übereinstimmenden Meinung seiner Bevölkerung alle anderen christlichen Länder an Stärke, Macht und Wohlstand übertrifft«.(16) Man rief einen Heiligen Krieg aus und appellierte an die Ehre Kastiliens, daran teilzunehmen: »Man muß mit allem Recht sagen, daß Kastilien in der Lage

---

* Er war 1480 an die Stelle des mittelalterlichen königlichen Kronrats der Könige von Kastilien getreten.

sein wird, nicht zu vollenden, was es nicht zu beginnen bereit ist. Und für den Ruhm, der so vertan wird, werden weder Natur noch Schicksal zu tadeln sein, sondern nur Kastilien selbst.«(17)

Die privilegierten Stände des Königreichs ließen sich nicht leicht gewinnen. Der Adel war bereit, seine traditionelle Pflicht zu erfüllen und in den Krieg zu ziehen, wenn der König ihn persönlich anführen würde; in diesem Fall würden sie ihm mit ihrem Leben und ihrem Besitz dienen. Weniger bereit war man, in den Cortes eine Steuer zu beschließen. Die Geistlichkeit fand ähnliche Entschuldigungen, obwohl einige Äbte des Benediktinerordens dem König Spenden übersandten. Die Abgeordneten der Städte waren in einer schwierigen Lage: sie waren bis jetzt noch nicht fähig gewesen, die außerordentliche Abgabe von 400 000 Dukaten zusammenzubringen, die man Karl anläßlich seiner Heirat bewilligt hatte. Man mußte die *Cortes Generales* schließlich nach Hause schicken, ohne daß sie das gewünschte Ergebnis gebracht hatten. Karl berief sie nie wieder ein.

Wenn man von diesen Ereignissen ausgeht, sieht es so aus, als ob Karl und seine spanischen Untertanen noch nicht eines Sinnes waren. Die Cortes führten Klage, daß man die Geldmittel und die Macht der Nation für nicht-nationale Zwecke verwende; man lasse spanische Interessen so sehr in den Hintergrund treten, daß barbareskische Korsaren sich raubend Spaniens Küsten zu nahen wagten, Männer, Frauen und Kinder als Gefangene davonschleppten. Kastilien hatte nicht vergessen, daß das Vizekönigtum in Neapel an einen Niederländer, den Grafen von Lannoy, und – nach dessen Tod 1527 – an Philibert von Châlons, Prinz von Oranien, gegangen war. Karl hatte dadurch seine spanischen Untertanen geringschätzig behandelt, welchen er diese Würde hätte vorbehalten sollen »wegen der bedeutenden Dienste, die bei der Eroberung und Behauptung jenes Königreichs von den Spaniern geleistet worden waren«.(18) Karls ausweichende Antwort überzeugte die Cortes davon, daß der Kaiser, der über viele Königreiche herrschte, sich an keines in besonderer Weise binden lassen wollte.(19)

Wir kennen Karls eigene Meinung zur Erasmus-Kontroverse nicht genau; doch waren seine Anhänger in Kastilien ohne Zweifel auf der Seite des Erasmus. Es ist interessant, daß bei der Versammlung, die man in Valladolid zusammenberief, um Erasmus'

Orthodoxie zu erörtern, der einzige religiöse Orden, der Erasmus' Anschauungen verteidigte, die Benediktiner waren, – der Orden, der auch dem König finanzielle Hilfe bis zur Höhe von 12000 Dublonen anbot. Die Professoren der Universität von Alcalá de Henares waren ebenso wie der General-Inquisitor pro Erasmus. Aber der *sacco di Roma* hatte unter der hohen Geistlichkeit eine feindselige Reaktion gegen den König und seine Politik hervorgerufen.(20) Dementsprechend entwickelten sich die Debatten über Erasmus zu einer hitzigen Auseinandersetzung zwischen Theologen »imperialistischer« und »nationalistischer« Färbung. Daß Karl am Ende der Sitzungen der Versammlung einen offenen Brief an Erasmus richtete, in dem er dessen Treue zur Kirche rühmend hervorhob, ist ein Zeichen für seine eigene »imperialistische« und das heißt mehr versöhnliche Einstellung. Es ist eine Andeutung dahin, daß er selbst eine Reform in der katholischen Kirche wünschte und – wenn auch vergeblich – dafür arbeitete, in der Hoffnung, die Lutheraner in die Kirche zurückzubringen. Die Anschauungen von Erasmus lassen sich demnach als ein Katalysator eines reformerischen Geistes in kastilischen und in niederländischen politischen und religiösen Kreisen ansehen, die dem Kaiser in den zwanziger Jahren des 16. Jahrhunderts nahestanden.

Plus Ultra: *Karl V. und Spanisch-Indien*

Als der »imperialistische« Humanist Ludovico Marliano das Emblem seines Meisters mit dem Motto *Plus Ultra* versah, das sich über die Säulen des Herkules (die Straße von Gibraltar) spannte, drückte er damit das Weltweite und Heroische in Leben und Werk Karls V. aus. Der junge Kaiser entsprach als ein junger Held dem Geist der Renaissance, dem unternehmungslustige Vorstöße ins bisher Unbekannte vorschwebten. Man konnte ihn mit Recht den Kaiser der Neuen Welt ebenso wie der Alten nennen; das weite Vordringen nach überseeischen Räumen, das von seinen spanischen Untertanen geleistet wurde, verlieh seiner Herrschaft ein unüberwindliches Ansehen und unvergleichlichen Ruhm.(21) Seine Stellung war darin einzigartig.

Ein so weitgespanntes Imperium ließ Karl ein Interesse und Vorliebe für Landkarten entwickeln. Er sammelte sehr viele von ihnen und führte viele Gespräche mit Kosmographen wie Alonso de Santa Cruz. Obwohl er selbst nie die Neue Welt besuchte, zeigte er seine ganze Regierungszeit hindurch großes Interesse an überseeischen Unternehmungen, zumal wenn sie die westliche Hemisphäre betrafen.

Das spanische »Indien« war eine wertvolle Einnahmequelle, mit der Karl seine finanziellen Krisen lösen oder sie doch weniger drückend machen konnte. Der letzte Satz in einem Brief an seine Gemahlin ist in diesem Zusammenhang erwähnenswert; er ist 1536 geschrieben, also zu einer Zeit, als der Kaiser nicht bei ihr in Spanien weilte. Er war in bitterer Geldnot, weil die Eroberung von Tunis im Jahr zuvor viel Geld gekostet hatte und erneut der Krieg mit Frankreich zu erwarten war: »Bringt die Leute zusammen, sucht das Geld überall, und sollte Gott Geld von Peru schicken, so legt Hand darauf, auch wenn es für Einzelpersonen bestimmt ist.«(22)

Oft während Karls Regierung geriet amerikanischer Reichtum in die Hände fremder, vor allem französischer Korsaren. Sie mußten nicht über den Ozean segeln, um ihre Beute zu bekommen. Da die spanischen Seefahrer ja bei ihrer Rückkehr nach Europa die Winde und Meeresströmungen ausnutzen mußten, die zu den Azoren und von dort zur Straße nach Gibraltar führten, konnten sie ihren Schätzen in den Spanien benachbarten Gewässern auflauern. So handelte etwa der Korsar Jean Flenoy, der 1522 den größeren Teil des privaten Schatzes von *Moctezuma* erbeutete, den Hernán Cortés nach Spanien gesandt hatte; (23) ein Raub, der auf eine sehr eindrückliche Art die Reichtümer der überseeischen Besitzungen des Kaisers ins allgemeine Bewußtsein brachte.

Während Karls Regierungszeit gewannen die geographischen Entdeckungen ihren vollen Einfluß auf das Bewußtsein der Menschen. In den frühen Jahren der Entdeckungen glaubten nämlich – wie Thomas Müntzer berichtet – viele Leute noch nicht recht an die Existenz der Neuen Welt: sie war »das seltsame Wunder, an das die meisten Leute noch nicht zu glauben bereit waren«.(24) Die Menschen des frühen 16. Jahrhunderts begegneten der Neuen Welt mit großer Neugier, die mit ängstlicher Furcht gemischt war. Man versäumte keine Gelegenheit, sich mit Reisenden und Seeleuten zu unterhalten, die dort gewesen waren. Wir wissen, daß Thomas More sich an einen Fremden heranmachte, den er nach

seiner Kleidung und seinem wetterharten Gesicht für einen See-
mann hielt. Die Unterhaltung, die More zufolge darauf zustande
kam, mag nicht stattgefunden haben; aber seine *Utopia* nahm
doch von dort ihren Ausgang. 1513 beschwor der Florentiner Historiker Francesco Guicciardini seine Landsleute in Valladolid um
Nachrichten: »Ich glaube, daß Ihr Informationen besitzt über die
Seefahrt, die dieser Monarch (Ferdinand) in Westindien durch-
führt.«(25) Und als, 12 Jahre später, der venezianische Humanist
Navaggiero nach Spanien reiste, beklagte er sich darüber, daß
man in Venedig »nichts über Westindien gedruckt findet«; und
er versprach seinem Freund Rannusio, er werde ihm bald »so viel
Information (senden), daß Ihr Euch dessen langweilen werdet«.(26)

Bischof Lagasca, den man nach Peru geschickt hatte, damit er
dem Bürgerkrieg zwischen den Brüdern Pizarro und Almagro ein
Ende machte, schrieb an Ferdinand von Österreich weniger über
die militärische Aktion, die Pizarro zur Ordnung gebracht hatte,
als über die vielen Seltsamkeiten, die er zu sehen bekommen hatte,
»so wie man sie sich niemals in der Alten Welt hätte vorstellen
können«.(27)

Karl konnte der allgemeinen Bewunderung für diejenigen seiner
Untertanen, die wie Hernán Cortés ein großes Reich für ihn eroberten, nicht unzugänglich sein. Seit seiner Kindheit hatte er von
den kühnen Taten jenseits der Meere gehört, vollbracht von Männern, die eines Tages seine spanischen Untertanen werden sollten.
Als König von Spanien hatte er 1518 Maghellan eine Audienz ge-
währt und kräftig zu seiner phantastischen Großtat der Weltumsegelung beigesteuert. Das war wirklich eine ›imperiale‹ Geste.
Als Karl die glücklichen Überlebenden von jener Expedition will-
kommen hieß, da war er tatsächlich der gewählte und gekrönte
Kaiser. Pedro Mexia berichtet uns:

»...der Kaiser erlangte von Gott die Ehre und den erhabenen
Ruhm, unter vielen anderen, von Taten, die in seiner Zeit und auf
sein Geheiß vollbracht wurden, welche niemand hatte vollbringen
oder auch nur sich vorstellen können seit der Erschaffung der
Welt, und welche viele alte Philosophen für unmöglich gehalten
hatten.«(28)

In einem Brief an seine Tante Margarete sprach Karl seine Zufriedenheit über den Erfolg des Unternehmens aus und lobte so-

wohl seinen Wert an sich als auch die vorteilhaften wirtschaftlichen Folgen, die es ihm brachte.(29)

Es mag uns überraschen, wenn wir an Karls gut belegtes Interesse an Westindien und dem Schicksal der *conquistadores* denken, daß davon nichts in seinen Memorias vorkommt. Wenn wir aber berücksichtigen, daß diese ›Aufzeichnungen‹ in Wirklichkeit ein Bericht über seine eigenen Reisen und vor allem seine Erlebnisse als Soldat sind, mutet die Vernachlässigung Amerikas weniger seltsam an: weder durch Reisen noch als Soldat hatte Karl irgendeine Berührung mit der Neuen Welt.

Am wichtigsten an den westindischen Besitzungen war für Karl der Reichtum, den man aus ihnen nach Spanien brachte. Während seiner Regierungszeit wurde Spanisch-Amerika zu größten Teilen erforscht und erobert. Die alten Reiche der Azteken, der Mayas, Chibchas und Inkas wurden unterworfen. Das in Spanien anlangende Edelmetall hatte sich in der Menge bis zum Ende seiner Regierung verzehnfacht: von einem jährlichen Durchschnitt von 200000 *Pesos* zwischen 1516 und 1520 auf 1975000 *Pesos* zwischen 1551 und 1555. Karl konnte der Strom von Gold und Silber nicht gleichgültig sein, der entweder als königlicher Fünfter, als Zollgebühr oder durch Beschlagnahme privaten Eigentums in seine Hand kam. Die abenteuerlichen Fahrten von Maghellan und Elcano und die Eroberung Mexikos vergrößerten sein Weltreich. Seine Zeitgenossen nannten es häufig universal: die Zeit sei gekommen, so sagten sie, daß ein Hirte die eine Herde weide.(30) Dieselbe Vorstellung begegnet in einem Sonett, das Capitano Hernando de Acuña wenig später Philipp II. widmete: die Zeit sei gekommen für »Einen Monarchen, Ein Reich und Ein Schwert«.

Karl erblickte in Amerika das Geschenk der Vorsehung, das auf das Schicksal Europas einwirkte. Wer Unterstützung und Hilfe aus der Neuen Welt besaß – und Karl hatte diese im Gegensatz zu den anderen –, dem war der Sieg sicher. Hier lag der Hauptgrund dafür, warum Franz I. das Gleichgewicht der Mächte wieder herzustellen versuchte und sich um Hilfe an eine andere nicht-europäische Macht wenden mußte, an das Osmanische Reich.

Die amerikanischen Besitzungen bedeuteten allerdings für Karl auch schwierige Verwaltungsprobleme. So sehr er den *conquistadores* zu Dank verpflichtet war, sah er sich doch auch der Notwendigkeit gegenüber, ihre Gewalttätigkeit und Raffgier in Schranken zu weisen. Der Stolz auf ihre Leistung ließ ihn zunächst nur widerwillig eingreifen. Die Gefühle des López de Gomara, der an ihn schrieb, die Entdeckung Spanisch-Indiens sei das wichtigste Ereignis seit der Erschaffung der Welt,(31) lagen ihm näher als die kritische Stellungnahme der Leute der Kirche, die sich darüber entsetzten, auf welche Weise die *conquistadores* die eroberten Gebiete verwalteten. Einer von diesen, der Mönch Francisco de Vitoria, ging so weit, die Legalität der Eroberung überhaupt in Frage zu ziehen. Und noch 1539 wies Karl den Prior von San Esteban (Vitorias Oberen) an, »er solle diese Mönche zum Scheigen bringen!«. Aber in den folgenden Jahren schon kam Karl zu der Überzeugung, daß die Kritiker recht hatten. 1542 erließ er die *Leyes Nuevas*, um den Schutz der Indios in Amerika sicherzustellen, die durch das *encomienda*-System von der Ausrottung bedroht waren; es handelt sich bei diesem System um jene zeitlich befristeten Kron-Bewilligungen, die Privatleuten die Indianer und ihre Arbeitskraft zur Verfügung stellten. Karls politisches Testament von 1548, die Instruktionen für seinen Sohn Philipp, ist getragen von dem Geist des Reformers Las Casas. Man müsse, so betonte Karl, die Indianer gegen die Grausamkeit der Eroberer schützen. »Die Unterdrückungsmaßnahmen der *conquistadores*« müßten eingeschränkt, die Kolonien wiederbevölkert und entwickelt werden.(32)

Als Mensch seiner Zeit sah Karl die Sklaverei als erlaubt an; sogar Francisco de Vitoria hielt sie für eine gerechtfertigte Einrichtung. Es gab einige wenige, wie Tomás de Mercado in Spanien und Bodin in Frankreich, die sich gegen sie wandten; aber sie gehörten einer späteren Generation an, nämlich dem Europa des frühen Barock. Aber der unmenschliche Sklavenhandel als solcher wurde von Karl nicht erst eingeführt; er war in Spanien schon zur Zeit seines Großvaters mütterlicherseits, Ferdinands von Aragon, üblich. Karl stellte die wirtschaftliche Abhängigkeit Westindiens nie in Frage, die ihm half, seine Politik in der Alten Welt durchzuführen; so ließ er auch den Sklavenhandel bestehen, wie er ihn von seinen Vorfahren überkommen hatte.

Änderungen der »Neuen Gesetze«, die ihre Geltung einschränkten, wurden denn auch wegen der drängenden Finanznot der Krone erlassen; aber nach 1542 stellte Karl neben seine moralischen Verpflichtungen (als der Beauftragte des Papstes für den Schutz der Kirche in der Neuen Welt), nämlich die Indianer zum christlichen Glauben zu bekehren, auch die ebenfalls moralische Verpflichtung, die Übel zu heilen zu versuchen, welche die Eroberungen über die Indianer gebracht hatten.

Der radikale Wechsel in Karls Auffassung von der Anerkennung der Ausbeutung der Indianer als natürlicher Konsequenz der Eroberung hin zur Betonung seiner eigenen Verantwortung, sie zu beschützen, war auf seine Reaktion auf das Scheitern von Algier 1541 zurückzuführen.* Er glaubte tief daran, daß in der Geschichte die Hand der Vorsehung am Werk war. So konnte der Sieg der Ungläubigen für ihn nur bedeuten, daß Gott ihn seiner Sünden wegen strafen wollte. Bei der Erforschung seines Gewissens kam er zu dem Schluß, daß die Kritiker der *conquistadores* recht hatten, daß er selbst aber Unrecht getan habe, weil er seine indianischen Untertanen der Gier der *conquistadores* geopfert hatte.(33)

6 Friedensstifter in Italien

Der Kampf um Neapel

Der militärische Druck der Franzosen in Italien war 1528 so stark, daß nicht nur Mailand, sondern auch Neapel bedroht war. Man hätte meinen können, die frühere Auseinandersetzung zwischen Ludwig XII. und dem großen General Gonzalo Fernandez de Cordoba sei wieder erwacht. Durch eine gewaltige Anstrengung hatte Franz I. eine neue große Armee aufgestellt und sandte sie gegen Neapel; ein neuer Befehlshaber, General Lautrec, hatte die Aufgabe, die Niederlage von Pavia zu rächen.

Die kaiserlichen Kräfte waren in einer schwierigen Lage, weil die französische Armee zur See von der starken genuesischen

* Siehe S. 145–149.

Flottenabteilung der Doria unterstützt wurde. Karl blieb guten Mutes und glaubte, das Glück werde auf seiner Seite sein, obwohl viele seiner Ratgeber weniger zuversichtlich waren. Leyva, der Held von Pavia, und seine *tercios* waren Karls Hauptverlaß in Mailand. Der Kaiser wies Leyva an, er solle den Instruktionen des Vizekönigs von Neapel Folge leisten; daß das nicht gut sei, betonte Leyva in seiner Antwort: »Eure Majestät müssen wissen, daß der Vizekönig von Neapel ebensoweit von Mailand entfernt ist wie Eure Majestät; während die Korrespondenz kommt und geht, kann schon alles verloren sein.«(1) Leyva glaubte an den »guten Stern« des Kaisers, drängte ihn aber, er solle die Initiative ergreifen: »Eure Majestät verlassen sich auf Euer gutes Glück und das ist ganz richtig so, aber man sollte doch dem Glück mit Taten helfen, denn Gott vollbringt nicht jeden Tag Wunder«.(2)

Obwohl der Feldzug in Italien Karl in allererster Linie beschäftigte, mußte er doch auch berücksichtigen, daß er seit der Entstehung der Liga von Cognac sich im Krieg mit Heinrich VIII. befand. Er startete eine Propagandakampagne gegen Kardinal Wolsey, dem er die Störung des bestehenden harmonischen Verhältnisses zwischen den beiden Kronen und die schimpfliche Behandlung der Königin Katharina zur Last legte. Der Skandal, daß Heinrich VIII. Katharina verstoßen hatte, fand seinen Widerhall in ganz Europa und traf Karl zutiefst. Er war sich wohl bewußt, daß ihr Sturz ihn seinen besten Verbündeten in England kostete. Seine Propaganda gegen England lag in den Händen seiner anderen Tante, der Erzherzogin Margarete, die er anwies, sie solle »vernünftige Engländer erkennen (lassen), daß man in England ohne wirklichen Grund den Krieg für notwendig hält, (und) daß Kardinal Wolsey für alles die Verantwortung trägt, einschließlich der beabsichtigten Scheidung zwischen dem König und der Königin, meiner guten Tante«.(3) Karl konnte sicher nicht erwarten, daß er Wolsey stürzen könne, aber er hoffte freilich, daß seine Angriffe gegen Wolsey Wirkungen zeitigen würden. Alfonso de Valdés' *Dialogo de Mercurio y Carón* entstand als ein Teil dieser Kampagne; Valdés klagte Wolsey an, er herrsche wie ein Despot über England, so daß niemand ihm zu widersprechen wage: »Aber jetzt, da er es gewagt hat, gegen den Kaiser Krieg zu führen und den König von England überredet hat, seine Königin zu verlassen, die doch bei allen so beliebt war, jetzt wird sich ohne Zweifel das Volk gegen den Kardinal erheben und ihm sein wohlverdientes Ende auf dem Schafott bereiten.«(4)

Karl sah sich auch in seinem Verhältnis zum Papsttum Problemen gegenüber. Die Plünderung Roms hatte damit geendet, daß seine Truppen Clemens VII. gefangengenommen hatten, nachdem ihre Belagerung der Engelsburg, wo er Zuflucht suchte, zum Erfolg geführt hatte. Aber der Papst war als Gefangener ein gefährliches Pfand, mehr noch, als es Franz I. gewesen war, weil sich die Christenheit insgesamt sehr wohl gegen den Kaiser wenden und gegen seine Behandlung ihres geistlichen Oberhaupts Widerspruch erheben konnte. Wenn man aber Clemens VII. freiließ, welche Garantie konnte sich der Kaiser verschaffen, daß er nicht in einen neuen Krieg gegen ihn eintrat? Karl hatte aus den Ereignissen, die der Freilassung Franz' I. gefolgt waren, seine Lehre empfangen. Aber es schien keinen anderen Ausweg über dieses Dilemma zu geben, und gegen Ende 1527 folge Karl den Rat, den seine Ratgeber ihm gaben, und gestattete die Freilassung des Papstes.

Es war höchste Zeit dafür gewesen; denn am 12. Dezember trafen die Abgesandten des englischen und französischen Hofes ein, um Karl ein Ultimatum im Blick auf die Gefangenhaltung des Papstes zu überreichen. Außer der unverzüglichen Freilassung Clemens' VII. forderte Heinrich VIII. die Rückzahlung von 300 000 Dukaten, die ihm der Kaiser schuldete, und er verlangte weitere 500 000 Dukaten als Kompensation für den Bruch des Eheversprechens Karls gegenüber Prinzessin Maria. Karl hatte natürlich keine Möglichkeit, solche Zahlungen zu leisten, da ihm doch die Finanzierung des Kriegs in Italien ins Haus stand. Aber er konnte die Freilassung des Papstes, die ja schon stattgefunden hatte, als Konzession anbieten, da die langsamen Verbindungen jener Zeit die Nachricht davon noch nicht bis zu Heinrich und Franz hatten gelangen lassen. Trotzdem ließ es sich nicht vermeiden, daß formell der Krieg erklärt wurde. Die Botschafter Frankreichs und Englands verließen den kaiserlichen Hof, während die Abgesandten in einer neuen Audienz Karl ›im Namen ihrer Herren‹ zum Krieg forderten. Der Kaiser empfing sie mit großer Pracht, umgeben von seinem ganzen Hof. Seiner Eingebung folgend – mehr als einmal im Lauf seines Lebens gab Karl solchen Impulsen nach –, antwortete er dem Franzosen:

»Ich habe zur Kenntnis genommen, was Ihr im Namen Eures Herrn vorgelesen habt, und ich bin überrascht, daß er mich zur Verantwortung zieht; aber da ich ihn im offenen Kampf zum Gefangenen genommen und sein Ehrenwort erhalten habe, kann ich ihn nicht zur Verantwortung fordern. Es ist tatsächlich seltsam, daß er mich zum Kampf fordert, nachdem er seit 6 oder 7 Jahren Krieg gegen mich führt ohne irgendeine formelle Kriegserklärung. Und da ich durch Gottes Gnade in der Lage war, mich selbst zu verteidigen, wie er und jedermann sonst weiß, als der französische König gegen mich kämpfte, ohne Krieg erklärt zu haben, sollte ich jetzt, da er das getan hat, mich um so besser verteidigen können.«(5) Dem englischen Abgesandten, der die Anwendung von Gewalt androhte, wenn der Kaiser nicht die Söhne Franz' I. freigebe, antwortete Karl mit Zorn: »Ich glaube, ich werde in der Lage sein, sie mit Gottes Hilfe und durch die Treue meiner Untertanen zu behalten und nicht gezwungen zu werden, die Kinder nach Frankreich zurückzugeben, denn es ist nicht meine Art, mich zwingen zu lassen zu dem, was ich tue.«(6)

In Neapel war die Lage eine Zeitlang sehr ernst, da Lautrec – gut unterstützt durch Andrea Dorias Flotte – die kaiserlichen Truppen mit weit überlegenen Kräften umzingelte. Einige neapolitanische Adlige ergriffen die Gelegenheit, sich auf Franz' Seite zu schlagen, und ihre Entscheidung versetzte ganz Neapel in einen Zustand der Verwirrung. Karl gelang es, zu seinen belagerten Truppen einen Emissär zu senden, der raschen Entsatz versprach. Mangel an Nahrung zwang den Vizekönig, Don Hugo de Moncada, sich gegen Dorias Flotte zu wenden, um die Blockade zu durchbrechen. Seine Unternehmung scheiterte völlig. Der Vizekönig selbst und der größere Teil seiner spanischen Veteranen kamen in jenen Angriffen von Galeere zu Galeere, die für Seeschlachten im Mittelmeer so charakteristisch waren, ums Leben; das Entern der Schiffe unterschied sich nur wenig vom Kampf zu Lande, vor allem wenn das Meer ruhig war. Die Genuesen nahmen viele Gefangene, unter ihnen der Marquis del Vasto, einer der besten Generäle Karls. Das Ende von Karls Vorherrschaft in Italien schien gekommen.

Aber unerwartet änderte Andrea Doria seine Politik und ging nach seinem überlegenen Sieg über die Truppen Moncadas auf die Seite des Kaisers über. Groll gegenüber Franz und Versprechungen Vastos scheinen Doria für das Lager des Kaisers gewonnen zu haben. Jetzt konnte man Neapel versorgen und entsprechend die militärische Situation verbessern. Die französische Armee andererseits, fern von ihrer Heimat und von der Pest befallen, schmolz sehr rasch zusammen und mußte sich ergeben. Dorias Gesinnungswechsel war das wichtigere der beiden Ereignisse, denn von jetzt an hielt sich Genua auf der Seite des Kaisers, und seine Macht zur See stärkte Karl wesentich. Der Kaiser stützte sich in wachsendem Maß auf genuesische Bankiers und Seeleute. Man kann ohne Übertreibung sagen, daß das Bündnis mit Genua den Weg zum endgültigen Sieg über Frankreich in dem 8 Jahre langen Kampf um Italien eröffnete. Es waren auch genuesische Schiffe, auf welchen Karl die Reise von Spanien nach Italien antrat.

Karl V. fordert Franz I. zum Duell

1528 forderte Karl Franz I. zum Duell heraus. Das war eine Geste, die von seinen Untertanen weithin unterstützt wurde. Da der französische König mehrere von Karls Besitzungen für sich begehrte, der letztere aber keine Lust hatte, auf irgendeinen Teil seines Erbreiches zu verzichten: warum sollten sie so starke Truppen mobilisieren und sich gegenseitig totschlagen lassen, nur weil zwischen den beiden Herrschern Rivalität bestand? Karls Herausforderung war in seiner Bemerkung an den französischen Botschafter enthalten, daß sein Herr »hochmütig und ein Schurke« sei; und am 18. März 1528 erfuhr dies formellen Ausdruck: »Der König, Euer Herr, hat sich unehrenhaft betragen und feige, weil er das Wort nicht hielt, das er in Madrid gegeben hat, und sollte er dem zu widersprechen wünschen, werde ich meine Behauptung auf dem Feld der Ehre verteidigen.« (7) Obwohl Franz die Herausforderung annahm, gab er sich doch keine Mühe, in seiner Antwort die formelle Ordnung einzuhalten, und Karl mußte die Forderung wiederholen. (8) In Übereinstimmung mit seinem Hof bestimmte Karl den Ort für das Duell: es sollte nach 40 Tagen an der Grenze zwischen Fuenterrabía und Hendaye stattfinden. Als aber sein Abgesandter am französischen Hof ankam, um seine Botschaft zu übergeben, wurde er von Franz brüsk unterbrochen.

Es war deutlich zu sehen, daß der französische König das Duell nicht wollte, und so fand es denn auch nicht statt.

Karls Botschafter am französischen Hof zu dieser Zeit war Nicolas Perrenot de Granvelle, der bei Erfüllung seiner Aufgaben sich den Zorn Franz' I. zuzog, so daß er 40 Tage im Gefängnis zubringen mußte. Der zeitgenössische Historiker Santa Cruz berichtet, als Granvelle nach Spanien zurückkehrte, habe Karl ihn zu sich rufen lassen:

»Er hörte nicht auf ihn zu fragen, was er von dem König von Frankreich denke; Granvelle berichtete ihm eingehend, da er während seines Aufenthalts in Frankreich die geheimen Verhältnisse am französischen Hof durchschauen gelernt hatte und kennengelernt hatte, was man im allgemeinen wußte. Seit damals war der Kaiser Granvelle gewogen und zeigte ihm viel Zuneigung und Gunst, indem er ihn bald darauf in den Staatsrat berief.«(9)

Der Damen-Friede (Paix des Dames) zu Cambrai

Nachdem der Weg nach Italien dank dem Bündnis mit Genua für ihn offen war, machte sich Karl fertig für die Reise. Man mußte die Seereise sehr sorgfältig vorbereiten, da ja der Kriegszustand mit Frankreich andauerte. Karl hatte viele Gründe, warum er gerne nach Italien gehen wollte. Seine Krönung als Kaiser durch den Papst sollte seine Stellung und seine Macht in all ihren Gewalten und Vorrechten sichern und seine Befugnis verstärken, die Wahl seines Bruders Ferdinand zum römischen König zu beeinflussen. Karl wünschte auch Italien den Frieden zu sichern; nach seinen neulichen Siegen über Frankreich schien das endlich möglich zu sein. Außerdem hoffte er einen Weg zu finden, um die Auseinandersetzungen innerhalb der Kirche zu beenden, so daß er einen Kreuzzug gegen den Osmanischen Sultan beginnen konnte.

Er hegte die Erwartung, mit Frankreich rasch Frieden schließen zu können. Seine Tante Margarete hatte auf eigene Faust bereits einen Waffenstillstand mit England zuwege gebracht und verhandelte jetzt geheim und geschickt mit der französischen Königin-Mutter, Louise von Savoyen. Die beiden kamen am 5. Juli 1529 in Cambrai zusammen und lösten in wenigen Tagen die wichtigsten Probleme; man nannte zu Recht den sich daraus ergebenden Friedensvertrag den Damen-Frieden. Er enthielt genau dieselben Bedingungen wie der Vertrag von Madrid, mit Ausnahme von Karls Anspruch auf das Herzogtum Burgund, den er bei vorhergehenden diplomatischen Fühlungsnahmen aufzugeben versprochen hatte. So viel war der Kaiser bereit, für die Sache des Friedens zu opfern, und im übrigen erreichte er seine Ziele: Franz verzichtete ausdrücklich auf seine Ansprüche auf Italien, und zwar auf Neapel ebenso wie auf Mailand, er gab seinen Herrschaftsanspruch über Flandern und Artois auf und war bereit, die Stadt Tournai an Karl abzutreten. Franz übernahm auch die Rückzahlung der 300000 Dukaten, die Karl noch Heinrich VIII. schuldete. Außerdem war der französische König bereit, für die Freilassung seiner beiden Söhne die große Summe von 2 Millionen *Escudos* zu zahlen. Endlich versprach er, Karls Schwester Eleonore zu heiraten, und erklärte sich bereit, das Kommando über die Vorhut zu übernehmen, wenn Karl die Führung eines Kreuzzuges gegen den Sultan übernahm. Karls Zeitgenossen waren erstaunt, daß Franz solche Bedingungen annahm, aber wegen seiner vielen Niederlagen hatte er keine andere Wahl, zumal sich seine Verbündeten kaum regten.

Zur Erinnerung an den vorteilhaften Friedensvertrag wurde ein Denkmal errichtet, und zwar nicht in Spanien oder Frankreich, sondern in den südlichen Niederlanden. Wenn man das Justizpalais in Brügge besichtigt, stößt man auf eine prächtige Halle, die dem Triumph des Kaisers in Cambrai gewidmet ist. Neben seiner Büste und der seiner vier Großeltern wird hier zweier bedeutender Niederländer gedacht: Margaretes, der klugen Unterhändlerin, und Lanoys, des Siegers von Pavia, dem Franz I. sein Schwert ausgeliefert hatte.

Die Reise nach Italien

Wenn Karl soweit seine Ziele erreicht hatte, hatten äußere Faktoren mehr als seine eigenen Bemühungen dazu beigetragen. Als 1521 die Schlacht auf den Ebenen vor Villalar die schreckenerregende Rebellion der *comuneros* beendet hatte, war Karl in Deutschland gewesen. Als vier Jahre später aus Italien die Nachricht kam, daß seine Armeen Franz I. gefangengenommen hatten, war er in Kastilien. Bald darauf vereinigte sich beinahe ganz Europa in einer Liga gegen ihn; aber wieder errangen seine Truppen Siege auf jedem Schlachtfeld, vor allem in Italien.

Karls großer Wunsch war es, seine Möglichkeiten zu nutzen, um das Siegel seiner eigenen Persönlichkeit der Zukunft aufzuprägen. Er hatte geduldig gewartet, hatte in der Stille alles darauf vorbereitet. Seine ererbten Länder hatte er fest unter seine Verwaltung gebracht. Im Land seiner Geburt hatte er das Glück, daß er auf Helfer ersten Rangs zählen konnte, auf seine Tante Margarete zunächst, und dann auf seine Schwester Maria, zwei Frauen von starker Persönlichkeit und großer politischer Begabung. Er hatte seine Herrschaft über das unruhige Spanien aufgebaut, indem er die Zuneigung seiner Untertanen gewann und Kastilien als dauernden Wohnsitz für seine Familie wählte. In diesem Zustand befand sich seine Herrschaft, als sich die Gelegenheit bot, nach Italien zu gehen; Karl konnte es sich nicht leisten, sie auszulassen.

Häufig stellt man das Leben des Kaisers so dar, daß es durch ständige Kriege bestimmt scheint, die von seinen Feinden gegen ihn geführt werden, und besondere Aufmerksamkeit gilt dabei den fünf Kriegen, die Frankreich angestiftet hat. Deutsche Historiker unterscheiden mit mehr Scharfsinn zwei Hauptthemen in der Politik des Kaisers: die Mittelmeer- und die deutschen Probleme. Folgen wir seinen Reisen, so konstatieren wir Reisen durch Europa auf einem weiten Bogen von den Niederlanden bis Spanien, der 1529 nach Italien fortgeführt wurde, um den Kreis zu vollenden.

Seit einem Jahrhundert schon hatte jede europäische Kanzlei, eingeschlossen die osmanischen Türken, ein lebhaftes Interesse für die italienische Halbinsel. Karl, jetzt im selben Alter wie Hannibal, als er die Alpen überquerte, verkündete seine Absicht: »Ich werde jetzt in der Lage sein, meine Politik entsprechend meinem Wunsch durchzuführen, nämlich nach Italien fortzuschreiten, wo ich Ehre gewinnen und meinen Ruhm vergrößern möchte. Das liegt mir gar sehr am Herzen.«(10)

Der Kaiser ging nach Italien nicht als Eroberer, sondern als Friedensstifter. Von diesem Zeitpunkt an kann man ihn als den europäischen Staatsmann ansehen. Als er die Frage seiner Italienreise seinen Ratgebern im spanischen Staatsrat vorgelegt hatte, war er bei seinen kastilischen Ratsmitgliedern auf strengen

Widerstand gestoßen. Alonso de Santa Cruz schrieb, Karl habe ihnen voll Eifer über die Aussicht, was für ein Abenteuer vor ihm lag, mit einer leidenschaftlichen Rede zum Ruhm Italiens geantwortet: dieses Land bilde einen Teil seiner Aufgabe als Kaiser; Spanien könne ihn von seinem Ziel nicht abbringen. In Italien erwarte ihn seine Krönung durch den Papst; sie werde eine Gelegenheit sein, der Welt zu beweisen, daß er nur das begehrte, was ihm zustand. Er werde sich durch die Befriedung der Halbinsel Ruhm erwerben; keinem seiner Vorgänger sei es gelungen, in Italien Frieden herzustellen. Er hoffe auch ein Konzil herbeiführen zu können, das sich mit den Mißständen der Kirche beschäftige; freilich gelte es dabei vorsichtig den richtigen Zeitpunkt zu wählen, da der Papst gegen allgemeine Kirchenkonzilien eingestellt sei, weil sie die Autorität Roms herausforderten. Er wolle aber nicht Gefahr laufen, daß irgendjemand sich an ihn als den erinnern müsse, der wenig Geld habe. Große Summen seien deshalb für seine Italienreise vonnöten: Die Finanzen hätten sich der Politik anzupassen und nicht umgekehrt.

Die Kastilier im Rat – und unter ihnen mit dem größten Gewicht Kardinal Tavera – baten Karl dringend, er solle auf jede andere Unternehmung verzichten, mit Ausnahme eines Feldzugs gegen Barbarossa in Algier. Tavera hob hervor, Karl könne die wahre Größe seines Herzens (beweisen), indem er jene Provinz in Afrika eroberte, wo der Kaiser seine jungen Kräfte und seine Macht zu größerem Ruhm anwenden kann, als er es in Italien könnte; außerdem sei der Krieg gegen die Mauren jetzt notwendig und sogar unaufschiebbar. Der Kaiser solle alles beiseite lassen, was Frankreich und Italien betraf, denn die Vorteile, die man von dem afrikanischen Feldzug gewinnen kann, werden dauernd sein und sich auf seine Nachfolger vererben, während die in Italien und Frankreich zu gewinnenden vorübergehend und nichtig sind.(11)

Der Kaiser konnte einen so partikularistischen Standpunkt, der ihn auf die Rolle Karls I. von Spanien beschränkt hätte, nicht teilen. Außerdem hatte er das Interesse an Italien von seinem Großvater mütterlicherseits, von Ferdinand von Aragon, geerbt, der 1511 seinen Feldzug in Afrika Italiens wegen aufgegeben hatte.*

---

* Zwischen 1505 und 1511 hatte Ferdinand Peñón de la Gomera, Oran, Bougie, Tripolis, Tunis und Algier erobert.

Spanier, die in Italien im Einsatz waren, suchten ihrerseits auf Karl ·einzuwirken, er möge dorthin kommen. Leyva, der den Oberbefehl der Armee in Norditalien führte, schrieb ihm am 13. Mai 1529:

»Möge es Gott gefallen, daß Eure Majestät nach Genua kommen, denn von dort aus wird es leichter sein, die Dinge in Italien in einer Art zu schlichten, wie es Euren Notwendigkeiten entspricht. Und wenn Eure Feinde so zahlreich und mächtig sind, daß es Euch nicht möglich ist, nach Italien zu kommen, können wir Soldaten aus Deutschland schicken, um sie zu besiegen. Ihr müßtet in Genua ebenso sicher sein, wie Ihr es in Barcelona seid. Und seid Ihr einmal in Genua, so werdet Ihr ganz Italien Eure Partei nehmen sehen.«(12)

Karl war derselben Meinung. Königin Isabella konnte ihn in der Regierung seiner spanischen Territorien angemessen vertreten; seine beiden Kinder, Philipp und María, sicherten die Erbfolge und waren ein Beweis für Karls Liebe zu Kastilien, wo er seine Residenz hatte. Bevor er nach Italien aufbrach, ordnete er die Erbfolge, falls er unterwegs sterben sollte, und versammelte Adel und Bauern, hoch und niedrig, damit sie Philipp huldigten. Im Bewußtsein seiner Pflichten als Kaiser hielt er es für seine Aufgabe, Italien den Frieden zu sichern und der Verwüstung ein Ende zu setzen, die es seit so langer Zeit von fremden Armeen erlitt. Er wünschte der Welt sein Verlangen nach Frieden zu beweisen und sein Interesse an einer guten Regierung, Vorstellungen, die weitgehend auf den Einfluß erasmischer Ratgeber in seiner Umgebung zurückzuführen waren. Sein Aufenthalt sollte es also für ihn leichter machen, nach Deutschland zu gehen, um sich den beiden drängendsten Problemen der Zeit zu widmen: der religiösen Spaltung im Norden und der Bedrohung durch die Türken im Osten; denn 1529 bereitete Soliman der Prächtige einen Angriff auf Wien vor. Karl verzeichnete diese Ziele in seinen ›Aufzeichnungen‹ kurz und bündig. Indem er wie gewöhnlich in der dritten Person schreibt, berichtet er, er habe Spanien verlassen wegen des Verlangens, das er hatte, die bestmögliche Lösung für die Mißstände in Deutschland zu finden, welchen sich Seine Majestät in der Vergangenheit nur ungenügend hatte widmen können wegen der gegen ihn geführten Kriege; und auch wegen der Notwendigkeit, Angriffen von Italien aus sich zu widersetzen und von seinen restlichen Kronen Besitz zu nehmen. Auch um in der Nähe zu sein, um den Türken Widerstand zu leisten, von denen man hörte, daß sie die Christenheit schlechthin herausfordern wollten.(13)

Die italienische Reise brauchte Geld. Karl mußte sich mit dem Glanz umgeben, der seiner kaiserlichen Stellung angemessen war. Das ging nicht ohne große Ausgaben, und Geld war nach so vielen Jahren dauernden Krieges knapp. Der Kaiser schrieb an Ferdinand: »Aber, mein guter Bruder, Ihr wißt, daß man solche Ziele nur mit großen finanziellen Mitteln erreichen kann, die dazu nötig sind, unsere italienische Unternehmung mit Ehre auszuführen.«(14) Da der Friede mit Frankreich noch nicht fest abgeschlossen war, konnte Karl nicht mit absoluter Sicherheit auf das hohe Lösegeld bauen, das er für die Freilassung des Dauphin und seines Bruders forderte. Er entschloß sich deshalb widerwillig, Spaniens Rechte auf die Molukken, die erst kurz zuvor von Maghellan und Elcano erworben worden waren, an Portugal zu verkaufen. Die Unterhandlungen schritten weder rasch noch leicht fort, da König Johann III. die riesige Summe nicht bezahlen wollte, die der Kaiser forderte. Karl mußte erst Johann schamrot machen, indem er ihn einen Schacherer nannte und ihm finanzielle Repressalien ankündigte, wie etwa die Unterbindung des Exports von Weizen nach Protugal.(15)

Nachdem im April 1529 der Verkauf abgeschlossen war, hatte Karl wieder Geld in den Truhen. Die Aushebung von Truppen, die ihn nach Italien begleiten sollten, begann, und man rief die Granden der spanischen Königreiche auf, sich zum Gefolge des Königs zu gesellen. Vorräte und Truppen sammelte man in Málaga, um sie von dort zur See nach Barcelona zu verschiffen. Das war eine umständliche Route, und ihre Wahl war um so unverständlicher, als Málaga vom Zentralplateau, das hier unvermittelt ins Meer fällt, nicht leicht zu erreichen ist. Es ist möglich, daß Karl einen Konflikt vermeiden wollte, der entstehen konnte, wenn die kastilischen *tercios* durch das Königreich Aragon marschierten. Karl selbst reiste von Toledo via Zaragoza und erreichte Ende April Barcelona. In Barcelona unterzeichnete er am 29. Juni eine Übereinkunft mit den Abgesandten Clemens' VII. und erhielt die Nachricht von Leyvas Sieg am 21. Juni über die letzten französischen Kräfte in Italien in der Schlacht von Landriano. Ende Juli stach Karl in See mit einer Flotte, die aus einigen spanischen und

30 genuesischen Galeeren bestand, die alle unter dem Befehl von Andrea Doria standen. Er führte mit sich eine Armee von 12 000 gut ausgewählten Fußtruppen (davon 8000 spanisch) und 2000 Reitern. Als sie am 12. August in Genua landeten, war inzwischen bekanntgeworden, daß Frankreich den Frieden von Cambrai unterzeichnet hatte. Aber aus Mitteleuropa kamen schlechte Nachrichten: die Türken drangen entlang der Donau gegen Ungarn vor; sie wurden von den Venezianern ermutigt, die auf diese Weise Karl außerhalb Italiens zu beschäftigen suchten.

Die türkische Offensive zwang Karl, Bologna als Ort seiner Krönung durch Papst Clemens VII. zu bestimmen: Rom war zu weit entfernt. Während er nach Bologna unterwegs war, erreichte ihn ein dringender Hilferuf von Wien, das von den Truppen Solimans belagert wurde. Karl mußte sich jetzt entscheiden, ob er seine Krönung verschieben und zum Entsatz nach Wien eilen wollte. Weil er ungern Entschlüsse änderte und außerdem hoffte, die fortgeschrittene Jahreszeit werde es Wien ermöglichen, den Widerstand durchzuhalten, setzte Karl seine Reise nach Bologna fort. Sein »großer Plan« wäre durcheinandergekommen, wenn er Italien so rasch hätte durcheilen müssen, daß er die Chance aufgab, die Situation auf der Halbinsel in Ordnung zu bringen. Noch war es nicht Zeit für Deutschland; Italien kam zuerst. Daß der Kaiser so fest an seiner Absicht festhielt, ist ein Beweis für sein inzwischen ausgereiftes politisches Konzept. Er hatte in Gattinara, Granvelle und Cobos gute Ratgeber; aber die Art, wie er an dem übergeordneten Plan festhielt, den man für die Lösung spezieller Probleme ausgearbeitet hatte, und den Kopf nicht an die Wechselfälle des Tages verlor, zeigt einen Staatsmann, der seine Reife erlangt hat.

Bologna bereitete sich im Herbst 1529 eifrig darauf vor, den Kaiser zu empfangen. Straßen und Plätze waren mit Girlanden behängt, eine durchgehende Reinigung der Stadt war befohlen; man hatte Quartier für die Hunderte von Besuchern beschafft und Vorräte gelagert. Die alte päpstliche Stadt, die wegen ihrer Gelehrsamkeit berühmt war, war das geistige Zentrum Italiens. Das Collegio de San Clemente für spanische Studenten, war im 14. Jahrhundert von Kardinal Albornoz begründet worden und diente als ein Modell für die 6 später in Kastilien eingerichteten Kollegien. Jetzt sollten seine Studenten, die das Auf und Ab des kaiserlichen Glücks in Italien hatten miterleben müssen, eine Gelegenheit haben, Karl als Sieger zu Gesicht zu bekommen. Ein Besuch in ihrem Kollegium stand auf Karls Programm.

Der Einzug des Kaisers in Bologna am 5. November 1529 war eine sorgfältige Wiederbelebung der Triumphzüge der Kaiser Roms. Niederländische, deutsche, italienische und spanische Truppen nahmen teil: schwere Reiterei, Artillerie und Infanterie. Mitten in jeder Gruppe marschierte ihr militärischer Hauptanführer; der berühmteste von ihnen, Antonio de Leyva, wurde (wegen seiner Verletzungen) in einer Sänfte getragen. Dem Gefolge des Kaisers selbst ritten Herolde voraus, die kaiserliche Standarten trugen. Danach kam Karls berittene Leibwache, und beschlossen wurde die Parade von einem spanischen *tercio* von 3000 Veteranen. Auf der Piazza di San Petronio erwarteten Papst Clemens VII. und das Kardinalskollegium den Kaiser. Es ist erwähnenswert, daß Karl den Papst nicht auf Lateinisch begrüßte, in der Diplomatensprache jener Zeit, und auch nicht auf Französisch, das Karls eigene Muttersprache war, sondern auf Spanisch (16) – ohne Zweifel, weil er den spanischen Waffen und dem spanischen Geld Ehre erweisen wollte, die ihm so viele Siege geschenkt hatten.

Man legte als Tag für die Krönung den 24. Februar 1530 fest. Damit hatten die beiden Häupter der Christenheit beinahe 4 Monate Zeit, um Italien zur Ruhe zu bringen.

Friede in Italien

Ihren Absichten und Zielen nach war die Begegnung zwischen Karl und Papst Clemens das, was wir heute eine ›Gipfelkonferenz‹ nennen. Die Verständigung, zu der man gelangte, konnte von entscheidender Bedeutung sein; wenn nämlich die Macht des Kaisers positive Unterstützung von seiten des Papstes fand, konnte es niemand wagen, sich dieser gewaltigen Verbindung zu widersetzen.

Sie konnten ausgehen von dem Dokument, das am 29. Juni in Barcelona unterzeichnet worden war, mußten aber zusätzliche Schwierigkeiten überwinden, die man dort nicht erwähnt hatte. Eine davon war die Frage, was aus Florenz werden sollte. Die

Stadt am Arno hatte sich gegen die Herrschaft der Medici erhoben. Clemens VII., selbst ein Medici, konnte ihr das nicht vergessen und machte sein Bündnis mit Karl davon abhängig, daß er, mit verstärkter Truppenmacht, Florenz wieder den Medici zurückgebe. Karl begegnete dieser Forderung mit dem Angebot, die Medici im Herzogtum Mailand zu entschädigen, weil er wenig Lust hatte, einen Kampf fortzusetzen, der schon das Leben eines seiner besten Offiziere, Juan de Urbino, gekostet hatte. Die Florentiner waren fest entschlossen, sich zur Wehr zu setzen, ermutigt durch den Dominikaner-Orden, den das Gedenken an Savonarola befeuerte. Michelangelo war damit beauftragt, die Festungswerke der Stadt zu erneuern. Der Papst aber bestand darauf, Florenz müsse unterworfen und den Medici zurückgegeben werden. Im Rückblick mag es verwundern, daß Karl die Florentiner eines Bündnisses mit Clemens VII. wegen opferte, der zudem, wie die Erfahrung lehrte, unzuverlässig war. Aber Karl mußte für seine italienische Politik die Unterstützung Roms gewinnen. Das grausame Vorgehen gegen Florenz freilich, das nun folgte, ist eines der schwärzesten Kapitel seines Lebens.

In einer anderen Italien betreffenden Frage konnte Karl sich ohne Mühe großzügig erweisen. Francesco Sforza, der Herzog von Mailand, hatte auf der Seite Frankreichs gegen den Kaiser gefochten; Karl jedoch verzieh ihm jetzt und gab ihm das Herzogtum Mailand wieder. Karl wollte der Welt zeigen, daß er nicht die Absicht hatte, seine Macht zu mißbrauchen und seine Gegner zu vernichten. Er bestand jedoch darauf, daß in Mailand spanische Truppen kaserniert wurden; und der Herzog sollte die Nichte des Kaisers, Christine von Dänemark, heiraten, die damals erst 8 Jahre alt war. Sforza hingegen gestand zu, daß er mit Sicherheit eine Politik verfolgen werde, die mit der des Kaisers übereinstimmte. Trotzdem waren Zeitgenossen – zumindest in Spanien – der Ansicht, Karls Milde gegenüber seinen besiegten Feinden komme der eines Julius Cäsar gleich.(17)

Karl vermochte auch den Argwohn der Republik Venedig zu zerstreuen, die Ferdinands ehrgeiziges Streben nach einem Zugang zur Adria mehr fürchtete als Karls eigene führende Stellung in Italien. Die Republik stritt sich auch mit Clemens VII. um einige befestigte Städte entlang der Grenze zwischen Venedig und dem Kirchenstaat. Trotz dieser Hindernisse konnte Karl Venedig gewinnen und die Ordnung unter den italienischen Staaten herstellen, die er und seine Ratgeber sich vorgestellt hatten. In einer neuen Liga, der Krönung seiner diplomatischen Leistung, schlossen sich Karl V. und sein Bruder Ferdinand mit dem Papst, Venedig, Mailand, Genua, Savoyen und einigen kleineren Territorien zusammen. Da Karl Neapel, Sizilien und Sardinien in dieses Bündnis einbrachte, umfaßte es ganz Italien und bildete so einen festen Block gegen ehrgeizige Bestrebungen fremder Potentaten, seien es nun die Herrscher von Frankreich oder die der Türkei.

Die Grundlagen für diese Liga wurden von dem Kaiser und dem Papst im Winter 1529–30 in Bologna gelegt. Beide wohnten in dem Pallazzo del Podestá, der an der herrlichen Piazza di San Petronio lag. Da ihre Appartements verbindende Türen besaßen, konnten sie sich leicht privat treffen, um die Fragen zu bereden, die man zu lösen hatte. »Der Papst erzählte mir«, berichtete uns der venezianische Gesandte Contarini, »daß bei seinen Begegnungen mit dem Kaiser der letztere ein Notizbuch mitführte, in das er eigenhändig all die Punkte aufgeschrieben hatte, über die er reden wollte, so daß nichts vergessen werden sollte.«(18)

Der Kaiser muß solche Memoranda während seiner ganzen Regierung benutzt haben, obwohl man bisher nur ein einziges Notizbuch aufgefunden hat, das jetzt in den Archiven von Simancas liegt. Es gehört in die Zeit des Zusammentretens der kastilischen Cortes. Aus seinem Überleben können wir ableiten, daß zeitgenössische Berichte über solche Merkbücher glaubwürdig sind. Das Buch beginnt mit der Erwähnung der Königin Katharina von Aragon, von der sich Heinrich VIII. durch eine Dispens Rom scheiden lassen wollte; es verzeichnet, daß Karl (obwohl mit vielen Staatsangelegenheiten beschäftigt) Garantien vom Papst zugunsten seiner Tante zu erlangen suchte. Wir wissen, daß er – seinen Verpflichtungen in der Familie gegenüber getreu – in Bologna Gespräche mit Clemens VII. über das Problem Katharina von Aragon begann. Andere Punkte, die aufgeführt sind, betreffen religiöse Dinge, einschließlich der Inquisition, oder beziehen sich auf die finanzielle Hilfe, die Karl von der spanischen Kirche und den spanischen Ritterorden für seine Italienreise erwartete.

Die lutherische Spaltung der Christenheit verlangte unmittelbare Aufmerksamkeit. In seinen Aufzeichnungen schrieb der Kaiser: »Zu dieser Zeit stellte der Kaiser dem Papst dringend dar, welche wichtigsten und unumgänglichen Maßnahmen man zur Beruhigung Deutschlands treffen müsse, um die Mißstände zu heilen, die sich in Deutschland verbreiteten, und daß die Einberufung eines allgemeinen Konzils der Kirche das einzige und das wirksamste Heilmittel dafür sei.«(19)

Wir wissen jedoch, daß Karl für den Augenblick der Erörterung der Notwendigkeit eines allgemeinen Kirchenkonzils bis nach seiner Krönung aufschob.

Die Krönung in Bologna

Wenn Karl jetzt, 10 Jahre nach seiner Krönung in Aachen, sich vom Papst als Kaiser krönen lassen wollte, so folgte er einer Tradition, die auf die Zeiten Karls des Großen zurückging, der zuerst die fränkische Krone bekommen hatte, dann die eiserne Krone der Langobarden, und schließlich 800 vom Papst in Rom gekrönt worden war.

Nicht alle Nachfolger Karls des Großen als Kaiser hatten die dreifache Krönung erreicht; viele – einschließlich Karls V. Großvater und Vorgänger als Kaiser, Maximilian I. – waren durch die Umstände gezwungen gewesen (in der Regel waren sie mit dem Papst verfeindet), auf die italienischen Zeremonien zu verzichten und sich mit der Krönung in Aachen, der Stadt Karls des Großen, zu begnügen. Karl jedoch strebte eifrig dem Vorbild Karls des Großen nach; er hatte eine Politik verfolgt, die es dem Papst unmöglich machen sollte, ihm die Kronen Italiens zu verweigern. 1530 war der Erfolg möglich geworden, – doch leider stand der türkische Einfall in das Herz Europas bevor und vereitelte eine Krönungszeremonie in Rom. Die Heilige Stadt war zu weit von den Pässen entfernt, die nach Deutschland führten, und so hatte man Bologna als den Ort ausgewählt, wo Karl die beiden italienischen Kronen empfangen sollte. Die beiden gewählten Daten, der 22. und 24. Februar, waren nicht zufällig; sie entsprachen Karls Geburtstag und dem Jahrtag des Sieges von Pavia. Die zweite Zeremonie, die Krönung durch den Papst, stellte unzweifelhaft das bedeutendere Ereignis dar; beide aber boten sie eine Gelegenheit, flämische, burgundische, italienische und spanische Untertanen besonders zu ehren, die dem Kaiser gute Dienste geleistet hatten.

Der Glanz einer solchen Zeremonie bleibt nur an der Oberfläche der Geschichte, wenn man es so nennen soll. Aber es lohnt sich doch, sie zu beschreiben, nicht nur weil sie einen so starken Kontrast bot für die Zeitgenossen zur Routine langweiligerer Tage, sondern auch wegen der in ihr enthaltenen symbolischen Bedeutung und wegen des Glanzes, den sie Karls Namen und Stellung zu jener Zeit wie in der Rückschau hinzufügt: er war der letzte Kaiser, der von einem Papst gekrönt wurde.

Bologna hatte für die doppelte Krönung ein festliches Gewand angelegt. Man hatte eine hölzerne Brücke gebaut,* die den Palazzo del Podestá, wo der Kaiser und der Papst wohnten, mit der Kirche San Petronio verband; sie sollte einen besseren Ausblick auf die Prozession am 24. Februar gewähren. Die Stadt war voll von Fremden, Adligen aus halb Europa, Fürsten und Kardinälen. Manche kamen, um sich dem Kaiser genehm zu machen, andere aus Loyalität zu ihrem Herrscher, wieder andere aus bloßer Neugier. Alle hatten ein Gefolge mit, um die Größe ihres eigenen Hauses zu demonstrieren. Kaufleute waren in der Stadt zusammengekommen, um aus dem Zusammenströmen der Menschen Nutzen zu ziehen, und so war es auch mit Puppenspielern, Akrobaten und Gauklern, die mit ihrer Kunst die Masse der Stadtbewohner und der Dörfler aus der Umgebung unterhalten wollten.

Am Tag der Krönung durch den Papst reihte sich die Leibwache des Kaisers, deutsche Landsknechte und spanische *tercios*, am Platz von San Petronio auf. Der Klang von Trompeten kündete den Aufbruch der Prozession an. Clemens VII. und das Kollegium der Kardinäle gingen an der Spitze. Ihnen folgten der Marquis von Monferrato, der Herzog von Urbino, der Herzog von Savoyen und der Pfalzgraf; sie trugen die vier Embleme des Reiches: das Szepter, das Schwert, den Reichsapfel und die Krone. Karl selbst trug die Krone der Lombardei, mit der er am 22. Februar gekrönt worden war. Zu jeder Seite von ihm schritt ein Kardinal; hinter ihm folgte der Zug seiner Leute aus den Niederlanden, Burgund und Spanien. In der Kirche zelebrierte der Papst die Messe. Dann wurde Karl mit dem Öl gesalbt, das der Kardinal Farnese geweiht hatte, und er erhielt aus den Händen Clemens' VII. das Schwert,

---

* Diese Brücke brach zusammen, als das Gefolge des Kaisers über sie schritt; Karl wurde nicht verletzt, wohl aber einige seiner Leute und viele Zuschauer auf ihren Tribünen.

den Reichsapfel, das Szepter und, als letztes, die Krone des Heiligen Römischen Reiches. Trompeten und der Hall der Geschütze verkündeten den Höhepunkt der Krönungszeremonie. Man hörte Hochrufe: »Das Reich! Das Reich!«, aber auch: »Spanien! Spanien!«

Maler und Chronisten schilderten diesen Tag. Auf diese Weise wurden die Entfaltung von Pracht, die vielen Festlichkeiten und Paraden, die neben der eigentlichen Krönungszeremonie einhergingen, überliefert. Ausgewählte Episoden davon verarbeitete man später in Tapisserien, die als historische Quellen wie als Kunstwerke dienten. In den Stichen Hogenberds können wir die eindrucksvolle Prozession verfolgen, die der kirchlichen Zeremonie folgte. Die beiden Häupter der Christenheit ritten Seite an Seite, um ihre neugefundene Freundschaft zu demonstrieren (die Plünderung Roms blieb unerwähnt, wenn sie auch nicht vergessen war); sie waren umgeben von Kirchenfürsten und dem Gefolge des Kaisers, Soldaten folgten. Von Pedro Mexía erfahren wir, daß Gedenkmünzen aus Gold unter die Menge gestreut wurden. Sie trugen das Bildnis des Kaisers und die Aufschrift *Carolus V Imperator* auf einer Seite, und auf der anderen der beiden Säulen seines Wappens mit dem *Plus Ultra*-Motto.(20) In der Kirche von San Petronio wurde eine Gedächtnistafel angebracht, die verkündete, daß am 24. Februar 1530 Karl »die kaiserliche Krone aus den Händen des Papstes Clemens VII.« empfangen habe.(21) Karl selbst schickte Kuriere nach den vier Enden Europas, um das Erreichen eines langerstrebten Ziels mitteilen zu lassen.

Als Entschädigung für die Spanier, auf die zum großen Teil die Ausgaben für die Krönung entfallen waren, gab Karl gleichzeitig mit seinem Bericht über die Zeremonien von Bologna Einzelheiten über die geplante Expedition nach Algier bekannt, um die sich die Spanier so eifrig bemüht hatten. Er hatte sie für den Mai vorgesehen, wenn – wie er erwartete – die Belagerung von Florenz abgeschlossen war. Andrea Doria sollte die Flotte befehligen, und Fürst Philibert von Oranien sollte die Belagerungsarmee von Florenz herüberbringen, die er als das hauptsächliche militärische Kontingent befehligte. Kastiliens Anteil sollte nach Karls Wunsch sein, daß es 2 Millionen Dukaten zusammenbrachte und die Galeeren ausrüstete sowie für den Nachschub sorgte. Jede Galeere werde 150 Ruderer brauchen und es werde »äußerst nützlich« sein, so schrieb Karl an seine Gemahlin, daß sie im Hinblick auf eine ausreichende Aushebung »den Präsidenten und die Mitglieder unseres Rates unterrichte(t), daß sie besondere Maßnahmen treffen, so daß man Leute, die nicht direkt für die Galeere verurteilt sind, gewinnen kann, daß sie den Dienst übernehmen.«(22)

Im Augenblick mußte man den Feldzug aber verschieben. Florenz ergab sich erst im September, und bis dahin war die Gelegenheit für die Landung in Algier längst vorbei. Rechnet man die hohen Kosten, die Kastilien für Karls italienische und deutsche Politik aufzubringen hatte, so kam dazu nun noch die Enttäuschung hinzu, daß eine mögliche Lösung für das Problem Algier erneut verschoben worden war.

Der Kaiser auf dem Weg nach Deutschland

Als der Frühling 1530 anbrach, konnte Karl V. seine Reise nach Deutschland fortsetzen. Seine Krönung hatte stattgefunden. Sein Vertrag mit dem Papst war unterzeichnet und durch ein Heiratsversprechen zwischen Alessandro de' Medici – er wurde 1531 Herzog von Florenz – und Karls achtjähriger illegitimer Tochter Margarete besiegelt; die Hochzeit sollte stattfinden, sobald sie volljährig war. Karls Versöhnung mit Mailand und Venedig war erreicht und eine Liga mit den italienischen Staaten abgeschlossen – kurz, die Befriedung Italiens war gelungen. Nun war es wichtig, in Deutschland zu erscheinen, ehe die Erinnerung all dieser Erfolge verblaßte. Karl genoß im Reich einen hohen Ruf, weil er die Ehre einer Krönung durch den Papst erlangt hatte, die seinem Großvater verweigert worden war. Man kann sagen, daß 1530 viel eher als 1546 für ihn die Chance bestand, die deutsche Frage zu lösen: Das Luthertum war damals noch nicht so stark, wie es später wurde, und Karl war jung genug, um sich energisch für eine Lösung der religiös-politischen Probleme einzusetzen.

Auf dem Weg nach Deutschland unterbrach Karl einige Tage in Mantua, wo er die Loyalität des dortigen Fürsten und mit dem Herzogstitel belohnte. Er überquerte dann die Alpen und besuchte Innsbruck, die Hauptstadt Tirols und Grabstätte des Hauses Habsburg, um an dem Grab seines Großvaters Maximilian zu beten. Zu dieser Zeit beraubte ihn der Tod seines Kanzlers, Mercurino Gattinara, und er sah sich der Aufgabe gegenüber, einen Nachfolger zu ernennen. Der Erzbischof von Toledo machte Anspruch auf dieses Amt, das seiner Behauptung nach mit der Würde eines Erzbischofsstuhls verbunden war. Sein Anspruch schien unbegründet und ließ sich in jedem Fall nur auf die spanischen Königreiche anwenden, nicht aber auf das Reich als Ganzes. Karls früherer Beichtvater, García de Loaysa – offiziell in Ungnade, aber in einem komfortablen Exil in Rom lebend und noch immer in Fühlung mit Karl – drängte ihn, die Stellung nicht wieder zu besetzen. Sein Brief wird oft zitiert: »Ich bitte Eure Majestät, Euch daran zu erinnern, daß wir in unseren früheren Gesprächen übereingekommen waren, im Falle des Todes des Kanzlers (oder seiner Entlassung) würde es am klügsten sein, keinen Nachfolger zu ernennen.«(23) Nach Loaysas Meinung konnte der Kaiser jetzt sein eigener Kanzler sein, wenn er sich von Cobos, »dem Gewahrsort Eurer Ehre«, und von Granvelle, dessen Geschick und Erfahrung in politischen Angelegenheiten allen bekannt war, unterstützen ließ.(24)

Loaysa hatte geschickt die Handlungsweise empfohlen, der Karl selbst zuneigte. Chièvres und Gattinara hatten Karls politische Entwicklung formen helfen; aber nach Gattinaras Tod gewann niemand mehr bestimmenden Einfluß auf den Kaiser, und es wurde keiner ernannt, um Gattinara zu ersetzen.

In Innsbruck traf Karl seinen Bruder Ferdinand und seine Schwester Maria von Ungarn, und ein dynastischer Pakt wurde abgeschlossen. Karl hatte seinem Bruder versprochen, sobald er vom Papst zum Kaiser gekrönt sei, werde er ihn dem deutschen Reichstag als römischen König vorschlagen. Jetzt wiederholte Karl sein Versprechen. Ferdinand und seinen Nachkommen eröffnete sich damit eine glänzende Zukunft, wenn man bedenkt, welchen Machtblock die Verbindung von Österreich, Böhmen, Schlesien und Nord-Ungarn in Europa darstellte. Aber damit blieb Maria von Ungarn, die Witwe Ludwigs II. und vielleicht der klügste Kopf in der Familie, ohne besondere Aufgabe und in großer Geldnot. Karl versprach, sich um sie zu kümmern.

Macht und Mittel des Kaisers waren zu dieser Zeit so eindrucksvoll, daß sein Schwager, Christian II. von Dänemark, nach Innsbruck gereist kam, um ihn für die Wiedergewinnung seines dänischen Königreichs, das er 1523 an einen Rivalen verloren hatte, als Helfer zu gewinnen. Auch ein englischer Gesandter kam angereist, um Karls Zustimmung zu Heinrichs VIII. Scheidung von Königin Katharina zu erlangen. Doch waren das unbedeutende Probleme, wenn man sie mit dem Hauptproblem verglich, dem der Kaiser gegenüberstand. Die religöse Spannung in Deutschland war eine brennende Frage, und Karl hatte den kaiserlichen Reichstag einberufen, um im Juni 1530 in Augsburg mit ihm zusammenzutreffen. Würde es ihm gelingen, auch in Deutschland den Frieden wiederherzustellen, wie er es in Spanien und Italien erreicht hatte? Die Bestätigung von Karls führender Rolle in Europa hing von der Frage ab, ob er für die protestantische Revolte eine Lösung fand.

Der Reichtstag zu Augsburg 1530

Nach dem Reichstag zu Worms von 1521 war Karl V. gezwungen gewesen, die Frage des Luthertums unbeantwortet zu lassen, weil seine Anwesenheit in Spanien dringend notwendig geworden war. Seitdem hatte er keinen Augenblick Frieden gehabt, weil ihn Frankreich bedrängte und er auf die Hilfe des Papstes nicht rechnen konnte. Jetzt, nach dem Frieden von Cambrai und seinen Verhandlungen mit Clemens VII. in Bologna, war seine Stellung viel stärker. Aber auch das Luthertum hatte in Deutschland große Fortschritte gemacht, zumal nachdem die Krise des Bauernaufstandes überwunden war. Die Reichstage von Nürnberg 1522 und 1524 und ebenso der erste Reichstag zu Speyer 1526 hatten nichts dazu getan, den Fortschritt der lutherischen Bewegung im Reich aufzuhalten. Ferdinand, der Vertreter Karls V., war vor allem mit der türkischen Gefahr beschäftigt, und auch die deutschen Reichstage befaßten sich nacheinander in erster Linie mit dem gemeinsamen Feind des Christentums.

Der zweite Reichstag von Speyer 1529 hatte jedoch eine Mehrheit zugunsten des Katholizismus ergeben. Er hatte Maßnahmen gegen Anhänger Luthers in katholischen Fürstenstaaten beschlossen, während man gleichzeitig Achtung und Toleranz für die katholische Religion in den Territorien der deutschen Städte und Fürsten forderte, die den Protestantismus förderten. Weitere

Streitigkeiten waren jedoch dem nächsten Reichstag überlassen worden. Unterdessen erhoben lutherische Fürsten und Städte die Behauptung, in Fragen, die das Gewissen beträfen, sei das Mehrheitsprinzip nicht gültig. Sie protestierten gegen die Entscheidung des Speyerer Reichstags; man nannte sie deshalb Protestanten.

Das war nun eine schwierige Situation, die zugleich politische wie religiöse Problematik enthielt. Karl V. war als Kaiser berechtigt, von seinen deutschen Untertanen Gehorsam zu verlangen. Er genoß große Bewunderung und beträchtliches Prestige sowohl unter seinen lutherischen als auch unter seinen katholischen Untertanen. Er hätte möglicherweise im Reich bedeutende Verwaltungsreformen durchführen können; aber in der religiösen Streitfrage war das einzige, was er zustande bringen konnte, daß er als Vermittler in den Streitigkeiten die beiden Parteien zu einer Verständigung bewegte. Er hielt es für seine Pflicht, das zu versuchen. Und doch erscheint es uns unwahrscheinlich, daß er eine Einigung zwischen ihnen hätte erreichen können, weil sein eigener Katholizismus zu tief verwurzelt war. In seiner Rede vor dem Staatsrat 1528 hatte er seine feste Entschlossenheit dargetan, das Luthertum auszurotten, »so daß Historiker, die berichten, daß es während meiner Regierung begonnen hat, auch die Feststellung treffen können, daß es mit meiner Hilfe und meiner Anstrengung zufolge ein Ende gefunden hat.«(25) In Italien hatte er seine Reise nach Deutschland mit den folgenden Worten begründet: »Ich habe beschlossen, persönlich zu gehen, um zu sehen, ob ich eine Lösung finden kann für die deutsche Frage, die eine Sache ist, die Gott angeht, so daß es meine Pflicht ist, mich um sie zu sorgen.«(26) Er konnte gegen die Lutheraner Gewalt anwenden; aber viel lieber wollte er die Frage einem allgemeinen Konzil der Kirche unterbreiten, wenn nur der Papst ein solches einberufen würde.

Karl kam in Augsburg am 15. Juni 1530 an. Fünf Tage später begann der Reichstag, der gut besucht war, seine Sitzungen. In seinem kaiserlichen Einladungsschreiben hatte Karl an gegenseitiges Verständnis appelliert, und nun hegte man große Hoffnungen, daß man mit Hilfe des Prestiges und der Autorität des Kaisers zu einer Einigung gelangen könnte. Aber als Karl am Tag nach seiner Ankunft – es war Fronleichnam – die religiöse Prozession anführte, zeigte sich in einem Brief an Königin Isabella, wohin Karl tendierte: »Ich nahm teil, und obgleich einige lutherische

Fürsten nicht dabei waren, begleiteten mich doch viele andere, denn diejenigen, die fest in ihrem Glauben stehen, sind weit zahlreicher als die, die es nicht tun.«(27) Karls erste Maßnahme in Augsburg war denn auch, daß er verkünden ließ, kein Geistlicher dürfe in der Stadt predigen ohne seine Erlaubnis, und diese Einschränkung trug wirksam dazu bei, die lutherische Propaganda in der Stadt lahmzulegen. Zur gleichen Zeit forderte Karl vom Papst die unverzügliche Einberufung des Konzils, das die einzige Hoffnung für eine friedliche Lösung zu bieten schien.(28)

Bald darauf erhielt der Kaiser traurige Nachricht von Spanien: sein zweiter Sohn, Ferdinand, von dessen Geburt er erfahren hatte, als er in Bologna weilte, war gestorben. Geburt wie Tod waren in seiner Abwesenheit erfolgt, und sein Trostbrief an die Königin mag uns steif erscheinen; möglicherweise war Karl gänzlich in die Staatsgeschäfte verwickelt, so daß ihm kaum Zeit für persönliche Empfindungen blieb: »Wir haben den Verlust des Infanten unseres Sohnes, wirklich empfunden, aber Gott, der ihn uns gab, hat ihn uns auch genommen. Wir müssen uns Seinem Willen beugen, ihm danken und darum beten, daß er uns die erhält, die noch am Leben sind. Ich bitte Euch sehr von Herzen, Madame, also zu tun und alles Leid zu vergessen und geschehen zu lassen, indes Ihr Trost findet in Eurem tieferen Wissen, wie es Eurer königlichen Hoheit gebührt.«(29) Wir müssen uns erinnern, daß die Kindersterblichkeit zu jener Zeit groß war, und man trug deshalb solche Verluste mit einem gewissen Fatalismus. Um der Königin eine persönliche Botschaft des Trostes zu übermitteln, entsandte Karl einen Kammerherrn, Don Enrique de Rojas, der sein herzliches Beileid überbringen sollte.

In Augsburg begannen die Verhandlungen unter Fürsten und Theologen. Es gab Augenblicke, da es schien, als kämen diejenigen aus beiden Parteien, die zum Kompromiß bereit waren, zu einer Verständigung über grundlegende Fragen. So war es, als die von Melanchthon entworfene *Confessio* verlesen wurde. Aber zuletzt erwies sich die Einigung als unmöglich. Karl sandte einen besonderen Botschafter, Don Pedro de la Cueva, nach Rom, um dem Papst ein allgemeines Konzil abzuringen. Cueva sollte sich mit dem kaiserlichen Botschafter in Rom, Micer May, ins Benehmen setzen und auch mit Karls früherem Beichtvater, García de Loaysa, zusammentreffen. Die Antwort des Papstes war nicht zustimmend. Loaysa berichtete dem Kaiser: »Ich bedaure sagen zu müssen, daß der Papst und die Kardinäle dieses Konzil lieber in der Hölle sehen würden als auf Erden.«(30) Loaysa, selbst ein Kardinal, versuchte Karls Gewissen zu beruhigen, indem er ihm versicherte, es sei nicht seine Aufgabe, Seelen zu retten: »Ich bitte Eure Majestät, eine Vereinbarung mit den Ketzern herbeizuführen, so gut als es möglich ist, und sie Eurem Bruder Ferdinand zu überlassen, daß er sich mit ihnen beschäftigt.«(31)

Trotz der Tatsache, daß die Mehrheit der Fürsten und Städte auf Karls Seite stand, vermochte er sich gegen die Protestanten auf dem Weg friedlicher Verhandlung nicht durchzusetzen. Er war aber auch nicht bereit, Gewalt anzuwenden, bevor nicht ein allgemeines Konzil zusammengetreten war. Als deutlich wurde, daß der Papst einem solchen Konzil erbittert widerstrebte, mußte Karl den Reichstag beenden. Er verurteilte die lutherische Ketzerei aufs schärfste, verzichtete aber darauf, mit Gewaltmaßnahmen der Bewegung Einhalt zu gebieten.

Auf der dynastischen Ebene war es ihm gelungen, die Wahl Ferdinands zum römischen Kaiser durchzusetzen. Daraus konnten sich in der Zukunft Probleme ergeben, wenn Karls Sohn Philipp heranwuchs und starken Ehrgeiz entwickelte. Aber jetzt, 1530, hatte Karl keine andere Wahl. Er mußte nach Spanien zurückkehren, und während seiner langen Abwesenheit von Deutschland konnte nur Ferdinand ihn angemessen ersetzen: wenn er schon die Verantwortlichkeit des Stellvertreters hatte, war es recht und billig, daß er auch den Titel dafür erhielt. Auf diese Weise begann Karls Bruder die Stelle in den deutschen Angelegenheiten einzunehmen, die eigentlich dem Sohn des Kaisers zugestanden hätte.

Karl V. und Maria von Ungarn:
Reorganisation der Regierung in den Niederlanden

Da er nicht in der Lage war, die Situation in Deutschland auf die eine oder andere Weise in den Griff zu bekommen, mußte Karl eine Entscheidung vertagen. Er konnte aber den Rat Loaysas nicht annehmen: er würde nie in der Lage sein, die religiöse Frage einfach zu übergehen. Trotzdem hielt er seine künftigen Pläne geheim.

So hatte man nun Ordnung in den Niederlanden, in Spanien und Italien, nicht aber im Reich. Natürlich hatte Karl es leichter in den Ländern, die er geerbt hatte, als dort, wo seine Herrschaft auf Wahl beruhte. Auch in jenen freilich forderten von Zeit zu Zeit neue Entwicklungen Aufmerksamkeit. Gegen Ende des Jahres 1530 wandte Karl sein Hauptinteresse den Niederlanden zu. Am 30. November starb nämlich seine Tante, Margarete von Savoyen, die Statthalterin der Niederlande. Damit war die Regierung des Landes führerlos. Es war nicht leicht, für eine so fähige Frau einen Nachfolger zu finden. Ihr Nachfolger mußte im Land geboren sein, womöglich königliches Blut besitzen, und er mußte dieselbe politische Klugheit und Führungsqualität aufweisen wie Margarete. Wieder einmal hatte Karl Glück. Seine Schwester Maria hatte praktisch ihre Krone verloren, nachdem der größere Teil Ungarns an die Türken gefallen war. Karl konnte jetzt das Versprechen erfüllen, das er ihr in Innsbruck gegeben hatte; er mag seine Schwester für den Fall von Margaretes Tod sozusagen in Reserve gehalten haben. Er wußte, daß Maria einer neuen Ehe widerstrebte: obwohl schon mit 21 Jahren verwitwet, hatte sie ihrem Bruder mit Nachdruck versichert, daß man sie mit Gerede über eine neue Heirat verschonen möge. Man achtete allgemein ihre Redlichkeit. Erasmus, der sie ihrer Standhaftigkeit wegen bewunderte, widmete ihr sein Buch *De Vidua Christiana*, und Karl – wenn er je daran gedacht hatte, ihr wieder eine Ehe einzufädeln – mußte aus Rücksicht auf die Gefühle seiner Schwester solche Pläne begraben. So war die Regierung der Niederlande eine passende Aufgabe für Maria; die Tatsache, daß sie Witwe war, war dabei nur günstig, weil sie dadurch vermutlich bereitwilliger die Wünsche des Kaisers erfüllen würde.(32)

Karl verlangte denn auch sofort ein Opfer von ihr. Marias Hof neigte dem Luthertum zu und hatte eindeutig Sympathien für eine stärker personalisierte Religion. Und auch Maria selbst rückte zwar nicht von der römischen Kirche ab, brachte es aber auch nicht über sich, den lutherischen Glauben zu verdammen. Die Tatsache, daß Luther lobend von ihr sprach, kann sogar ein Hinweis darauf sein, daß sie Billigendes über seine Aufgabe gesagt hatte. Karl bestand darauf, daß Maria über jeden Verdacht der Häresie erhaben sein müsse; sie mußte ihre alten Diener und Ratgeber entlassen, ehe sie Statthalterin in den Niederlanden wurde.

Danach ging Karl daran, in Fühlung mit seiner Schwester, die er am 4. März 1531 in Löwen traf, die Regierung der Niederlande umzugestalten. Um ihr die Aufgabe zu erleichtern, setzte er einen Staatsrat ein, einen *conseil privé*, und einen Rat für die Finanzen. Man erwartete von der Statthalterin, die ihr neues Amt am 1. Juli antrat, daß sie, außer in sehr ungewöhnlichen Umständen, ihre Entscheidungen in Übereinstimmung mit der Ansicht der Mehrheit in diesen Ratsversammlungen traf. Zuletzt erneuerte Karl seine harten Edikte gegen die lutherische Ketzerei in den Niederlanden und berief die Generalstaaten ein, und zwar nicht nur, um sie von der Reorganisation der Verwaltung in Kenntnis zu setzen, sondern auch um auf sie einzuwirken, daß sie sich der Häresie mit allen Kräften auch künftig widersetzten. In Formulierungen, die man später Philipp II. zugeschrieben hat, drohte Karl, er werde alle, die sich vom katholischen Glauben entfernten, als seine Feinde behandeln, selbst wenn seine eigenen Eltern unter ihnen wären.

Im Januar 1532 verließ Karl V. die Niederlande und kehrte nach Deutschland zurück. Marias Gefühl der Einsamkeit fand in einem Brief Ausdruck, den sie fünf Tage später schrieb: »Mein Herr, Ihr seid nicht ohne Gesellschaft, während ich völlig alleingelassen bin.«(33) Karl versuchte sie zu trösten. War er nicht in derselben Lage, da er nicht nur sie verließ, sondern auch das Land, in dem er geboren war? Man hatte sich im Verzicht zu üben und mußte darauf hoffen, daß Gott ein Wiedersehen gewähren werden.(34)

Das Jahr 1532 begann mit unheilvollen Anzeichen der Gefahr. Gerüchte wollte nicht verschwinden, die Türken träfen ausgedehnte Vorbereitungen, um einen neuen Angriff gegen Wien vorzutragen. Karl hatte der Welt gezeigt, daß er der Mann war, seine Länder zu regieren. Jetzt war die Zeit für ihn gekommen, da er beweisen konnte, daß er auch ihr Schild gegen die Ungläubigen sein konnte.

Dritter Teil
Der Feldherr

7 Die Verteidigung Wiens

Erneut in Deutschland

In Deutschland wollte Karl einen neuen Reichstag einberufen; er hoffte auf einen vorläufigen religiösen Frieden bis zu einer endgültigen Lösung im Kampf der ideologischen Gegensätze. Ein solcher Waffenstillstand würde ihm die Freiheit geben, nach Spanien zurückzukehren und sich der algerischen Frage zuzuwenden. Er rechnete damit, das Geld für die Schiffe und Truppen, die in Nordafrika gebraucht würden, von Kastilien zu erhalten. Doch durch die Wechselfälle auf der europäischen Bühne verzögerte sich seine Rückkehr nach Spanien, und die algerische Frage geriet in den Hintergrund.

Zunächst war der Aufenthalt in Deutschland für den Kaiser angenehm. Er konnte auf Jagd gehen – eine der Lieblingsbeschäftigungen der Fürsten des sechszehnten Jahrhunderts und besonders der Habsburger; in einem Brief an seine Schwester Maria erinnerte er sie an gemeinsame Jagden zu Pferde in den Wäldern um Brüssel.(2) Aber der Winter war hart. Karl stürzte vom Pferd (vielleicht wegen des schlechten Zustands der Wege) und verletzte sich am Bein. Karls wichtigster ärztlicher Berater, Escoriazo, gab Isabella Nachricht über den Krankheitsverlauf. Der Kaiser, so berichtet er, war fast genesen, erlitt aber einen Rückfall, weil er zu früh ausgegangen war (in die Kirche und aufs Land). Die Entzündung war so schlimm, und der Kaiser hatte die ganze Nacht über derart an der Wunde gekratzt, »daß wir, die Ärzte, als wir am nächsten Morgen zur gewohnten Zeit nach ihm sahen, das Bein voll roter Striemen fanden, wo er sich gekratzt hatte.«(3) Wirklich führten Karls eigene Nachlässigkeit, der Mangel an Hygiene und die Tiefe der Wunde zu einer Wundrose, die ihn mehrere Monate quälte. Das Bein schmerzte so stark, daß er an Amputation dachte, obgleich er seiner Schwester gestand, er ziehe seine eigenen Knochen von Fleisch und Blut hölzernen durchaus vor.(4) Solche gleichzeitig traurigen und komischen Geständnisse gab es nicht seiner Frau gegenüber. Isabella blieb die Kaiserin, die ein offizielles medizinisches Bulletin über seine Gesundheit erhielt; ihr gegenüber war Karl absolut wohlerzogen. Maria aber war die Gefährtin seiner Kindheit gewesen und hatte an seinen Jagdunternehmungen teilgenommen. Allmählich wurde sie mehr als eine politische Helferin, sie wurde seine Vertraute. Er erinnerte sie an den Vertrag von Innsbruck und tröstete sie mit dem Gedanken, daß sie, eine Witwe, zwei Männer habe (nämlich Karl selbst und Ferdinand): ihre ehelichen Pflichten würden beide nicht erfüllen können, aber sie möge versichert sein, daß keiner von ihnen sie je verlassen werde.(5)

Ihr gegenüber sprach Karl seinen Kummer aus beim Tode seines Neffen, Prinz Hans von Dänemark. Dieser, der einzige männliche Erbe von Karls 1526 verstorbener Schwester Isabella, hatte sich dem kaiserlichen Gefolge in Deutschland angeschlossen, während seine Schwestern Christine und Dorothea in Brüssel bei Maria geblieben waren. Die politischen Fehler Christians II. machten die Zukunft seiner Kinder unsicher, und Karl und Maria hatten sich ihrer angenommen. Karl hatte eine große Vorliebe für Hans; er hatte den Plan gehabt, Dänemark für ihn zurückzuerobern, und der Verlust des Neffen traf ihn sehr.(6)

Karl vertraute seiner Schwester auch die Furcht an, die er vor Anna Boleyn hegte: er besaß Nachrichten von einem englischen Geistlichen in Löwen darüber, sie habe Heinrich ›aucundes herbes ou breuvajes amatoires‹ beigebracht, um ihn Katharina abspenstig zu machen. Die Menschen des 16. Jahrhunderts glaubten an Magie, und Karl war keine Ausnahme; er bat seine Schwester, dem Gerücht unauffällig nachzugehen.(7)

Als er sich erholte, kehrte Karl zu seinem normalen Leben zurück, doch hielt er in Essen und Sport zunächst Maß: ›Ich stehe früh auf und gehe früh zu Bett; ich speise um zehn und bekomme auch eine kleine Abendmahlzeit. Ich gehe zur Jagd und reite dabei vorsichtig. Heute morgen bin ich eine halbe Meile gegangen, das ist eine Leistung und eine gute Übung. Ich werde das fortsetzen, aber vielleicht ist es nicht von Dauer.‹(8)

Verschiedene Vorkommnisse störten seinen Seelenfrieden. Zunächst die ihm unerwünschte Heirat von Isabel de la Cueba mit dem Neffen von Garcilaso de la Vega. Er war so verärgert darüber, daß er den Dichter, der seine Zustimmung zu der Heirat gegeben hatte, ins Gefängnis steckte. Dieser erhielt wenigstens zeitweise seine Freiheit wieder, dank der guten Dienste des Herzogs von Alba, der sich weigerte, ohne seinen alten Freund seine Reise nach Deutschland fortzusetzen und dem Kaiser im Kampf gegen die Türken zu dienen. Als aber beide in Regensburg eintrafen, verbannte Karl Garcilaso auf eine Donauinsel.(9)

In den Niederlanden wurde Marias politisches Talent auf die Probe gestellt. Bei Sturmfluten waren die Deiche in Flandern, Seeland und Holland gebrochen. Das Land war verwüstet, und es hatte große Verluste an Menschen und Vieh gegeben.(10) In Brüssel war eine Meuterei ausgebrochen, teilweise wegen der Kontribution, die Maria für die Verteidigung Wiens eingezogen hatte. Karls Anordnung, der Maria blindlings nachkam, war eindeutig: die Stadt sollte streng bestraft werden.(11) Versuchte er auch, die lokalen und nationalen Rechte seinem Eid entsprechend zu achten, so verlangte Karl doch strengen Gehorsam seiner Untertanen. Seine Unterdrückungsmaßnahmen im Fall von Rebellion entsprangen keiner Grausamkeit; er betrachtete sie als Teil seiner Pflicht. Aufstandsversuche lassen sich leicht niederschlagen, erklärte er, läßt man sie aber gewähren, so lassen sie sich nur mehr mit Schwierigkeiten und mehr Gewalt ausrotten.

Der Reichstag von Regensburg 1532

Karls deutsche Untertanen waren mit einem neuen Reichstag einverstanden. Wenn es ihm auch nicht gelungen war, auf dem Reichstag zu Augsburg zwei Jahre zuvor einen religiösen Ausgleich zu erreichen, so hatte er doch nichts von seinem Ansehen verloren. Im Grunde erforderte die Frage, wie wir gesehen haben, die Einberufung eines Konzils; und dazu konnte Karl nichts tun, als den Papst weiter drängen. Aus Italien wurde er sogar vor einer Wiederannäherung zwischen Clemens VII. und Franz I. gewarnt: die Heirat zwischen Katharina Medici, der Nichte des Papstes, und dem Dauphin Heinrich wurde vorbereitet. Gleichzeitig kam aus Konstantinopel die Nachricht über gewaltige militärische Vorbereitungen Solimans des Prächtigen. Unter diesen Verhältnissen hatte Karl keine andere Wahl, als sich als Kaiser von Lutheranern und Katholiken gleichermaßen zu zeigen, und verzichtete daher auf religiöse Forderungen gegen den neugeschlossenen Schmalkaldischen Bund der lutherischen Fürsten. In Augsburg hatte er das Edikt von Worms gegen die lutherische Irrlehre 1530 erneuert und die Verpflichtung der Fürsten zur Rückgabe von Kirchengut wiederholt. Jetzt jedoch, wo das Christentum vom Islam bedroht war, schloß er ein neues Übereinkommen, das die Maßnahmen von Augsburg bis zur Einberufung eines allgemeinen Konzils aufschob. Die Lutheraner erlangten damit zeitweise religiöse Duldung und den Besitz der kirchlichen Ländereien; ihrerseits versprachen sie dem Kaiser Hilfe gegen die Türken.

Die Verteidigung Wiens

Als Karl im August 1532 erfuhr, Soliman werde die versammelte große türkische Armee persönlich befehligen, entschloß er sich, das Christenheer selbst zu führen. Am 6. April schrieb er von Regensburg an die Kaiserin: »Ich bin überzeugt, wenn der Türke (d. h. der Sultan) in Person kommt, dann nur an der Spitze eines großen Heeres; deshalb werde ich ihm selbst entgegentreten und seinem Angriff Widerstand leisten mit allem, was ich an Streitkräften ausheben kann. Mit Gottes Hilfe – da ich für ihn wirke – wird mir Hilfe und Gunst zuteil werden, damit Ihm gedient und unser Heiliger Glaube erhöht und gestärkt werde.«(12)

Der Kaiser begrüßte die Gelegenheit, sich Ruhm zu gewinnen. Er vertraute auf seinen Sieg, war sich aber darüber klar, daß er alles Menschenmögliche aufbieten mußte. Indem er die Hilfe der Lutheraner gewann, gelang es ihm, eine Armee von 29 000 Mann

Infanterie und 5000 Mann Kavallerie aufzustellen. Sein Bruder Ferdinand versprach, gestützt auf seine verschiedenen Herrschaftsgebiete und besonders auf Österreich und Böhmen, ein Heer von 30 000 Mann und seine eigene ungarische leichte Reiterei. Karl rechnete mit Unterstützung in Truppen und Geld durch die Niederlande, Italien, Spanien und Polen, wodurch er seinem Heer weitere 30 000 Fußsoldaten und 20 000 Reiter würde hinzufügen können. Weiter hoffte er auf Unterstützung durch den Papst und den König von Portugal. Nach Frankreich und England schickte er Sondergesandte, erhielt jedoch, wie erwartet, keine Hilfe von beiden Ländern.(13)

Es mußte Geld gefunden werden. Die Niederlande machten große Anstrengungen, groß genug, um die Brüsseler Revolte zu provozieren. Der Reichstag übernahm die Kosten für die Truppenaufstellung in Deutschland. Den Rest brachte Karl in Kastilien da und dort zusammen. Zunächst konnte er die 500 000 Dukaten Lösegeld für die französischen Prinzen verwenden, doch mußte er auch den hohen Adel angehen; der Herzog von Medina-Sidonia stiftete 50 000 Dukaten und die Herzogin von Béjar die riesige Summe von 60 Millionen *Maravedíos* (= 160 000 Dukaten).(14) Als Gegenleistung erhielten sie *juros*, Kreditbriefe mit einer jährlichen Rente, die die Krone aus Staatseinkünften zur Verfügung stellte. Die Cortes gaben ihre Zustimmung nicht ohne Schwierigkeiten für 180 000 000 *Maravedíos*, zahlbar in zehn Jahren, »da die Arbeiter unseres Königreichs, die zu zahlen haben, ohne Geld und erschöpft sind; die letzten zehn Jahre waren hart, und sie sind schon zu oft aufgefordert worden«. (15) Bei der Kirche war Karl nicht so erfolgreich; auch wenn Rom die notwendige Genehmigung erteilt hatte, gelang es der Kaiserin doch nicht, den Widerstand des Klerus gegen die Abgabe der Hälfte seiner Einkünfte zu überwinden. Allmählich sammelten sich die in Deutschland geworbenen Landsknechte, die aus den Niederlanden von Maria geschickten und die in Italien stehenden *tercios* in der Nähe von Regensburg. Aus Spanien kam der Herzog von Alba. Er war im Schnee durch Frankreich gereist, hatte in Pavia krank gelegen, wo Garvilaso de la Vega (16) ihn gepflegt hatte. Wien und Umgebung wurden in Alarmbereitschaft versetzt und die Garnisonen verstärkt. Endlich sah es so aus, als rüste sich die Christenheit – belehrt durch Mohács – zur Verteidigung ihrer östlichen Grenze.

Am 24. Juni hatte Soliman und sein Heer Belgrad erreicht, und der Sultan hoffte auf baldige Ankunft in Budapest. Zum Glück für die Reichstruppen war jedoch die riesige türkische Armee (über 250 000 Mann) schwer beweglich und wurde noch mehr gehemmt durch die Regenfälle, die die ungarische Tiefebene überfluteten. Trotzdem stand Solimans Vorhut Anfang August vor Wien, und am 7. August belagerte die Hauptarmee Güns, eine kleine Festung nur zwölf Meilen von Wien. Er rechnete damit, die Festung in einem Ansturm nehmen zu können, zu seiner Überraschung hielt sie sich jedoch bis zum 28. August. Dieser Aufschub gestattete es den Truppen des Kaisers, dicht vor Wien zu rücken, das jedenfalls wohlvorbereitet war. Sie bewegten sich hauptsächlich auf dem Fluß fort, um die Kräfte der Soldaten zu schonen.(18)

Karl besaß erfahrene Offiziere, wie die Spanier Leyva und den Marqués de Vasto und den Herzog von Alba, die Niederländer Nassau und Buren und den Franzosen Condé. Friedrich von der Pfalz führte das deutsche Kontingent an. In Erwartung der Ankunft seiner spanischen Truppen schrieb Karl Mitte Mai an seine Schwester Maria: »Meine Spanier werden diese Woche in Innsbruck sein.«(19) Der Herzog von Alba war nicht der einzige Vertreter des kastilischen Adels. Am 21. Juli berichtete die Kaiserin ihrem Gemahl: »Der Herzog von Béjar ist vor acht Tagen abgereist, um Eurer Majestät im Feldzug gegen die Türken zu helfen, und während andere Granden und Adlige des Königreichs schon geneigt waren, dasselbe zu tun, hat sein Beispiel sie um so mehr bereit gemacht (d. h. seinem Beispiel zu folgen).«(20)

Während die kaiserliche Flotte, geführt von Andrea Doria, türkisches Gebiet am Mittelmeer angriff, kam der Kaiser am 23. September nach Wien, und diese kombinierte Aktion bewirkte den Rückzug der Türken. Karl wurde nicht die Chance zuteil, mit Soliman zu kämpfen, und doch beanspruchte er den Sieg zu Recht: er hatte Wien vor der Einnahme durch die Osmanen gerettet.

Von diesem Augenblick an und entsprechend seinen Plänen für Nordafrika überließ Karl den Rest des Feldzugs seinem Bruder Ferdinand. Die Tatsache, daß in Wien die Pest ausgebrochen war, vermehrte seinen Wunsch, den Ort zu verlassen.(21) Er reiste kurz nach dem 6. Oktober ab(22) und war am 11. in Leoben auf dem Weg nach Italien. Vor seiner Rückkehr nach Spanien wollte er Clemens VII. in Bologna treffen.

Es war Karls Absicht, den Papst zum Bruch seiner Allianz mit Franz I. zu bewegen. So unmittelbar nach seinem Triumph in Wien gelang ihm das: das italienische Bündnis wurde erneuert, ja er rang dem Papst sogar das Versprechen eines allgemeinen Kirchenkonzils ab.

Karl benutzte seinen Aufenthalt in Italien auch zur Vorbereitung der Heirat seiner Nichte Christine von Dänemark mit dem Herzog Francesco Sforza von Mailand. Maria von Ungarn versuchte sich der Heirat zu widersetzen wegen des großen Altersunterschieds der zukünftigen Gatten und legte ein Wort ein für ihre geliebte Nichte. Karl erwiderte, der, für den man ein Wort einlegen müsse, sei der »alte Herzog, der die Hochzeit vielleicht nicht überleben werde.«(23) Wirklich starb Francesco Sforza 1535 ohne Nachkommen im Alter von vierzig Jahren.

In Genua schiffte Karl sich nach Spanien ein und erreichte Barcelona direkt nach Neujahr 1533. Die Kaiserin erwartete ihn mit den beiden Kindern, Philipp und Maria. In seinen Memoiren merkte er an: »Ich wünschte das sehr, da ich von der Kaiserin, meiner Gemahlin, über vier Jahre getrennt gewesen war.«(24)

Bis jetzt war Karl von seiner Familie mehr getrennt gewesen, als er mit ihr zusammen gelebt hatte, und natürlich hoffte er, sich der Gesellschaft von Frau und Kindern zu erfreuen, so lange es sich mit seinen königlichen Pflichten vereinigen ließ.

8   Das westliche Mittelmeer: Glück im Unglück

Die Eroberung von Tunis

Karls dritter Besuch in Spanien dauerte zwei Jahre. Die Kaiserin hätte ihn gern länger dort gesehen, doch lief dies seinem Entschluß zuwider, in Nordafrika zu kämpfen. Wirklich hatten seine Truppen rühmliche Siege erfochten, aber nie unter seiner Führung. In Wien hatten die Türken den Rückzug vor seinem Erscheinen angetreten. Für sein Ansehen war das ein Vorteil, aber er wünschte sich etwas anderes. Er hatte eine ritterliche Erziehung genossen, war genährt worden mit Geschichten von den Siegen großer historischer Persönlichkeiten; er wollte es ihnen gleichtun und eigene militärische Lorbeeren ernten. 1532 hatte seine Flotte durch ihren Angriff auf Koron und Patras (Eas) Konstantinopel beunruhigt; seither blickte die Hohe Pforte auf Barbarossa, den Beherrscher Algeriens, in der Erwartung, er werde das Gleichgewicht im westlichen Mittelmeer wiederherstellen. So war das Bündnis zwischen Genua und Spanien durch ein entsprechendes zwischen Algier und dem Türkenreich erwidert worden. Bald zeigte sich die Klugheit Solimans bei der Wahl Barbarossas, des ehemaligen Korsaren, zum Admiral seiner Flotte; vernünftigerweise räumten die Streitkräfte des Kaisers Koron 1534. Im gleichen Jahr griff Barbarossa Süditalien in einem kühnen Überfall an, der ihn bis in die Nähe der Mauern von Rom brachte. Auf dem Rückzug überfiel er überraschend Tunis; mit Leichtigkeit eroberte er das Königreich. Ja, er erreichte ein Bündnis mit Frankreich. So stand der Achse Barcelona-Genua eine Achse Marseille-Algier gegenüber.

Hatte Barbarossa schon von Algier aus den Angriff auf Italien gewagt, was würde er von Tunis aus tun? Karl war der Ansicht, ein Kreuzzug gegen Barbarossa mit der Eroberung von Tunis (anstelle von Algier) als Hauptziel sei eine seinen ritterlichen Ideen von persönlichem Ruhm entsprechende Unternehmung. In der größten Heimlichkeit wurden die Vorbereitungen getroffen; Kardinal Tavera war einer der wenigen, die ins Vertrauen gezogen wurden. Doch nahmen die Vorbereitungen der Seefahrer einen solchen Umfang an, daß Gerüchte über den Plan des Kaisers umzugehen begannen. Anfang 1535 berichtete Ferdinands Gesandter: »Jedermann bei Hofe sagt, Seine Majestät sei im Begriff, zu der genannten (d. h. der spanischen Expeditions-)Flotte zu gehen. Und ich glaube, es sieht so aus, als sei das der Fall.«(1)

Kardinal Tavera war ein Gegner der ganzen Unternehmung und vor allem dessen, daß der Kaiser sie persönlich leitete. Bestenfalls, meinte er, werde sie aufwendig und nutzlos sein, da es nicht möglich sei, so weit entfernt liegende Herrschaftsgebiete zu halten. Es bestand auch die Möglichkeit, daß Karl besiegt oder getötet wurde: »Seht, wieviel von Eurer Person abhängt, und wie ihr Euer Königreich hinterlassen würdet, falls Euch, um unserer Sünden willen, irgendein Unglück träfe. Da sei Gott vor! Und falls Euch das nicht rührt, so denket daran, daß der Sohn Eurer Majestät noch ein Kind ist.«(2)

Aber es gelang Tavera nicht, Karl davon abzubringen, daß er allmählich von der algerischen Expedition in den Begriffen eines Heiligen Kriegs dachte, zudem erhielt Karl jetzt die Unterstützung seiner Besitzungen und seiner Verbündeten. Papst Paul III. war durchaus ein Anhänger eines Kreuzzugs gegen die Ungläubigen, konnte jedoch nur sechs Galeeren schicken, weil es ihm nicht möglich war, Sklaven zur Bemannung von mehr Schiffen aufzutreiben. Johann von Portugal steuerte zweiundzwanzig Schiffe und eine große Galeere bei. Auch den Beistand des Johanniterordens erhielt der Kaiser, dem er 1530 Tripolis und die Insel Malta abgetreten hatte. Doch waren es seine eigenen Besitzungen und besonders Kastilien, die den Plan eigentlich möglich machten durch Truppen und Geld. Zusätzlich zu der durch den Kaiser aufgestellten und bezahlten Armee (8000 Deutsche, 8000 Italiener, 14000 Spanier) schickte der hohe Adel sein eigenes privates Aufgebot; und viele Abenteurer schlossen sich dem Heer ohne Bezahlung an, in der Hoffnung auf Beute. Karl wollte die Streitkräfte der Halbinsel in Barcelona treffen: 1500 Adlige seines Hofs, vom Herzog von Alba bis zu Garcilaso de la Vega, begaben sich nach Barcelona. Die Blüte des spanischen und portugiesischen Adels (unter letzterem der Infant Dom Luis, der Bruder der Kaiserin) und ebenso des burgundischen und dessen von Spanisch-Italien wollte an dem ersten vom Kaiser persönlich geleiteten Feldzug teilnehmen. Man sollte nicht übersehen, daß diese Begeisterung zusammenfiel mit dem Hereinströmen des Goldes aus Südamerika – die ungeheuren Schätze Perus begannen auf Spanien herabzuregnen.

Nachdem er von der Kaiserin Abschied genommen und Vorsorge für die Regierung Kastiliens während seiner Abwesenheit getroffen hatte, verließ Karl Madrid am 2. März und reiste über Medinaceli, Zaragoza und Lérida nach Barcelona. Dort traf er am 3. April ein. Inzwischen versammelte sich die spanische Flotte im Hafen, und bald erschien Andrea Doria mit sechzehn Genueser Galeeren. Bevor er an Bord ging, um in den Gewässern um Sardinien zu den in Italien und Deutschland aufgestellten Heeren zu stoßen, hielt Karl in Barcelona eine Truppenschau ab. Das Ziel des Unternehmens wurde nicht verbreitet. Als der Hochadel den Kaiser fragte, wohin er ihn führe, antwortete dieser ausweichend: sie dürften das Geheimnis ihres Herrn nicht ergründen.(3)

Am 31. März ließ die kaiserliche Flotte die katalanische Küste hinter sich. Eine Augenzeuge schrieb: »Die Flotte (segelte) mit so viel Musik, daß es jedermann große Freude machte!«(4) Vor Sardinien, bei dem Hafen Cagliari, vereinigten sich die beiden Flotten, die eine unter Karls Kommando, die andere unter dem des Marqués' del Vasto; del Vasto, der die Schiffe beigebracht hatte, war auch der Verantwortliche für das Einschiffen der in Deutschland, Neapel und Spanien ausgehobenen Truppen gewesen. Auch die in Italien stationierten *tercios* und die Kontingente des Papstes und des Johanniterordens waren an Bord gegangen; alles in allem 30 000 Mann und fünfundsiebzig Galeeren. Mit Karls Truppen kam die Armee auf insgesamt 60 000 Mann. Ein Risiko bei einer so vielsprachigen Armee lag in dem Mangel an Einheit: leicht konnte es unter den Soldaten verschiedener Völker zu Streit kommen. Um dies zu vermeiden, ordnete Karl für die Dauer des Feldzuges einen Burgfrieden für private Streitigkeiten an. Das Kommando über die gesamte Flotte erhielt Andrea Doria, das über die Landstreitkräfte der Marqués del Vasto. Hierauf nahmen die Schiffe Kurs auf die afrikanische Küste. Da die Hauptstadt Tunis ein Stück landein lag, mußte man sich eines Hafens versichern. Derjenige von La Goleta, dem wichtigsten tunesischen Stützpunkt, war von Barbarossa verstärkt worden, und man rechnete mit einem harten Kampf bei der Landung. Am 14. Juni 1535 begann das Ausschiffen an der Stelle, wo einst Karthago gestanden hatte. Als erste gingen die altgedienten Infanteristen an Land. Artillerie und eine Reiterabteilung folgten, um bei der Bildung eines Brückenkopfes zu helfen. Barbarossa entschloß sich, in der Defensive zu bleiben – im Vertrauen auf seine beiden Hauptstützpunkte La Goleta und Tunis. Er hoffte, La Goleta werde sich so lange halten, bis die Hitze die kaiserliche Armee geschwächt hätte, so daß er dann einen Gegenangriff wagen konnte. Das Wetter war zweifelsohne gegen Karl. Doch hatte er so viel Zuversicht oder Glauben an den Heiligen Krieg (vermutlich spielte beides eine Rolle), daß er die Truppen am ersten Tag an Land setzte. Von diesem Augenblick an konnte er nicht mehr zurück, eine Niederlage hätte sein Prestige zerstört und in Italien jene Stellung geschwächt, für die er so hart gekämpft hatte. Zu siegen war eine absolute Notwendigkeit. Daß er des Erfolgs sicher war, mag man aus der Tatsache entnehmen, daß er den flämischen Maler Vermeyen* mitgebracht hatte, damit er die glänzendsten Augenblicke des Feldzuges festhalte. Da die Seemacht des Kaisers die See beherrschte, blieb Barbarossas Flotte in den Gewässern von La Goleta unter dem Schutz der Kanonen der Festung; so konnte Karl seine gelandeten Truppen leicht verpflegen. Doch rückte er nur langsam auf La Goleta vor, das erste Ziel des Feldzugs. Während der ersten Monate gewannen die kaiserlichen Truppen Terrain beim Vormarsch auf die ummauerte Stadt, auch wenn sie sich von Graben zu Graben durchkämpfen mußten. Dann versteifte sich der Widerstand, während die Hitze zunahm, so daß das Tragen eines Panzers tagsüber unerträglich wurde. Die Nächte waren im Gegensatz dazu kalt. Die Ruhr begann zu wüten, und die vielen unbeerdigten Leichen verstärkten die Pestgefahr. Eine derartige Lage forderte entweder einen verzweifelten Angriff auf die Wälle von La Goleta oder den Rückzug.

Dem Angriff ging ein schweres Bombardement durch die Belagerungsgeschütze und die Artillerie der Flotte voran. Noch nie hatte Tunis ein so starkes Feuer erlebt. Sechs Stunden lang wurden die Mauern von La Goleta zerschlagen. Vor dem Sturm redete der Kaiser jede Abteilung der Soldaten in ihrer eigenen Sprache an. Der Marqués del Vasto eröffnete den Angriff mit den Stoßtruppen, den furchtbaren spanischen *tercios*. Diese griffen, angefeuert durch die Gegenwart des Kaisers, mit solcher Gewalt an, daß sie den Widerstand von La Goleta beim ersten Ansturm überwanden. Eine imponierende Beute fiel den Spaniern in die Hände, darunter die Hauptmacht von Barbarossas Flotte, fünfundachtzig Galeeren.

Nach einer viertägigen Rast wurde der nächste Schritt der kaiserlichen Armee beraten. Man konnte Algier angreifen, was ganz Spanien lieber gesehen hätte, oder sich zurückziehen. Das letztere schien wegen der vorgerückten Jahreszeit ratsam, und so stimmte der Kriegsrat für eine Rückkehr nach Spanien. Doch führte Karl,

---

* Nach seinen Zeichnungen entwarf Pannemaker eine berühmte Reihe von Gobelins über die Einnahme von Tunis; zu sehen im Escorial und im Alcázar von Sevilla.

unterstützt von den Führern der Flotte, dagegen an, daß es noch eine dritte Möglichkeit gebe – einen Angriff auf das nur sechs Meilen entfernte Tunis –, und fand Zustimmung. Die hauptsächliche Schwierigkeit würde der Wassermangel sein und die Tatsache, daß der Vormarsch im Inland ohne den Schutz der Kanonen der Flotte vor sich gehen mußte. Seiner Schwester Maria gegenüber erwähnt Karl die große Hitze und den erbitterten Kampf um die Wasserstellen.(5). Hierbei erweisen sich die an militärische Zucht gewöhnten Veteranen des kaiserlichen Heeres den Truppen Barbarossas überlegen. Allerdings waren diese zahlenmäßig im Vorteil und ebenso durch das Terrain, in dem sie auf Tunis zurückweichen konnten. Der Angriff auf Tunis selbst war belastet durch die Erinnerung an Ludwig IX. von Frankreich, der 1270 einen Angriff auf Tunis gemacht hatte: die Pest hatte seine Truppen dezimiert, und der König, selbst ein Opfer der Seuche, war vor den Mauern der Stadt gestorben. Zum Glück für Karl erhoben sich Barbarossas Gefangene in der Stadt und bemächtigten sich der Zitadelle im selben Augenblick, in dem Barbarossa darin Zuflucht suchte. Barbarossa entschied sich zur Flucht. Nüchtern berichtet Karl von seinem Triumph: »Am folgenden Tag stellte der Kaiser sein Heer bei Tagesanbruch auf und marschierte auf die Stadt Tunis, und weder Barbarossa noch seine Anhänger waren in der Lage, ihn vom Betreten der Stadt abzuhalten.«(6)

Von Tunis nach Rom

Die Unternehmung gegen Tunis entsprach nicht den Wünschen der Spanier; doch entsprach sie den Bedürfnissen der Italiener nach Sicherheit. Karl unterließ den Versuch, seinen Vorteil auszunützen und Algier anzugreifen. Mag sein, daß seine ritterlicher Haltung ihn zögern ließ, seine Feinde zu vernichten: als sich Karl nach Italien einschiffte, erhielt Barbarossa eine weitere Chance. Karl hatte aber gewiß gute Gründe für seinen Entschluß. In Tunis waren ihm schriftliche Beweise in die Hände gefallen für das Bündnis zwischen Franz I. und Barbarossa. Gleichzeitig übte Franz auf Karls Schwager und Verbündeten, den Herzog von Savoyen, starken Druck aus. Savoyen war das Tor, das die ganze Halbinsel Italien zu öffnen oder zu schließen vermochte. Karl konnte dem Untergang seines Verwandten und Verbündeten nicht gleichgültig zusehen; wenn er den Herzog von Savoyen im Kampf im Stich ließ, konnten die übrigen italienischen Fürsten seinem Wort vertrauen? Die Lage war daher bedrohlich, und man mußte mit einem neuen Krieg zwischen Karl und Franz rechnen. Der Kaiser versuchte seine Gemahlin über seine verlängerte Abwesenheit zu trösten:

»Madame, es besteht keine Notwendigkeit für uns, der Einsamkeit und dem Selbstmitleid nachzugeben. Faßt Euch ein Herz und tragt, was Gott für uns vorgesehen hat. Ich hoffe, alles geht gut. Sorgt mit großer Achtsamkeit für alles; wacht sorgfältig über die Grenzen von Navarra und über die des Roussillon, ruft die Bevölkerung zusammen und stellt Truppen auf und sucht überall nach Geld. Sollte uns Gott mit solchem aus Peru segnen, selbst wenn es Einzelpersonen zugedacht ist, so müssen wir die Gelegenheit wahrnehmen.«(7)

Weiter unten im selben Brief benützt er eine Wendung, die an Napoleons Ausspruch erinnert, wenn er betont, »Geld und nochmals Geld ist dauernd nötig.« Er verspricht der Kaiserin seine schnelle Rückkehr; so bald als möglich werde er die Unternehmung gegen Algier wiederaufnehmen; inzwischen überlasse er die Vorbereitungen dafür Dom Luis von Portugal. Er erklärt, der Angriff Franz' I. auf Savoyen sei der Grund für das Abgehen von seinem ursprünglichen Plan, und widmet Isabellas Schwester Beatrice, der Herzogin von Savoyen, einen Gedanken: »Ich kann mir denken, daß Eure Majestät beunruhigt ist wegen des Herzogs von Savoyen und Eurer Schwester. Aber es gibt keine Wahl gegenüber Menschen, die weder Gott fürchten noch ihren Glauben hochhalten.« Da der Krieg denn unvermeidlich war, hoffte Karl auf einen neuen Sieg über Frankreich: »Ich glaube, dieser Krieg wird sein wie der letzte, indem Frankreich anfangs an einigen Stellen gewinnt, doch am Ende mit Gottes Hilfe von unseren Truppen geschlagen wird.« Karl erteilte Isabella Weisung, ganz Spanien – Granden, Städte und Ritterschaft – solle sich auf den Krieg vorbereiten; die Grenze sei zu sichern, neue *tercios* müßten ausgehoben, die Artillerie gerüstet und die größtmögliche Menge an Geld zusammengebracht werden.

Bei seinem Feldzug gegen Frankreich wollte Karl Mailand als
Ausgangspunkt benützen. Er wollte Sizilien und Neapel besuchen
und Rom im Frühjahr 1536 erreichen, wo er das Bündnis mit
Paul III. zu sichern und – im Blick auf die öffentliche Meinung –
seinen Krieg gegen Franz I. rechtfertigen hoffte.

Am 4. April 1536 langte der Kaiser in Sichtweite von Rom an.
Am folgenden Tag zog er im Triumph in die Stadt ein, wobei die
Veteranen des Feldzugs gegen Tunis vor den Römern paradierten:
die spanischen *tercios*, das Fußvolk aus Italien und die deutschen
Landsknechte. Der Marsch seines Fußvolks war gleichzeitig
schreckenerregend und eindrucksvoll: die Erinnerung des *sacco
di Roma* vor neun Jahren war den Zuschauern noch frisch im Gedächtnis. Hinter der Infanterie kamen die Kavallerie, der Adel und
das diplomatische Korps und dann der Kaiser. Ihm folgten die
Kardinäle und eine Abteilung der kaiserlichen Leibwache. Jedermann war prachtvoll und kostbar gekleidet, außer Karl selbst, der
schlicht wie gewöhnlich gekleidet war.

Einige Tage schien Karl sich damit zu begnügen, den römischen
Frühling zu genießen. Doch suchte er bald um einen öffentlichen
Empfang durch den Papst und das Kardinalskollegium für den
Ostermontag nach. Der Papst, die Kardinäle, die Gesandten und
der römische Adel, der zu dieser Zeremonie geladen war, erwarteten, Karl werde eine konventionelle Ansprache halten mit den
üblichen höflichen Plattheiten; doch was ihnen vorgesetzt wurde,
war eine eindrucksvolle und kühne Rede voller Leidenschaft, die
mehr als eine Stunde dauerte.* Karl beschuldigte darin den französischen König, er sei der dauernde Störenfried der Christenheit.
Er betonte, wie oft er von jenem angegriffen worden war. Er wies
die Anschuldigungen seiner Gegner, er wolle die Welt beherrschen, zurück. Und da Krieg die Christenheit schwächen würde,
forderte er noch einmal den König von Frankreich zum Zweikampf heraus: »Ich verspreche Eurer Heiligkeit, vor diesem
Heiligen Kollegium und allen hier anwesenden Adligen, wenn der
König von Frankreich mir in persönlichem Kampf auf dem Felde
der Ehre gegenüberzutreten wünscht, ohne Rüstung, aber mit

---

* Sie wurde auf spanisch gehalten, damals ungewöhnlich in diplomatischen Kreisen.

POTENTISSIMVS · MAXIMVS · ET · INVICTISSIMVS · CÆSAR · MAXIMILIANVS
QVI · CVNCTOS · SVI · TEMPORIS · REGES · ET · PRINCIPES · IVSTICIA · PRVDENCIA
MAGNANIMITATE · LIBERALITATE · PRÆCIPVE · VERO · BELLICA · LAVDE · ET
ANIMI · FORTIDVDINE · SVPERAVIT · NATVS · EST · ANNO · SALVTIS · HVMANÆ
· M · CCCC · LIX · DIE · MARCII · IX · VIXIT · ANNOS · LIX · MENSES · IX · DIES · XXV
DECESSIT · VERO · ANNO · M · D · XIX · MENSIS · IANVARII · DIE · XII · QVEM · DEVS ·
OPT · MAX · IN · NVMERVM · VIVENCIVM · REFERRE · VELIT ·

Maximilian I. (Gemälde von Albrecht Dürer, 1519)

Karl mit seinen Schwestern Eleonore und Isabella (Gemälde vom Meister der St. Georgsgilde, 1502)

Karl V. (Gemälde von Bernart van Orley, um 1516)

Rechte Seite, oben: Karl V. im Atelier Tizians (Gemälde von Carl Becker, 1872)
Rechte Seite, unten: Einzug Kaiser Karl V. und des Papstes Clemens VIII. zur Kaiserkrönung in Bologna (Gemälde von Juan de la Corte)

Isabella von Portugal, Gemahlin Kaiser Karls V.
(Gemälde von Tizian, 1543)

Karl V. mit seiner Ulmer Dogge (Gemälde von Jakob Seisenegger, 1532)

Kardinal Antoine Perrenot de Granvelle, Kanzler und Minister unter Karl V. (Kupferstich, um 1561)

Rechte Seite:
Titelblatt der sogenannten ›Carolina‹, des ersten allgemeinen deutschen Strafgesetzbuches

Des allerdurchleuchtig-
sten großmechtigstē vn̄
vberwindtlichsten Key-
ser Karls des fünfften: vnnd des

heyligen Römischen Reichs peinlich gerichts ord-
nung/auff den Reichsztägen zu Augspurgk
vnd Regenspurgk/in jaren dreissig/vn̄
zwey vnd dreissig gehalten/auff-
gericht vnd beschlossen.

Cum gratia et priuilegio Imperiali.

Martin Luther auf dem Reichstag zu Worms vor Kaiser Karl V. und den Kurfürsten (Kupferstich von Johann Nusbiegel nach Johann Michael Voltz)

Schwert und Dolch, zu Land oder zur See, auf einer Brücke oder einer Insel, allein oder vor unser beider Armeen – wo immer und wie immer er sich entscheidet, entsprechend dem ritterlichen Ehrenkodex (ich werde akzeptieren).«(8) Er bot Franz eine Frist von zwanzig Tagen an zur Rückgabe des Weggenommenen an den Herzog von Savoyen und rief Gott und den Papst zu Zeugen seiner Sache auf: »Denn wenn ich nicht recht habe, wird Eure Heiligkeit mich bestrafen, und wenn ich recht habe, wird Eure Heiligkeit mir helfen gegen die, die es nicht haben.« Er schloß:

»Ich gehe morgen in die Lombardei, wo wir die Franzosen treffen und ihnen gegenübertreten werden. Ich traue auf Gott, daß es für den König von Frankreich *pejora prioribus* sein wird. Ich will Frieden! Ich will Frieden! Ich will Frieden!«(9)

Aber es gelang Karl nicht, Paul III. zur Aufgabe seiner Neutralität zu überreden. Im nachhinein war der Kaiser ernüchtert über das in Rom Erreichte. In seinen *Memorias* schrieb er: »Vieles, was geschah, war nicht mehr als Worte ohne Bedeutung.«(10)

Wieder im Feld

In der Hoffnung, Frankreich zu einer Entscheidungsschlacht zu zwingen, aber auch weil er für die Freigrafschaft fürchtete, beabsichtigte Karl, die Alpen zu überqueren, auf Lyon vorzurücken und dann in die spanischen Besitzungen in Burgund zu marschieren. Doch der unerwartete Widerstand der französischen Garnison von Fossano (in Piemont) hielt ihn auf und zwang ihn, seine Pläne zu ändern. Die Erfahrung des erfolgreichen kombinierten Angriffs zu Wasser und zu Lande auf Tunis ließ ihn etwas Ähnliches in der Provence versuchen – wobei das schließliche Ziel die Eroberung von Marseille war. Dies sollte keine Vernichtungsaktion gegen den Feind sein, sondern eine Strafe. Für den Kaiser war es wichtig, daß im Rücken seiner Armee nicht ein unruhiges oder uneiniges Italien zurückblieb. Er hoffte eine Liga italienischer Fürsten zum Schutz für den Frieden der Halbinsel zusammenzuschweißen und wollte dieser Liga beitreten – nicht als Kaiser, noch als Herrscher der Katholischen Monarchie, sondern als König von Neapel und Sizilien, wobei er als italienischer Fürst unter anderen betrachtet werden wollte. In Florenz beriet er sich mit Alessandro de' Medici, der jetzt der Gemahl seiner natürlichen Tochter Margarete von Parma war; im herzoglichen Palast in Florenz warnte er seinen Schwiegersohn vor den Gefahren, die seiner Herrschaft über die Stadt drohten, in die er von Karls Armee 1530 eingesetzt worden war.*

Die Stadt Asti war als Sammlungsort für die kaiserlichen Truppen bestimmt, die wie üblich aus Deutschland, Italien und Spanien kamen. Die Armee zählte 60 000 Mann, die Anzahl, mit der Karl gewöhnlich ins Feld zog. Entschlossen zum Marsch gegen die Provence, überquerte er im Juli 1536 die Alpen in den Bergen von Tenda am Fuß des Monte Argentera. Karl wollte den Feldzug an der Seite seiner Soldaten mitmachen.(11)

Seine Hoffnungen auf einen dem in Tunis vergleichbaren Erfolg in der Provence war zum Scheitern verurteilt. Der religiöse Kreuzzugseifer, den er seinen Truppen im Kampf gegen Barbarossa zu vermitteln verstanden hatte, war den Untertanen eines christlichen Königs gegenüber nicht möglich. Der Feldzug in der Provence war einfach ein weiterer Krieg. Die Bevölkerung, in deren Land er eingefallen war, leistete dem Eindringling mit verzweifelter Entschlossenheit Widerstand. Die Menschen verwüsteten ihre Felder und zerstörten ihre eigenen Dörfer. Der französische General, der Konnetabel Montmorency, errichtete am Rand von Avignon, an der Rhône, ein so gut befestigtes Lager, daß es als Meisterwerk militärischen Festungsbaus galt. Franz I. rief die Franzosen zur freiwilligen Verteidigung ihrer Heimat auf. Für die Truppen des Kaisers war es ein dynastischer Krieg, für die Franzosen aber ein patriotisches und nationales Unterfangen. Nachdem seine Armee durch die Ruhr geschwächt war (vor allem durch die Hitze des Sommers und das Essen von unreifen Früchten verursacht), pries sich Karl glücklich, daß die Franzosen keine Schlacht gegen ihn wagten. Für einen Angriff auf das Lager bei Avignon war Karl nicht stark genug, und nach einem gescheiterten Versuch, Marseille zu nehmen, ordnete er den Rückzug an. Zu seinem Glück verhielt sich Italien ruhig, nachdem ein Versuch der Feinde des Andrea Doria, die Macht zu übernehmen, fehlgeschlagen war.

* Zur Unterwerfung von Florenz vgl. oben S. 102. Im Juli erfolgte der Übergang der Macht von dem republikanischen Podestá auf Alessandro; 1532 ernannte Karl ihn zum Herzog.

Der provenzalische Feldzug hatte viele Verluste gebracht, darunter seinen Generalissimus, den ruhmreichen Leyva, und jenen Mann, der mehr um seiner Feder als um seines Schwertes willen gefeiert war, den großen Dichter Garcilaso de la Vega. Außerdem konnte keines der in der Provence eingenommenen Gebiete gehalten werden. Doch glaubte Karl noch immer, er habe die Ziele seines Feldzugs wenigstens teilweise erreicht. In einem Brief an seinen Gesandten in Rom, Graf Cifuentes, bemerkte er, Franz sei verletzt und beschämt worden, dadurch, daß er in die Defensive gedrängt worden sei.(12) In seinem langen Kampf mit Franz I. war jedoch das Gleichgewicht der Kräfte nie so deutlich wie in dem provenzalischen Feldzug von 1536: Karl war nicht stark genug, das Kriegsglück zu seinen Gunsten zu beeinflussen, und so wurden beide Seiten zu einem dauernden Frieden ermutigt.

9   Unter der Flagge der Freundschaft mit Frankreich

Vorspiel zum französisch-spanischen Waffenstillstand

Die militärische Lage war gut im Gleichgewicht, doch wollte der französische Marschall Montmorency sein Prestige, das jetzt stark zugenommen hatte, nicht durch eine Offensive aufs Spiel setzen. Inzwischen gewann der Marqués del Vasto, der Leyva im Oberbefehl über die kaiserliche Armee nachgefolgt war, Piemont mit Ausnahme von Turin zurück – ein Ausgleich für Karls Scheitern in der Provence. Der eigentliche egalisierende Faktor zwischen den beiden Seiten war der Geldmangel. Friede schien der beste Ausweg aus der militärischen Sackgasse, doch dauerte es, vielleicht auf Grund von Trägheit, ein ganzes Jahr, bis die Verhandlungen begannen.

Mitte November 1536 wartete Karl V. in Genua auf günstigen Wind für die Rückfahrt nach Spanien. Als er endlich auf See war, kamen Stürme, und einige Schiffe sanken. Am 5. Dezember landete die kaiserliche Flotte unter großen Schwierigkeiten in dem katalanischen Hafen Palamos. Es war Karls vierter Besuch in Spanien. Da der Fehlschlag in Marseille den Glanz von Tunis verdunkelt hatte, wünschte der Kaiser keinen zeremoniellen Empfang und begab sich – während er die Staatsangelegenheiten Granvelle und Cobos in Barcelona überließ – unmittelbar nach Kastilien, um seine Frau und seine Familie wiederzusehen. In seinen »Aufzeichnungen« bemerkte er: »Der Kaiser reiste der Küste entlang nach Tordesillas, wo die Königin, seine Mutter, und die Kaiserin, seine Gemahlin, warteten.«(1)

Wieder einmal – und nicht zum letztenmal – bot ihm Kastilien Schutz, eine Stätte, wo er rasten und Kräfte für neue Feldzüge sammeln konnte. Seine rasche Durchreise durch Katalanien und Aragon stand im Gegensatz zu vielen Festlichkeiten in Valladolid zur Feier seiner Ankunft – ritterliche Veranstaltungen (wie Turniere und höfische Zusammenkünfte) und volkstümliche Feste wie Stierkämpfe. Aber dem Kaiser begannen öffentliche Veranstaltungen dieser Art keine Freude mehr zu machen. Statt an den Festen teilzunehmen, erörterte er lieber mit den Gelehrten seines Hofs philosophische, kosmographische und vor allem astrologische Fragen. In der Chronik von Santa Cruz lesen wir: »In dieser Zeit, als sich Seine Majestät nicht wohl fühlte wegen Ihrer Gicht, sprach er gern mit Alonso de Santa Cruz, seinem rangältesten Kosmographen, über Astrologie und die Erdkugel und fragte ihn eifrig vieles über Naturphilosophie und die Bewegung der Himmelssphären.«(2)

Sein schlechter Gesundheitszustand trug sicherlich dazu bei, daß sich Karl von weltlichen Unternehmungen zurückzog, eine Neigung, die im Lauf der Jahre ausgeprägter wurde. Eine seiner Liebhabereien war das Sammeln von Uhren. Er interessierte sich auch stark für Landkarten. Zeit und Raum wurden seine beiden Lieblingsgegenstände. Die Entzauberung nach Rom und der Provence ließ ihn eine Zeitlang das Interesse an Staatsaffären verlieren: bei den Cortes von Kastilien 1537 überließ er seinen Ministern sogar die Eröffnung. Doch als der Sommer kam, schien er sich von den erlittenen Rückschlägen zu erholen und nahm aktiv an der Politik teil. Frankreich begann wieder, Druck auf die katalanische Grenze auszuüben, und der Papst drängte Karl bei verschiedenen Gelegenheiten, seine Aufmerksamkeit der internationalen Lage zuzuwenden. Karl berief die Cortes Generales der Krone von Aragon in die Stadt Monzon. Nach kurzem Aufenthalt in Zaragoza traf er am 13. August in Monzón ein. Aragon war weniger entgegenkommend bei den Geldforderungen des Kaisers als Kastilien. Noch am 6. November war Karl in Monzon und übte sich in Geduld angesichts der Aufschübe und der Langsamkeit im Vorgehen der Cortes. Seiner Schwester Maria gegenüber schilderte er seine Geduld als Beispiel, das sie bei ihren eigenen Verhandlungen mit den Generalstaaten der Niederlande befolgen möge – »diese Cortes, die ich zum Teufel wünsche!«(3) Schließlich wurden ihm 600000 *Libras jaquesas* zugestanden, zahlbar innerhalb von drei Jahren, wenn er auch nur über fünf Neuntel davon frei verfügen durfte. Nachdem er geschworen hatte, ihre Gesetze und Privilegien (*fueros*) zu achten, entließ Karl die Cortes und brach auf zur französischen Grenze.

Die militärische Operationen des Jahres 1537 waren minimal, abgesehen von dem Tauziehen um Turin. Einmal sah es so aus, als werde der Marqués del Vasto Turin nehmen, doch konnte Franz I. mit seinem ganzen Aufgebot zur Verteidigung heranrükken, da sich die innere Lage in den Niederlanden so weit verschärft hatte, daß Maria von Ungarn gezwungen war, mit Frankreich einen Waffenstillstand zu schließen.

Gleichzeitig erwachte der Kreuzzugsgedanke wieder in Karl. Wenn er die jüngsten Ereignisse überdachte, wurde ihm klar, daß er seine größten Triumphe errungen hatte, indem er die Christenheit gegen die Türken geführt hatte. Ohne Frieden in der Christenheit ließ sich kein neuer Kreuzzug gegen die Ungläubigen führen: das wußte der Kaiser aus Erfahrung. Und das war mit ein Beweggrund für seinen Entschluß, Frieden mit Frankreich zu suchen oder doch jedenfalls einen Waffenstillstand. Er entsandte Bevollmächtigte nach Nizza zu einer Konferenz mit Vertretern von Franz I., während er selbst mit seinem Heer dicht an der katalanischen Grenze entlangzog, um einen militärischen Druck auszuüben. Im Mittwinter war er kurz in Valladolid, um die Kaiserin nach der Geburt ihres Sohnes Juan zu sehen, kehrte aber bald wieder zu seinen Truppen nach Katalanien zurück: »Die Abreise des Kaisers beunruhigte die Kaiserin sehr; sie konnte Seine Majestät nicht einmal überreden, die nahe bevorstehenden Weihnachtstage mit ihr zu verbringen; und so konnte sie nichts als weinen während der ganzen Zeit, die sie beieinander waren.«(4)

Isabella selbst wünschte ernsthaft den Frieden und drängte Karl, alles zu tun, um ihn zu erreichen.(5) Die Verhandlungen erwiesen sich jedoch als schwierig. Franz stellte maßlose Forderungen: er verlangte Mailand und wollte Savoyen nur zurückgeben, wenn er dafür Spanisch-Navarra erhielt. Karl war zum Verzicht auf Mailand bereit, vorausgesetzt, daß er eine starke Unterstützung bei seinen ehrgeizigeren Plänen erhielt – dem Kreuzzug gegen die Türken und der Einberufung eines allgemeinen Konzils. Das langsame Fortschreiten der Verhandlungen veranlaßte Paul III. zum Eingreifen; er entsandte Beauftragte an die beiden feindlichen Höfe, die versuchen sollten, eine Übereinkunft zustande zu bringen. Um seinen Vorstellungen mehr Gewicht zu geben, verließ er Rom und begab sich nach Nizza. Der Kaiser entschloß sich, ihn aufzusuchen, was neue Ausgaben bedeutete, die Kastilien zur Last fallen würden. In diesem Zusammenhang schrieb die Kaiserin an Karl am 26. Mai 1538: »Eure Majestät sollten wissen, daß das Geld zu Ende ist und der jetzt genommene Betrag aus den Mitteln für die Erhaltung des Staats kommt; und wie Eurer Majestät bereits gesagt worden ist, gibt es jetzt keinen Weg, Geld für das Halten von Garden, Galeeren, für die afrikanische Expedition und andere Dinge zu beschaffen – denn auf die königlichen Einkünfte ist bereits bis zum Jahr 1540 vorgegriffen.«(6) Auch Gelder aus Westindien, die Privatpersonen gehörten, waren beschlagnahmt worden. Die Eigentümer flüchteten sich zu den Kirchen Sevillas ›und klagten laut über das Unrecht, das ihnen angetan worden‹.

Karl, besessen von dem Gedanken eines Treffens mit dem Papst, hoffte mit päpstlicher Hilfe Frieden zu erlangen, und stellte sich taub gegen die Proteste Kastiliens. Am 5. April schiffte er sich in Barcelona ein und landete am 9. Mai in der Nähe von Nizza. Zehn Tage später fand das erste Treffen mit Paul III. statt. Nach anfänglichem Widerstreben, mit Karl zusammenzukommen, erschien auch Franz I. in der Nähe von Nizza. Durch die päpstliche Drohung, die Neutralität aufzugeben und ein Bündnis mit dem Kaiser zu schließen, sah sich der König von Frankreich gezwungen, seine Bedingungen herabzuschrauben.

Es gelang dem Papst nicht, zu erreichen, daß sich die beiden Herrscher in seinem Beisein trafen, er konnte sie lediglich dazu überreden, ihre diplomatischen Vertreter in Nizza unter seiner Leitung verhandeln zu lassen. Die Auffassung des Kaisers und des Königs von Frankreich war tatsächlich unvereinbar, es wurde jedoch bei diesen Zusammenkünften ein zehnjähriger Waffenstillstand ausgehandelt. Das Ergebnis war eine Enttäuschung für den Papst, aber es spiegelte die militärische Lage: beide Seiten waren gleich stark. Auch Königin Eleonore hatte beim Zustandekommen des Waffenstillstandes mitgewirkt; sie suchte ihren Bruder Karl auf und half, seinen Willen bis zu einem gewissen Ausmaß mit dem ihres Gatten zu versöhnen.

Auch das persönliche Zusammentreffen zwischen Karl und Franz, das Paul III. nicht hatte zustande bringen können, war den guten Diensten der Königin Eleonore zu danken. Der Treffpunkt war die kleine Stadt Aigues-Mortes im Rhônedelta. Karl kam am 14. Juli an, und Franz gelang es, die Zurückhaltung des Kaisers durch eine ritterliche Geste zu überwinden: er und sein Gefolge kamen in kleinen Booten, um dem Kaiser an Bord seines Schiffes ihre Aufwartung zu machen. In seinen Aufzeichnungen erinnert sich der Kaiser, daß er derartige Höflichkeit und Vertrauen erwiderte durch einen Besuch bei Franz in der Stadt Aigues-Mortes selbst, wo er bis zum folgenden Tag aufs großartigste bewirtet und unterhalten wurde.(7)

Dieses persönliche Treffen zwischen den beiden Herrschern bewirkte eine unerwartete Annäherung zwischen ihren Ländern. Karl machte Gebrauch davon durch die Förderung jener Heiligen Liga gegen das Osmanische Reich, die er so sehr wünschte.

Die Heilige Liga

Im Februar 1538 war eine Vereinbarung zwischen Rom, Venedig, Karl und Ferdinand über eine gemeinsame Unternehmung gegen den Sultan getroffen worden. Die Unterzeichnung dieser Vereinbarung ging also den Treffen in Nizza und Aigues-Mortes voraus, wurde aber durch jene bestärkt. Tatsächlich hatte Karl erst Interesse für einen Angriff zur See gegen Konstantinopel gewonnen, als er glaubte, mit seinem alten Rivalen Freundschaft geschlossen zu haben. Der venezianische Gesandte und andere Zeitgenossen bezeugen seine Begeisterung für diesen Plan.

Die Kunde davon erreichte den Hof in Brüssel und beunruhigte Maria von Ungarn, die die Sache für nicht durchführbar hielt – anders als die Expedition gegen Tunis – und für die Sicherheit des

Kaisers fürchtete. Sie schrieb ihrem Bruder einen Brief voller Aufregung und Unbehagen: Er solle keinen Feldzug wagen, der ein reales Risiko einer Niederlage enthielt. Doch drängte Karl weiter auf den Feldzug gegen die Ungläubigen. Die erste militärische Aktion bestand darin, daß die Flotte der Liga unter dem Befehl von Andrea Doria die türkische Flotte unter Barbarossa in den Gewässern von Prevesa einschloß. Die folgende Seeschlacht war unentschieden, doch mag man sie letztlich als Triumph für Barbarossa werten. Die Verbündeten gaben sich gegenseitig die Schuld. Es war bekannt, daß kaiserliche Diplomaten in Verhandlungen mit Barbarossa eingetreten waren, in der Hoffnung, ihn auf die Seite Karls zu ziehen wie zehn Jahre vorher Andrea Doria. Dies erweckte Verdacht beim venezianischen und päpstlichen Flottenkontigent. Das einzige positive Ergebnis der Liga war die Eroberung eines gut befestigten Brückenkopfes an der dalmatinischen Küste, Castelnuevo an der Bucht von Cattaro. Venezianer und Kaiserliche stritten darum, wer von dem Hafen Besitz ergreifen solle, aber eine spanische *tercio*-Abteilung rückte unter Führung von Francisco Sarmiento aus zur Besetzung von Castelnuevo, das so eine vorgeschobene Basis auf türkischem Boden für einen möglichen späteren Angriff wurde.

Um finanzielle Hilfe für den Kreuzzug zu erhalten, berief Karl inzwischen die drei Stände (Städte, Adel und Geistlichkeit) zu kastilischen Cortes nach Toledo. Damals war das königliche Schatzamt außerstande, selbst die dringendsten Zahlungen zu leisten. Ein Fünfjahresplan für die öffentlichen Ausgaben für die Zeit von 1538 bis 1542 wies einen Fehlbetrag von 3 153 000 Dukaten auf, der großenteils auf die hohen Zinsen an ausländische Bankhäuser zurückging. Alle ordentlichen Einnahmen und das Gold aus Peru hatten nicht ausgereicht für die riesigen Ausgaben, die die Feldzüge nach Tunis und in die Provence und Karls Reise nach Nizza mit sich gebracht hatten.

Der Kaiser verlangte nun die Zustimmung der Cortes zu einer neuen allgemeinen Steuer, der *sisa*, auf bestimmte Lebensmittel. Die Geistlichkeit, deren Haupteinkunftsquelle – der Kirchenzehnt – nicht berührt wurde, war willfährig. Der Adel jedoch bekämpfte die *sisa*, weil sie seinem althergebrachten Privileg der Steuerfreiheit widersprach. Mit einer überwältigenden Mehrheit von 54 gegen 18 Stimmen verweigerte er seine Zustimmung zu der neuen

Steuer. Er erklärte Karl unumwunden, der Hauptgrund seiner Geldnöte sei seine endlose Reihe von Kriegen, in die er sich verwickelt hatte, und schlug ihm als einzige Lösung vor, er solle einen allgemeinen Frieden schließen, in Spanien bleiben und seine persönlichen Ausgaben einschränken. (8)

Aber der Kaiser wollte keinen Rat. Er brauchte Geld und beschloß, die Versammlung des Adels aufzulösen. Doch traf dieser Rückschlag seine Pläne spürbar. Wenn Kastilien nicht bereit war, ihn bei seinem Kreuzzug zu unterstützen, auf wen konnte er dann zählen? Es gab auch andere Hindernisse. Die Heilige Liga schien nicht recht zur Wirkung zu kommen, und auf Venedig konnte man offenbar nicht zählen. Außerdem hing Karls eigene Begeisterung von der Freundschaft mit Franz I. ab, damit er sich gegen Angriffe aus dieser Richtung sicher fühlen konnte. Und hier traf er auf Vorbehalte. Seine Schwestern Maria und Eleonore trafen sich an der französisch-niederländischen Grenze auf Betreiben von Franz, und Maria erhielt einen deutlichen Wink, daß der König von Frankreich nicht gleichgültig bleiben könne, wenn Karl Konstantinopel angriffe. Die jüngste Annäherung an Frankreich hatte ihren Preis – die Aufgabe der Kreuzzugsidee. Maria meldete dies schleunigst ihrem Bruder durch einen Sondergesandten, Don Diego Hurtado de Mendoza, (9) und angesichts solcher Widrigkeiten gab Karl die Kreuzzugsidee im April 1539 auf.

Über all dem Kommen und Gehen von Boten, den Aufregungen und dem Zaudern vergaß man die Spanier von Castelnuevo. Da sie keinen Befehl zum Rückzug erhalten hatten, glaubte diese Handvoll tapferer Männer, sich gegen jeden Angriff auf die Stadt halten zu sollen. Darauf brauchte man nicht lange zu warten: Soliman konnte den Angriff auf sein Gebiet nicht unerwidert lassen. Er wußte, daß ein Staat, der auf Gewalt gegründet ist, sich keine Zeichen von Schwäche leisten kann ohne die Gefahr des Zerfalls. Er gab Barbarossa den Befehl, die spanische Enklave zu beseitigen, und schickte ihn nach Castelnuevo mit so starken Streitkräften, daß das Ergebnis vorauszusehen war. Andrea Doria wagte nicht, der Besatzung zu Hilfe zu eilen. Barbarossa bot den Spaniern Gelegenheit, über ihren Abzug zu verhandeln, und versprach ihnen freie Überfahrt nach einem italienischen Hafen, in Ehren und mit den Waffen. Doch Sarmiento glaubte – nach Beratung mit seinen Kapitänen –, es sei seine Pflicht, die Stellung zu halten. Ein

Zeitgenosse berichtet, daß die Spanier »beschlossen zu sterben, im Dienst von Gott und König, bereit, dem Feind entgegenzutreten, wann immer er angreifen würde.« (10) Alle, etwa 4000 Mann, wurden vernichtet, und Castelnuevo ging verloren.

Künftig zog es Karl vor, bei Meinungsverschiedenheiten mit den Türken zu verhandeln. Und doch hatten die Spanier von Castelnuevo gezeigt, daß allein das Katholische Königreich willens war, gegen die osmanische Drohung im Mittelmeer zu kämpfen. Das war eine Rechtfertigung der Anwesenheit Spaniens in Italien. Wie Benedetto Croce aufgezeigt hat, gab es für keinen Neapolitaner einen Zweifel, wenn er zwischen spanischer oder türkischer Oberhoheit zu wählen hatte.

Der Tod der Kaiserin

Zwischen 1526 und 1539 war Karl dreimal für lange Zeit von Spanien abwesend. Zuerst wegen der großartigen Festlichkeiten zur Kaiserkrönung in Italien; es war seine längste Abwesenheit, die fast vier Jahre dauerte. Die zweite, während des Zugs gegen Tunis und in die Provence, hielt ihn knapp zwei Jahre fern. Die dritte und kürzeste war veranlaßt durch seine Reise nach Frankreich und die Zusammenkunft mit Franz I. und führte zum Waffenstillstand von Nizza. So hatte sich die kaiserliche Familie daran zu gewöhnen, daß sie mit der bloßen Erinnerung an den Abwesenden leben mußte. Das Familienleben trat hinter die Pflichten des Kaisers zurück. Nicht einmal die Geburt eines Kindes durfte die Stunde seines Aufbruchs hinausschieben, wie im Fall von Ferdinand, einem Kind, das während einer der Abwesenheiten Karls geboren wurde und starb.

Die beiden älteren Kinder, Philipp und Maria, wurden in den ersten Ehejahren geboren; Juana, das einzige weitere Kind, das nicht klein starb, war die Frucht der Wiedervereinigung der Gatten im Jahre 1533. Solange Karl nicht in Spanien war, regierte Isabella über Kastilien ebenso wie über ihre kleine Familie. Aus der Fülle von Briefen, die wir von dieser außerordentlichen Frau besitzen, lernen wir sie als einen gleichzeitig feinfühligen und charakterstarken Menschen kennen. Die Tagebücher der Zeitgenossen berichten von ihr und ihrem Hof, der ständig unterwegs war: von

Madrid nach Toledo oder Ocaña, Valladolid und Burgos. Sorgfältig überwachte sie die Entwicklung ihrer Kinder und schreckte nicht vor eigenhändiger Züchtigung zurück, wenn sie diese für notwendig hielt. Alles, sogar die kleinsten Einzelheiten, wurde dem Kaiser von Mitgliedern des Hofes berichtet. »Einige Damen haben geweint angesichts solcher Grausamkeit«, bemerkt Philipps Erzieher, Don Pedro González de Mendoza, halb ironisch, halb erfreut zu der Bestrafung des Sohnes durch die Königin. (11)

In Karls Vorstellung nahm seine Familie hinter seinen Herrscherpflichten den zweiten Platz ein. Für seine innersten Gefühle fehlen uns Zeugnisse, doch muß man sie bei seinem Charakter voraussetzen. Und es gibt einige Beweise dafür, daß er großes Zutrauen zu den Fähigkeiten seiner Gemahlin hatte. Er zeigte seine Zufriedenheit mit ihrer klugen Regentschaft während seiner ersten Abwesenheit, indem er ihr wieder die Regierung übergab, als er den Feldzug nach Tunis antrat. Er sprach seine Zufriedenheit auch aus: »Ihre Hoheit, die wohledle und sehr tüchtige Kaiserin und Königin, Doña Isabel, unsere teuerste und sehr hochgeliebte Gemahlin, besitzt ausgezeichnete Tugenden, Klugheit und große Qualitäten. Die Liebe, die sie für diese Königreiche und deren Untertanen hegt, ist der Unseren gleich; daher wird sie von diesen geliebt, geehrt und findet Gehorsam. Wir haben ihre gute und rühmenswerte Regierung und Verwaltung während unserer Abwesenheiten von diesen Königreichen erfahren.« (12) Zu ihrer Hilfe bei der Regierung Spaniens überließ ihr Karl jedesmal Männer mit großer Erfahrung in Staatsangelegenheiten, darunter Kardinal Tavera.

Doch zeigte sich die Gesundheit der Kaiserin den langen Trennungszeiten und der Einsamkeit nicht gewachsen, die sie mit der Sorge für die Angelegenheiten Kastiliens und der Verantwortung für die Kinder des Königs belasteten. Der Tod des Infanten Ferdinand 1530 traf sie tief und half mit, ihre Gesundheit zu untergraben. Im April 1539 brachte sie vorzeitig ein totes Kind zur Welt; dies schwächte sie weiter. Die Mittel, die die Hofärzte verschrieben hatten, schienen einige Besserung zu bringen, aber am 1. Mai 1539 starb sie unerwartet an einem Fieber, vielleicht Grippe. Alonso de Santa Cruz berichtet uns von Karls Kummer: »Die Traurigkeit zu beschreiben, die Seine Majestät bei ihrem tragischen Tod fühlte, wird viele Seiten füllen.« (13)

Karl selbst berichtet Isabellas Tod in dem üblichen lakonischen Stil in seinen Memoiren: »Der gnädige Gott hat beschlossen, sie zu sich zu nehmen. Ihr Tod gereicht allen zu großer Trauer, besonders dem Kaiser.« (14) Am 2. Mai 1539 öffnet er sein Herz seiner Schwester: »Ich empfinde die Qual und den Kummer, was Du Dir bei einem so großen und außerordentlichen Verlust vorstellen kannst... nichts kann mich trösten als der Gedanke an ihre Güte, ihr beispielhaftes Leben als Katholikin und ihren erbaulichen Tod.« (15) Er zog sich in das Kloster Las Silas in Toledo zurück und blieb dort allein bis Ende Juni. Am 1. Juli war er wieder in Madrid. Von hier aus bat er seine Schwester Maria, in der Porträtgalerie ihrer Tante Margarete von Savoyen nach einem Gemälde der Verstorbenen zu suchen und ihm auch das Porträt Isabellas zurückzugeben, das er ihr 1532 geschickt hatte. Etwaige Funde möge sie ihm so rasch wie möglich zusenden, mit der größten Sorgfalt verpackt, damit sie auf der langen Reise keinen Schaden litten.

Isabellas Tod hinterließ eine Lücke nicht nur im Familienkreis, sondern auch im politischen System des Kaisers. Bald zwangen ihn seine Herrscherpflichten, Spanien zu verlassen. Gent, seine Geburtsstadt, hatte sich gegen Maria von Ungarn aufgelehnt. Eine solche Kränkung konnte Karl nicht ungestraft hingehen lassen; er wollte der Stadt persönlich gegenübertreten, aber für eine Regentschaft in Spanien sah er Schwierigkeiten voraus.

Die Reise durch Frankreich

Die Steuerlast, die Gent während des Krieges mit Frankreich 1537 aufgebürdet worden war, schien der Bevölkerung untragbar. Der Versuch der Königin-Regentin, eine friedliche Lösung zu finden, brachte die Aufrührer nicht zur Ruhe. Sie gingen so weit, ein Bündnis mit Franz I. zu suchen; aber der König von Frankreich – teils als ritterliche Geste und teils aus Widerstreben, Rebellionen gegen andere Herrscher zu unterstützen (was einen gefährlichen Präzedenzfall darstellen würde) – wies ihr Anerbieten nicht nur zurück, sondern setzte den Kaiser davon ins Bild. Ehe Karl persönlich eingreifen konnte, hatte er zwei Probleme zu lösen: er brauchte einen Regenten für Kastilien während seiner Abwesenheit, und er mußte sich entscheiden, ob er, unter dem Drang der Umstände, eine Reise zu Lande quer durch Frankreich wagen könne. Er ernannte seinen Sohn Philipp zum Regenten; da der Knabe aber erst zwölf Jahre alt war, regierte er nur nominell, und Karl stellte ihm den erfahrenen Tavera an die Seite. Diese Regelung erwies sich als befriedigend.

Eine heiklere Sache war die Frage der Reise. Franz I. hatte ihn eingeladen, den Weg durch Frankreich zu nehmen. Eine Ablehnung würde als Kränkung aufgefaßt werden und möglicherweise die kürzlich geschlossene Freundschaft gefährden. Karl entschloß sich daher, das Risiko auf sich zu nehmen, doch nicht ohne zuvor von Franz über den jüngeren Granvelle die Zusicherung erhalten zu haben, daß keine Staatsangelegenheiten während seines Aufenthalts in Frankreich beredet würden.

Es war nicht Karls erster Besuch. Mit sechzehn Jahren war er am Hof Franz' I. erschienen, um seine Unterschrift unter den Vertrag von Noyon zu setzen. Bei dieser Gelegenheit, als Graf von Flandern und Vasall des französischen Königs, hatte er Franz als seinen »guten Vater« angeredet. 1536 war er als Soldat nach Frankreich gekommen, beim Angriff auf die Provence. Bei seinem letzten Besuch, in Aigues-Mortes, hatte er die Rolle eines Freundes und Diplomaten gespielt.

Für Karl war Franz eine Persönlichkeit, die ihn aus der Fassung brachte und deren Verhalten von Werten bestimmt war, die von den seinen verschieden waren. Uns erscheint Franz als typischer Renaissanceherrscher ohne große Skrupel, der notwendigerweise mit einem Monarchen wie Karl zusammenstoßen mußte, der in der Luft des Erasmus aufgewachsen war. Trotzdem zog die Persönlichkeit Franz' I. den Kaiser an. Jedesmal übte er großen Einfluß auf ihn aus, eine Art Faszination. Vielleicht liegt hier der Grund, weshalb Karl nach all seinen Siegen über Franz nie eine Entscheidungsschlacht suchte, durch die er sich seines Gegners hätte ganz entledigen können.

Es gibt verschiedene zeitgenössische Berichte über Karls Reise durch Frankreich im Jahre 1539. Der spanische Chronist Pedro Girón erzählt, der Kaiser sei bei seinem Ritt durch die Städte und über Land von den Söhnen Franz' I., dem Dauphin und dem Herzog von Orléans, begleitet worden und schließlich – nach Erreichen der Stadt Orléans – vom König von Frankreich persönlich.

Saulnier stellt fest, wie merkwürdig das war, denn vor kaum zwei Jahren hatte die französische Propaganda Karl als Anstifter des vermuteten Giftmordes am Dauphin François im Jahre 1536 angegriffen. 1541, als ein vierter Krieg zwischen den beiden Ländern ausbrach, mußte der Propagandakrieg wiederaufgenommen werden; im Moment aber herrschte Waffenstillstand, und der Kaiser wurde geehrt und gefeiert, wo er erschien. (17)

Die Reiseroute des Kaisers führte nach Paris über Bordeaux, Poitier und Orléans. Franz erwies ihm zahlreiche Aufmerksamkeiten. Beim Durchzug des Kaisers durch französische Städte wurden Gefangene freigelassen, er wurde durch Salutschüsse, Fanfaren, Trompeten und Glockengeläut begrüßt. Triumphbögen, Willkommansprachen der Bürgermeister (von Karl gnädig erwidert), all dies machte den Zug glanzvoll und vielbesprochen. Einmal, so steht es in Girons Bericht, begrüßte ein junger, armer Student den Kaiser auf lateinisch; Karl fand solchen Gefallen daran, daß er Franz bat, dem Studenten eine vakante reiche Abtei zu geben. Die Zahlung der Gebühren an Rom übernahm er selbst. Am 21. Dezember 1539 verließen Karl und Franz zusammen Orléans. Von diesem Augenblick bis zur Überschreitung der niederländischen Grenze, Mitte Januar 1540 gab es kein Ende der Reitausflüge, Turniere, Bankette und Bälle. In Fontainebleau hatte Karl Gelegenheit, dessen »schöne Gärten, Obstgärten, Springbrunnen und Teiche zu bewundern; und alles war schön angeordnet«. (18)

Der Kaiser zog am ersten Tag des Jahres 1540 in Paris ein und wurde mit großem Beifall empfangen. Zu Pferde, unter einem goldenen Baldachin, ritt er nach Notre-Dame, durch eine große Menge, »dergleichen Paris nie zuvor gesehen hatte«, wie es in einer zeitgenössischen Handschrift heißt. (19) Giróns Chronik vermerkt, die Fenster seien voller Damen gewesen; eine andere französische Quelle betont, Karl sei streng in Schwarz gekleidet gewesen, als einzigen Schmuck die Kette des Ordens vom Goldenen Vlies. (20)

Er logierte im königlichen Palast, wo ihm »nach der Tafel viele Prinzessinnen, hohe Adlige und maskierte Herren und Damen ihre Aufwartung machten, alle in großartigen goldgestickten Gewändern, und es wurden ihm maurische Tänze vorgeführt«. (21)

Am folgenden Tag besuchte er in der königlichen Kapelle die Messe mit seiner Schwester Eleonore, der Königin von Frankreich. Am Sonntag gab er nach dem Diner eine Audienz für viele, die ihn zu sprechen wünschten. Spiele und Hoffeste währten bis zu seiner Abreise von Paris am 7. Januar. Sie wurden in den Niederlanden erwidert, jetzt zu Ehren der französischen Suite – in der sich Franz' beide Söhne befanden –, die Karl das Geleit nach Valenciennes gaben. Es waren so viele Feste, daß Girón sich nach Ruhe und Frieden zu sehnen begann: er wünschte herzlich, die französischen Hofleute möchten in ihre Heimat zurückkehren. Der Zug des Kaisers war eine kostspielige Sache gewesen; die Geschenke allein kosteten den Kaiser über 100000 Dukaten. (22)

Karl und sein Gefolge genossen den Aufenthalt in Paris. Die Schönheit der französischen Hauptstadt und ihre baulichen Meisterwerke machten ihnen Eindruck. Girón fällt die Schönheit und Eleganz der Pariser Damen auf, die er der Häßlichkeit und Blödigkeit der Damen am Hof der Maria von Ungarn in den Niederlanden gegenüberstellte. (23)

Karls Reise zeigte, daß er mit Frankreich Freundschaft und ein Bündnis wünschte. Zunächst hatte er seine Lieblingsmethode versucht, eine dynastische Verbindung. Doch seine Schwester Eleonore war nicht die wirkungsvolle Hilfe, die er sich erhofft hatte, und konnte aus Franz I. keinen festen Verbündeten machen. Karl hatte auch bewiesen, daß er um der Freundschaft willen zu habhaften Zugeständnissen bereit sei. 1529 hatte er im Damenfrieden auf das Herzogtum Burgund verzichtet. 1538 opferte er seinen Kreuzzug gegen Konstantinopel, obgleich seine Diplomaten bereits über die Heilige Liga mit Rom und Venedig verhandelt hatten. Das Bedürfnis, die Freundschaft mit Frankreich nach dem Waffenstillstand von Nizza zu stärken, gibt mit eine Erklärung für die Entscheidung, 1539 durch Frankreich zu reisen.

Und wirklich war die französische Hilfe wesentlich, wollte Karl seine Ziele erreichen. Zwischen 1529 und 1535, während des Friedens mit Franz I., war Karl in Bologna gekrönt worden, er hatte Italien Frieden verschafft, Wien befreit, Tunis zurückerobert und Barbarossa in die Flucht geschlagen. Zwischen 1544 und 1552, noch einmal mit Frankreich im Frieden, sollte Karl sich zum Herrn ganz Deutschlands machen und die politischen Voraussetzungen für das Konzil von Trient schaffen.

Am 14. Februar 1540 betrat Karl Gent in Begleitung seiner Schwester Maria, der Königin-Regentin, und mit 5000 deutschen Landsknechten: eine Machtdemonstration, die die folgende Vergeltungsaktion ahnen ließ.

Drei Tage später begannen die Gerichtshöfe ihr Werk; es wurden viele Menschen festgenommen und wegen Beteiligung an dem Aufruhr angeklagt. Eine Zeit des Terrors begann, mit Folterungen und Hinrichtungen. Am 29. April wurde der Spruch des Königs verkündet: Gent hatte seine Freiheit und seine Privilegien verwirkt, es durfte sein Wappen nicht mehr führen und erhielt eine schwere Geldbuße auferlegt. Der Kaiser bestand auch auf einer feierlichen Entschuldigung durch alle Gruppen der Gesellschaft. Am 3. Mai wand sich eine Prozession durch die Straßen. Es waren die Vertreter aller Stände und Orden, schwarz gekleidet, barhäuptig und barfüßig. Am Ende der Prozession gingen fünfzig der verurteilten Rebellen, mit Stricken um den Hals zum Zeichen des ausgesprochenen Urteils. Als sie das Schloß erreichten, in dem Karl logierte, baten sie alle kniefällig um Verzeihung – eine symbolische Geste dafür, daß die stolzen Städte des Mittelalters die neue Macht des Fürsten anerkannten. Um Gent eine Lehre zu geben, ließ Karl einen ganzen Stadtteil niederreißen und Platz machen für eine Festung, die künftig die Gewähr geben würde, daß die Stadt ihm treu blieb.

Als nächstes suchte Karl nach einer Lösung für die Regierung der Niederlande, die gleichzeitig seine Freundschaft mit Frankreich festigen sollte. Das war ein Teilstück seines Plans für Nordeuropa und Deutschland. Er hatte nicht aufgehört, im Norden auf einen religiösen Kompromiß hinzuarbeiten, und die verschiedenen Missionen des Matthias Held, des Vizekanzlers des Reiches, des Erzbischofs von Lund und Johann von Naves' zwischen 1536 und 1539 waren darauf gerichtet gewesen. Doch mußten seine Pläne für eine endgültige Lösung der religiösen Lage in Deutschland aufgeschoben werden; statt dessen beschloß er, Algier anzugreifen.

Der Grund lag einerseits in dem ungünstigen Ausgang des Reichstags zu Augsburg von 1541, zum andern aber auch im Scheitern einer verstärkten Allianz mit Franz.

Die Alhambra in Granada. Blick auf die Südseite mit dem Palast Karls V.

Philipp II., König von Spanien und Portugal. Sohn Karls V. (Kupferstich von Hieronymus Wierix, 1586)

Johanna Prinzessin von Portugal, Tochter Karls V. (Gemälde von Anthonis Mor)

MARGARETA AUSTRIACA DUCISSA PARMÆ ET PLACENTæ
Inferiorem Germaniam nomine Regis Philippi fratris ab anno
1559. ad annum 1567. gubernavit.

Bild 11: Margarete von Österreich, Regentin für ihren Bruder Philipp II. in den spanischen Niederlanden (Kupferstich)

IOANNES AVSTRIACVS CAR.V.E.PHI.R.CAT.NO APVD BELG. GVB.ET CAPIT. GENERAL

Don Juan de Austria, Statthalter der Niederlande (Kupferstich von Christoffel van Sichem)

Fernando Cortez, spanischer Eroberer Mexicos (Kupferstich von Isabella Piccini)

Folgende Doppelseite:
Karl V. dankt am 25. Oktober 1555 in Brüssel ab (Radierung von Hoogenberg)

D. Maria Carolin...

D. Naßius

Da Philippo nuhn alle gwalt
Vom vatter gantz war zuges talt
Zerbrach man Siegell vnnd pitzier
Doß vatters, neuw bracht auffs papier

Frauw Maria bitt hert...
Wo sie gewest versau...
Jhrs ampts, von . 27
Daß eiß ihr woll ver...

Philippus Rex

Carolus C

Der Keyser sie hoch dancken thutt.
Von ihrem dienst vnnd gutte hutt,
Doctor Maß thutt auch gleicherweyß
Wegen der Staten, gibt ihr preyß.

ar,

Landkarte des amerikanischen Kontinents aus dem 16. Jahrhundert

Karl erkannte, daß Franz eine konkrete Gegenleistung für das Bündnis wollte. Es war die Frage, was man ihm anbieten sollte: Mailand (das Franz seit langem haben wollte) oder die Niederlande? Karl wollte jedenfalls Sicherheit, daß sein jeweiliges Opfer nicht vergeblich war. Unter dem Einfluß des letzten Willens und Testaments der Kaiserin, worin sie dringend darum bat, daß die Niederlande ihrer gemeinsamen Tochter Maria zufallen sollten, schlug Karl nun Franz eine Heiratsverbindung vor: der Herzog von Orléans sollte Maria heiraten, die ihm dann die Niederlande als Mitgift bringen würde. Im Interesse eines besseren französisch-spanischen Einverständnisses, und um alte Gegensätze zu begraben, würde er auch Burgund in aller Form an den Herzog von Orléans abtreten. Sehr zum Erstaunen des Kaisers lehnte Franz das Anerbieten ab, weil es bedeutete, daß er die Hoffnung auf Mailand aufgab. In seinen Aufzeichnungen erwähnt Karl seinen Vorschlag folgendermaßen: »Entsprechend seinen ständigen Wünschen nach Frieden mit Frankreich sandte er sogleich bei seinem Eintreffen in den Niederlanden Briefe an den König von Frankreich mit so günstigen Bedingungen, daß er erstaunt war, daß sie von Franz I. nicht angenommen wurden und der ersehnte Friede nicht folgte.« (24) Unter diesen Umständen lenkte Karl seinen Handlungswillen auf einen Angriff gegen Algier, den man in Kastilien sehr wünschte.

Die Katastrophen von 1541

Das Jahr 1541 brachte zwei wichtige Ereignisse, die beide Karls Plänen zuwiderliefen. Das erste war der Versuch eines Kompromisses mit den Lutheranern während des Reichstags zu Regensburg; das zweite war die unglückliche Expedition gegen Algier.

Immer noch hoffte der Kaiser auf einen erfolgreichen Abschluß der Verhandlungen mit den lutherischen Fürsten. Der Reichstag von Augsburg 1530 hatte gezeigt, daß die Kluft zwischen Katholiken und Lutheranern nicht so groß war; und da der Papst noch immer nicht seine Zustimmung zu einem allgemeinen Konzil gegeben hatte, beschloß Karl, allein zu handeln. 1540 begannen in Hagenau Verhandlungen; in Worms wurden sie durch Vertreter beider Seiten fortgesetzt. Sie wurden in Regensburg weitergeführt, wohin der Kaiser den Reichstag für Anfang April 1541 einberufen hatte. Über so schwierige Fragen wie die Priesterehe und den Empfang der Sakramente in beiderlei Form wurde entsprechend den *Compactata* von 1433 mit den Hussiten eine Einigung erzielt; doch schien sie unmöglich in der Transsubstantiationslehre: Melanchthon, unterstützt von Calvin, hielt starr an seinem Standpunkt fest. Karls Bemühungen waren vergeblich; der ganze Mai verging mit nutzlosen Reden. Auch die deutschen Fürsten waren zu keinem gemeinsamen Vorgehen gegen die Türken bereit, die Mitteleuropa in diesem Sommer bedrohten; 1541 machten Solimans Truppen aus Budapest eine mohammedanische Stadt. Enttäuscht über das Scheitern seiner von Erasmus angeregten Pläne einer allgemeinen Einigung verließ Karl Regensburg in Richtung auf das Mittelmeer. Er war zu der Auffassung gekommen, die deutschen religiösen und politischen Probleme ließen sich nur mit Gewalt lösen. Allein Kastilien konnte ihm die militärischen und finanziellen Mittel dazu geben. Der Angriff gegen Algier war als Köder für Kastilien gedacht, damit es auch in Zukunft den Feldzug gegen die Protestanten unterstützte.

Karl fühlte sich Spanien verpflichtet. Seit dem Augenblick seiner Kaiserwahl waren seine Politik und seine militärischen Unternehmungen bestimmt von seiner Pflicht als politisches Haupt der Christenheit. Der Herrscher der Niederlande, Deutschlands und eines großen Teils von Italien hatte oft Spanien und dessen Interessen zurückstellen müssen. Ständig hatte ihn die Kaiserin gedrängt, das Seeräubernest Algier auszuräuchern. Ein Feldzug gegen Algier mag daher auch eine Huldigung für das Angedenken seiner verstorbenen Gemahlin gewesen sein.

Karl zog seine Streitkräfte im Hafen von La Spezia zusammen – deutsche Landsknechte, italienische Söldner und die auf der italienischen Halbinsel stationierten spanischen *tercios*. Spanien lieferte Schiffe, Proviant und Munition. Zusätzlich zu dieser regulären Armee von 20000 Mann mußten in Spanien Sondereinheiten aufgestellt werden für die Scharen von Freiwilligen, die sich für das populäre Unternehmen meldeten. Adlige, Handwerker und Arbeiter folgten, darunter Hernan Cortés, der Eroberer von Mexiko. Spanien sah in dem Feldzug gegen Algier einen Heiligen Krieg, eine gerechte Bestrafung der Korsaren und Piraten, die Christen raubten und versklavten.

Die beiden Heere vereinigten sich in den Gewässern der Balearen. Am 15. Oktober traf der Kaiser in Palma de Mallorca ein. Fünf Tage später landete er in Afrika östlich von Algier. Er hatte fünfundsechzig Galeeren und dreißig sonstige Schiffe verschiedener Art bei sich. Doch war das Wetter gegen ihn. Die Jahreszeit war einer schnellen militärischen Aktion gegen Algier nicht günstig, und einige seiner besten militärischen Ratgeber, darunter Andrea Doria, hatten Karl darauf hingewiesen. Doch mochte der Kaiser nicht daran denken, daß die Ausgaben für Truppen und Schiffe umsonst gewesen sein sollten. Das Wetter lag, wie er in seinen Memoiren bemerkt, »in Gottes Hand«. (25)

Algier war, mit den Worten des Chronisten Sandoval, »ein neuer Ort«, eine Stadt, die dank der Tätigkeit der Korsaren sehr rasch gewachsen war. Fünfundzwanzig Jahre der Unabhängigkeit und der Unterstützung durch Konstantinopel hatten dem Hafen den Ruf der Uneinnehmbarkeit gegeben. Die Garnison war nicht sehr groß, kaum einige tausend, darunter eine Anzahl von spanischen Mauren. Ihre Waffen waren nicht respektgebietend; viele Söldner benützten noch die alte Armbrust. Tatsächlich aber war die Stellung der Besatzung sehr stark, erst recht seitdem die Befestigungen 1529 auf den Felsen vor dem Hafen von Algier ausgedehnt worden waren.

Zweifellos erschien Karl das Unternehmen, jedenfalls auf dem Papier, einfacher als die Landung in Tunis: mit einem Stoß der *tercios*, glaubte man, werde Algier dem Kaiser in die Hände fallen.

Die spanischen Truppen landeten östlich von Algier. Ihre Offensive begann mit der Einnahme eines Hügels, von dem man von Süden her auf die Stadt hinuntersehen konnte. Das ließ sich leicht bewerkstelligen, doch vergrößerte sich dadurch der Abstand zu den Seestreitkräften. Außerdem war die kaiserliche Flotte in einer gefährlichen Lage. Es kam darauf an, daß das Wetter ruhig blieb, mindestens einige Tage lang, bis zum Fall der Stadt. Das Gegenteil geschah. In seinen Memorias beschreibt Karl die Vorgänge folgendermaßen: »Nach einigen Scharmützeln, als alle schon günstig zur Belagerung aufgestellt und alles bereit war, die Stadt zu bombardieren, erhob sich unerwartet ein großer Sturm auf dem Meer, viele Schiffe gingen verloren, und selbst die vor Anker liegenden wurden beschädigt. Es wurde alles getan, was möglich war, um unsere Kräfte sowohl im Kampf gegen das Wüten der See wie gegen die Angriffe und Überfälle der Feinde zu Lande zu sammeln.« (26) In Karls Darstellung des Unglücks spielt der Sturm die Rolle einer bösen Macht, ähnlich wie sein Sohn von der Katastrophe der Armada, die gegen England geschickt wurde, sprach: er sei »von den Elementen geschlagen« worden.

Ungern gab der Kaiser zu, daß es möglich war, daß er durch bloße Menschen besiegt wurde. Doch abgesehen von Karls Zeugnis, das als subjektiv zu gelten hat, wissen wir, daß der Sturm seine Flotte zerstreute, viele Schiffe sinken ließ und die Versorgung der kaiserlichen Armee behinderte. Weiter setzte der Regen die Arkebusen der *tercios* außer Gefecht, während die Armbrüste von Algier in ihrem Element waren. Als Andrea Doria sich mit der Flotte nach Osten zurückzog und bei Kap Matifu Schutz suchte, sah sich Karl zum Rückzug zu Lande gezwungen. Wirklich wurde er nun, wenn auch nur einen Augenblick lang, der Belagerte, nicht der Belagerer. Die Algerier nutzten die schwierige Lage des Kaisers und griffen sein Lager an, wurden aber zurückgeschlagen.

Der Kaiser berief einen Kriegsrat ein. Seine Hauptleute empfahlen übereinstimmend Wiedereinschiffung und Rückzug aus Afrika. Außerhalb des Rats jedoch gab es eine einzige andere Stimme, die von Hernán Cortés. Er hielt es immer noch für möglich, die Landung bei Algier zu einem erfolgreichen Ende zu bringen; er schlug vor, der Kaiser solle nach Spanien zurückkehren und ihm die Eroberung von Algier überlassen. Er, der am 1. Juli 1520 von den Azteken besiegt worden war* und dank seiner Tapferkeit eine Woche später den Sieg von Otumba errungen hatte, sprach mit der nötigen Glaubwürdigkeit; doch wollte der Kriegsrat nicht auf ihn hören. (27)

Das Heer war fast unversehrt; die einzigen Verluste waren die gesunkenen Schiffe. Doch die Furcht vor einer größeren Katastrophe, wie der Gefangennahme oder gar dem Tod des Kaisers, schreckte die militärischen Anführer von weiterem Handeln ab. Die Wiedereinschiffung begann auf den übriggebliebenen Schiffen. Um die ganze Armee zu retten, mußten alle Pferde geopfert und die Artillerie aufgegeben werden. Da weiter widrige Winde herrschten, war es unmöglich, die Flotte in Formation zu halten,

---

* Die Niederlage ist den Spaniern bekannt als ›noche triste‹ (›Traurige Nacht‹).

und die meisten Schiffe wurden über einen weiten Raum zerstreut. Das Schiff des Kaisers mußte in Bougìe Zuflucht suchen und dort zwanzig Tage verweilen. Endlich besserte sich das Wetter und Karl segelte westwärts; am 26. November lief er in Palma ein, vier Tage später in Cartagena. Seine Bewegung und die Erleichterung darüber, noch einmal spanischen Boden zu betreten, waren – so wird berichtet – »wahrlich groß«. Algier hätte eine völlige Niederlage werden können. Der alte Privatsekretär seines Vaters, Don Juan Manuel, versuchte den Kaiser zu trösten: »Sire, nichts gewagt, nichts gewonnen.« (28) Karl sah nun seine Kinder – Philipp, Maria und Juana – in Ocaña.

Die kaiserliche Propaganda versuchte, die erlittenen Verluste herunterzuspielen; es waren an die 4000 Mann. Karl bemerkt: »Unter den Vermißten oder Toten war auch nicht ein Mann von Bedeutung.« (29) Doch das Ansehen des Kaisers hatte gelitten. Die kastilischen Cortes tadelten ihn wegen seiner persönlichen Teilnahme an einer derartigen Sache: »Die Traurigkeit, die all diese Königreiche während der Abwesenheit Eurer Majestät empfanden, und vor allem die Tage, die wir ohne Nachricht von Eurer Majestät verbrachten, können nur geheilt werden durch die Anwesenheit Eurer Majestät, die diesen Reihen vollkommene Zufriedenheit gibt.« (30) Dieser Tadel wurde allgemein als gerechtfertigt empfunden, denn die Anwesenheit des Kaisers bei der Aktion gegen Algier hatte für die kaiserlichen Truppen eher eine Behinderung als eine Hilfe bedeutet.

10   Kommt der Sieg im Norden?

Noch einmal im Krieg gegen Frankreich

Karl kehrte nach Spanien zurück mit dem dringenden Bedürfnis nach Ruhe, aber der König von Frankreich ließ ihm keine lange Muße. Da die Bedingungen des Kaisers für den zehnjährigen Waffenstillstand, der in Aigues-Mortes geschlossen worden war, Franz nicht behagten, war zu erwarten, daß er die Feindseligkeiten vor dem Ablauf des Waffenstillstandes wiederaufnehmen würde. Jeder Vorwand würde ihm recht sein, um den Konflikt aufleben zu lassen. Die Gelegenheit kam mit Karls Unglück vor Algier; als Vorwand diente die den kaiserlichen Behörden im Herzogtum Mailand zugeschriebene Ermordung von zwei Gesandten in französischen Diensten, dem spanischen Überläufer Rincón und dem Italiener Fregoso, die in geheimer Mission von Franz I. zu Soliman dem Prächtigen unterwegs waren.

Dem Kaiser waren die französischen Absichten nicht verborgen, und er traf beizeiten Vorbereitungen, um zu gegebener Zeit Handlungsfreiheit zu haben. Er berief die kastilischen Cortes ein und erhielt von ihnen ein *servicio* von 450 Millionen *Maravedíes*. Dann verließ er in Begleitung seines Sohnes Philipp die Hochebene von Kastilien und begab sich nach Monzón, dabei nahm er den Weg durch das Königreich Navarra und inspizierte die Befestigungen von Pamplona. Von den Allgemeinen Cortes der Krone von Aragon erhielt er in Monzón 66 Millionen *Maravedíes* und benützte die Gelegenheit, die Deputierten der Cortes auf Philipp zu vereidigen. Bei seiner Rückkehr nach Kastilien befestigte er, nach einem hartnäckigen diplomatischen Feldzug, seine politischen Bande zu Portugal durch eine Doppelheirat: Philipp sollte María Manuela von Portugal heiraten und Juana, Karls jüngste Tochter, Don Juan Manuel; den jüngsten Sohn und Erben Johanns III. Juanas Heirat war ein Langzeitprojekt, denn sie war erst sieben Jahre alt. Philipps Heirat aber brachte Karl eine Mitgift von 300 000 Dukaten, eine hübsche Summe und ein wertvoller Zuschuß für die fast leeren kaiserlichen Kassen.

Am 12. Juli 1542 erklärte Franz I. Karl V. den Krieg mit der Behauptung, der Kaiser habe Frankreich nicht gegeben, »was ihm gebührte«, und mit dem Vorwurf des Mordes an den Gesandten Rincón und Fregoso. Papst Paul konnte den Bruch nicht verhindern; die Friedensbotschaften seiner Sondergesandten beachtete weder Franz noch Karl. Da Franz »totalen Krieg« androhte, antwortete der Kaiser in demselben schneidenden Ton.

Der hieraus folgende Krieg wurde an drei Fronten ausgefochten: entlang den Pyrenäen, an der französisch-niederländischen Grenze und in der Poebene. Karl hatte sich um eine gute Organisation der Verteidigung von Katalonien und dem Baskenland bemüht. Die beiden wichtigsten befestigten Städte im baskischnavarresischen Gebiet, Fuenterrabía und Pamplona, schienen genügend gesichert, da sie wohlausgerüstet und mit Proviant versehen waren; und der Konnetabel von Kastilien, der die kaiserlichen Truppen in diesem Gebiet befehligte, schlug sein Hauptquartier in Vitoria auf, um nah an der Kampflinie zu sein.

Verletzlicher war die katalanische Front. Das Bandenunwesen nahm zu, und man mußte fürchten, daß die Banden der Geächteten mit den französischen Eindringlingen gemeinsame Sache machen könnten. Auch ein französischer Angriff von See her, unterstützt durch die türkische Flotte, wurde für möglich gehalten. Die Verteidigung der katalanischen Grenze, unter dem Oberbefehl des Herzogs von Alba, hatte ihren Schwerpunkt bei Perpignan. Bald erschien der Dauphin mit einer großen Armee vor den Wällen der Stadt; doch – wie es das Schicksal der Provence drei Jahre zuvor gezeigt hatte – erwies sich die Verteidigung stärker als der Angriff. Jetzt waren es die Spanier, die die Franzosen mit Leichtigkeit vertrieben.

Im Herzogtum Mailand hielt der Marqués del Vasto die Franzosen in Schach; einzig Cherasco ging verloren. Die Hauptstadt Mailand war nie in wirklicher Gefahr.

Ernstere Folgen hatte die französische Offensive in den Niederlanden, die der Herzog von Cleve unterstützte. Sie kam vor den Wällen von Antwerpen und Löwen zum Stehen – die Studenten der Universität Löwen kämpften gegen den Eindringling mit patriotischer Gesinnung und Mut –, aber ein großer Teil des platten Landes wurde verwüstet. Eindringlich erinnerte Maria von Ungarn den Kaiser an sein Versprechen, binnen zwei Jahren nach seiner letzten Abreise in die Niederlande zurückzukehren.

So war die Lage nach dem Feldzug von 1542 nicht ungünstig für Karl, mochte er auch Grund haben, für die Zukunft zu fürchten. Würden die Niederlande einem ähnlichen Angriff im nächsten Jahr Widerstand leisten können? Karl sah es als seine Pflicht an, Spanien zu verlassen und nochmals in den Norden zurückzukehren. Diesmal dauerte seine Abwesenheit dreizehn Jahre, über den ganzen letzten Abschnitt seiner politischen Laufbahn hin.

Von Dezember 1541 bis Mai 1543, als er noch direkt für die Verwaltung Kastiliens verantwortlich war, führte er eine wichtige Reform durch, die zeigt, daß er von dem Verhalten der spanischen *conquistadores* in Amerika betroffen war. In dem Rückschlag von

Algier erblickte er ein Zeugnis von Gottes Zorn: an der Verwaltung der Länder unter seiner Herrschaft mußte etwas sein, was der göttlichen Vorsehung zuwider war. Wenn Karl über seine Herrschertätigkeit nachdachte, so schien ihm die stillschweigende Billigung der Grausamkeiten der Spanier in beiden Indien am meisten tadelnswert. Schilderte nicht Las Casas unermüdlich – mit einer Stimme, die an die Propheten des Alten Testaments erinnerte – das Unrecht, das die Konquistadoren den Indianern antaten? Und leugnete nicht Francisco de Vitoria von seinem Sitz in der Universität Salamanca aus die angebliche Berechtigung Spaniens auf Oberhoheit über die beiden Indien? Einige Jahre früher hatte Karl gerufen: »Bringt diese Mönche zum Schweigen!« Jetzt schien ihm die Lage anders: es mußte etwas getan werden, um Gott zu versöhnen. So wurde das Indianergesetz von 1542, deutlich von Las Casas beeinflußt, erlassen. Nachdem diese Reformmaßnahme ergriffen, das spanische Verteidigungssystem organisiert und das für die Finanzierung des Krieges mit Frankreich nötige Geld beschafft war, bereitete Karl seine Abreise nach den Niederlanden vor. Er ließ Philipp als Regenten von Kastilien zurück. Sein Sohn war jetzt sechzehn Jahre alt und mußte allmählich mit der Verantwortung seines Amtes vertraut werden, beraten durch erfahrene Minister: den Herzog von Alba in Kriegsangelegenheiten, Francisco de los Cobos für Finanzdinge und Valdés für das Rechtswesen. In Staatsangelegenheiten waren Kardinal Tavera und Zúñiga Philipps persönliche Ratgeber. Den besten Kenner der internationalen Verhältnisse nahm der Kaiser mit: den älteren Granvelle, dem bald sein Sohn Antoine an die Seite treten sollte, der spätere Kardinal. Das Kommando über die Seestreitkräfte übergab Karl Alvaro de Bazán, dessen erste Aufgabe ein Schlag gegen die französischen Freibeuter war, die erfolgreich die spanische Schiffahrt über den Atlantik heimsuchten. Zu diesem Zweck mußte in Nordspanien eine große Flotte ausgerüstet werden; Bazán war ermächtigt, sich aller vorhandenen Schiffe im Gebiet zwischen Guipúzcoa und den »Asturias de Oviedo« zu bedienen sowie Kaperbriefe zu erlassen, um spanische Freibeuter zum Angriff auf die französische Handelsschiffahrt zu ermutigen.

Im Mai 1543 erreichte Karl den katalanischen Hafen Palamós, um nach Genua überzusetzen und von da weiter nach Deutschland zu reisen. Während er auf günstigen Wind wartete, diktierte er eine vertrauliche Instruktion für Philipp für den Fall seines Todes. Das Ziel war, Philipps politische Erziehung zu vervollständigen, damit er ein wirklicher König werde, der nicht nur die Länder seines Vaters, sondern auch dessen politische Ideen erbte. Karl versuchte Philipp die Grundsätze wahren christlichen Königtums einzuflößen, indem er ihn ermahnte, sich eine gründliche Kenntnis von Menschen und Politik zu verschaffen, und ihn vor den Schwächen seiner nächsten Ratgeber warnte. Ohne Machiavellist zu sein (*Il principe* war 1532 erschienen), ging der Kaiser an die Sache des Regierens mit einem guten Teil politischen Realismus heran. Seine Empfehlungen waren im ganzen von Erasmus inspiriert, dessen Schriften am kaiserlichen Hof sehr geschätzt wurden. Auch versuchte er, Philipp die Gründe für seine bevorstehende Reise darzulegen, die er für »höchst gefährlich für seinen Ruf und seine Ehre« hielt, da sowohl sein Leben wie sein Erbe auf dem Spiel standen.

Die erste Pflicht eines Fürsten sei es, so begann Karl seine Instruktionen, fest in seinem christlichen Glauben zu stehen und ihn vor Befleckung zu bewahren; er habe daher die Inquisition zu unterstützen. Dieser aufschlußreiche Paragraph scheint von jenen Historikern übersehen oder nicht ernstgenommen worden zu sein, die beim Vergleich zwischen Vater und Sohn in Karl den brillanten, toleranten Renaissanceherrscher sehen und in Philipp den fanatischen, finsteren Förderer der Inquisition. Gewiß war sich der Kaiser beim Schreiben bewußt, daß er demnächst die Waffen gegen die lutherischen Fürsten würde ergreifen müssen: in diesem Zusammenhang war die Inquisition ein notwendiges und furchtbares Mittel, die geistige Herrschaft über sein spanisches Rückzugsgebiet zu behalten.

Die zweite Pflicht eines Herrschers sei es, für Gerechtigkeit zu sorgen. Philipp habe mit Eifer das Recht zu wahren, es aber durch Gnade zu mäßigen, damit nicht unempfindliche Härte daraus werde. Seine Minister und Ratgeber müsse er sorgfältig auswählen und ihr Verhalten im Auge behalten, mochte dies auch lästig sein und Zeit kosten, denn »Gott hat dich geschaffen, damit du regierst, nicht damit du dich amüsierst«.

Zusätzlich zu diesen Instruktionen und als Hilfe für Philipp bei der Erfüllung seiner Regentenpflichten sandte ihm Karl einen privaten, vertraulichen Brief, in dem er seinem Sohn die wichtigsten

Minister, die ihm bei der Regierung Spaniens zur Seite stehen sollten, detailliert charakterisierte. Es waren Männer mit großen Vorzügen, doch hatten sie ihre Schwächen. Kardinal Tavera und Cobos waren die Häupter der beiden Parteien, die um die Macht bei Hofe stritten. Der Herzog von Alba, ein sehr mächtiger und ehrgeiziger Mann, mußte beobachtet werden und sollte nur in Kriegsangelegenheiten um Rat gefragt werden. Weder den Herzog von Alba noch irgendeinen anderen Granden sollte Philipp zur Regierung heranziehen; sie waren meist ehrgeizig, wie Cobos, und bestechlich. Er warnte Philipp davor, Minister könnten bei ihm mit Hilfe von Frauen Einfluß zu gewinnen suchen. Schließlich unterstrich er die Notwendigkeit zur Diskretion: »Du wirst verstehen, mein Sohn, wie wesentlich es ist, daß Du diese Instruktion allein zu Deiner persönlichen Information behältst und den Brief niemand zeigst wegen dessen, was ich über meine Diener sage. Ich vertraue auf Deinen Verstand und Deine Diskretion, daß Du den Brief niemand zeigst, nicht einmal Deiner Gattin.« Um sich gegen einen unfreiwilligen Bruch des Geheimnisses zu schützen, fügte er hinzu: »Da wir alle sterblich sind und Gott Dich hinwegnehmen könnte, versichere Dich, daß dieser Brief an einen sicheren Platz getan wird, zur Rückgabe an mich, oder in Deiner Gegenwart verbrannt wird.« (1)

Sobald der Wind ausreichte, segelte Karl ab, begleitet von einigen wenigen Soldaten, einer kleinen Garde, die in Italien durch seine *tercios* verstärkt werden sollte. Auf Ersuchen von Papst Paul traf Karl mit dem Heiligen Vater in Busseto zusammen. Die finanzielle Bedrängnis des Kaisers war allbekannt, und der Papst ergriff die Gelegenheit zu dem Angebot, das Herzogtum Mailand für 2 Millionen Dukaten zu kaufen. Das war eine verlockende Summe, und Karl ersuchte dringend um Rat aus Spanien. Schließlich entschloß er sich, das Angebot zurückzuweisen, und Mailand, mit seiner Schlüsselstellung für die Verbindung mit dem Reich, blieb unter seiner Herrschaft.

Von Busseto eilte Karl nach Deutschland und fiel mit einer Armee in die Besitzungen des Herzogs von Cleve ein, des Verbündeten Franz' I. Er rückte vor Düren, eine Stadt mit starker Besatzung, von der der Herzog hoffte, sie werde nicht durch Belagerung oder Sturm fallen, bis sein französischer Verbündeter zu Hilfe kommen könne, ja sie werde sogar zwei Belagerungsperioden überdauern. Die Hoffnung des Herzogs erwies sich bald als trügerisch; die *tercios*, die furchtbare Terrortruppe der kaiserlichen Armee, nahmen sie in wenigen Stunden im Sturm. Wildes Plündern folgte der Einnahme. Die übrigen befestigten Städte des Herzogtums, die das gleiche Schicksal fürchteten, ergaben sich bedingungslos bei der ersten Annäherung der kaiserlichen Armee. Der Herzog von Cleve entschloß sich, sich der Gnade des Kaisers zu ergeben, und dieser zeigte, daß er maßvoll zu handeln wußte, wenn es seiner politischen Lage diente; er verzieh dem Herzog und schloß eine dynastische Verbindung mit ihm, indem er ihm seine Nichte, die Tochter seines Bruders Ferdinand, des römischen Königs, zur Braut gab.

Das Vorgehen gegen Cleve war so rasch, daß im selben Sommer noch Zeit blieb, die Stärke der französischen Verteidigung durch einen kurzen Einfall nach Frankreich zu prüfen. Franz I. zu schlagen, würde mehr Zeit erfordern als nach dem Feldzug übrig war, und Karl traf daher umfassende Vorbereitungen für den nächsten Sommer. Auf dem von ihm nach Speyer einberufenen Reichstag errang er einen seiner bemerkenswertesten politischen Siege: die deutschen Fürsten erklärten sich bereit zur Teilnahme an dem Krieg gegen Frankreich. Sie waren überrascht von den Folgen des französisch-türkischen Bündnisses: Barbarossas Flotte hatte tatsächlich Toulon besucht und war von den französischen Behörden bewillkommnet worden. Eine allgemeine Abkehr von Frankreich war die Folge. Unter der ernsten Bedrohung durch Soliman zögerte Deutschland nicht länger, Karl in seinem Krieg gegen Frankreich zu unterstützen. Der Reichstag versprach ihm, 24 000 Mann Infanterie und 4000 Reiter sechs Monate lang zu unterhalten: vier Gulden im Monat pro Mann für das Fußvolk und zwölf für die Reiterei (alles in allem 864 000 Gulden) unter der Bedingung, daß diese Streitmacht im Falle eines raschen Endes des Krieges mit Frankreich gegen das Türkenreich gebraucht werden sollte. Als Gegenleistung verkündete der Kaiser einen Religionsfrieden, in dem er garantierte, daß kein Fürst seines Glaubens wegen verfolgt werden solle. Vollzogene Säkularisation von Kirchengut wurde anerkannt und das Vorgehen des Reichskammergerichts gegen die Anhänger der Augsburger Konfession eingestellt. Der Papst war darüber erzürnt und verdammte am 24. August 1544 die Zugeständnisse des Kaisers heftig.

Jetzt war Karl V. in der Lage, eine starke Offensive gegen Frankreich anzusetzen. Er konzentrierte die Hauptmacht seines Heeres bei Metz. Wie gewöhnlich war sie ein Mosaik aus verschiedenen Nationalitäten – deutsch, italienisch, flämisch und spanisch –, die doch alle ein gemeinsames Ziel hatten: Paris. In seinen Memoiren erinnert sich Karl dieser Armee und ihres Geistes mit sichtlichem Stolz. Er hatte eine Kriegsmaschine mit einer furchtbaren Terrortruppe, den *tercios*, zur Hand und gedachte sie wohl zu nutzen. Er hoffte, Franz zur Unterzeichnung eines dauernden Friedens zu zwingen; das würde ihn in die Lage setzen, seine Deutschlandpläne fortzuführen.

Nach schnellem Vormarsch erreichten seine Truppen die Wälle von Saint-Dizier. Die französische Besatzung verteidigte die Stadt über einen Monat lang und hemmte so Karls Vorrücken. Nachdem aber dieses Hindernis einmal überwunden war, bewegte sich die kaiserliche Armee schnell vorwärts, und Anfang September erreichte die Vorhut Meaux. Jetzt war Paris selbst bedroht, und die Bevölkerung floh in panischem Schrecken. Die Flüchtlinge versperrten, während sie sich zu retten suchten, die Zugänge nach Paris und legten fast die Organisation der Verteidigung lahm. (2)

Es war eine ernste Gefahr, denn Heinrich VIII., der seit dem Februar 1540 mit Karl verbündet war*, hatte sein Heer bei Boulogne stehen. Wenn beide Heere auf Paris marschierten, bestanden gute Chancen für einen Sieg. Doch dem englischen König lag mehr an der Einnahme von Boulogne, und er schenkte Karls Aufforderung, sich gegen Paris zu wenden, keine Aufmerksamkeit. Das gab Franz eine kurze Frist, in der er seine Verteidigung neu organisierte und das Bündnis seiner beiden Gegner zu sprengen suchte. Französische Abgesandte wurden mit Friedensvorschlägen an den kaiserlichen Hof geschickt. Diesmal schien alles darauf hinzudeuten, daß Karl die ernsthafte Unterstützung Frankreichs in den ihm am Herzen liegenden Aufgaben – der Einberufung eines Konzils und der Bezwingung des deutschen Protestantismus – finden würde. Der folgende Friede zu Crépy von 1544 war daher mehr als der übliche ›Waffenstillstand‹ zwischen den beiden

---

* Das geheime Bündnis unter diesem Datum veröffentlichte Karl im März und Heinrich im Mai 1540.

Herrschern. Der Grund für die veränderte Atmosphäre in ihren Beziehungen mag die Verwicklung Frankreichs in einen Krieg mit England gewesen sein; vielleicht war auch Franz nicht mehr der ungestüme und impulsive König früherer Jahre. Klar ist jedenfalls, daß die Differenzen zwischen Karl und Franz an Bedeutung verloren hatten, weil beide sich Zielen in verschiedenen Richtungen zuwandten: Franz blickte nach Westen, er rang um den Besitz von Boulogne, während Karl seine ganze Aufmerksamkeit auf das Reich zu richten wünschte.

Der Kaiser glaubte, etwas tun zu müssen, um Frankreich zu besänftigen, etwa eine Heiratsverbindung mit wertvoller Mitgift für den Herzog von Orléans anzubieten. Wieder sah er sich dem Dilemma gegenüber, zwischen der Preisgabe der Niederlande oder des Herzogtums Mailand zu wählen. War die Braut Maria von Ungarn, so wären die Niederlande am passendsten; würde eine Tochter des römischen Königs erwählt, dann würde das Herzogtum Mailand die Mitgift darstellen. Er schrieb nach Spanien um Rat. In seinem Innersten wollte er keines der beiden Gebiete opfern und war erleichtert, als der Tod des Herzogs von Orléans 1545 ihn davon befreite, eine schmerzliche Wahl treffen zu müssen. In seinen Aufzeichnungen erwähnt er diese Sache mit den Worten: »Dieser Tod kam gerade zur rechten Zeit, und da es ein natürlicher war, könnte man sagen, Gott habe ihn geschickt, um seine geheimen Pläne zu erfüllen.« (3)

Den Winter 1544–45 verbrachte Karl in den Niederlanden und hielt in nächster Nähe seiner Schwester Maria in Brüssel hof. Hier empfing und unterhielt er die Königin von Frankreich, seine Schwester Eleonore, den Herzog von Orléans und den Herzog von Vendôme in großartiger Weise. Er beabsichtigte auch, die meisten Provinzen zu besuchen, doch erlitt er in Gent einen schweren Anfall von Gicht, der ihn einen Teil des Winters über festhielt und zu strenger Diät zwang.

Krieg gegen die Protestanten?

In Erfüllung seines Versprechens von Crépy ersuchte Franz I. Papst Paul III. um Einberufung eines Konzils. Nachdem Friede zwischen Frankreich und Spanien herrschte, konnte Rom sich dem Drängen nach einem allgemeinen Konzil nicht länger widersetzen, und am 19. November 1544 berief Papst Paul durch die Bulle *Laetare Hierusalem* ein Konzil nach Trient ein. Die offizielle Eröffnung sollte erst am 3. Dezember 1545 stattfinden, doch war das Konzil wenigstens festgesetzt. Der Kaiser war über die Nachricht erfreut. Selbst bei einem flüchtigen Durchsehen seiner Memorias fällt auf, wie stark und wie lange er einen derartigen religiösen Kongreß gewünscht hatte: mehr als einmal hatte er gedroht, ohne päpstliche Zustimmung, eine allgemeine Kirchenversammlung in Deutschland einzuberufen, um die religiösen Probleme des Reiches zu lösen.

Für Karl war das Konzil die langerwartete Gelegenheit, die Dinge in Deutschland in Ordnung zu bringen. Sein Ansehen als Kaiser stand auf dem Spiel. Häufig hatten ihn die protestantischen Fürsten gedemütigt; jetzt bereitete er einen doppelten Angriff vor, politisch und religiös. Ein Sieg des Katholizismus würde (wie später für seinen Sohn Philipp als König von Spanien) eine Stärkung seiner persönlichen Macht bedeuten. Er betrat Deutschland mit dem festen Entschluß, die Frage seiner Autorität ein für allemal zu lösen. Damals hörte man ihn sagen, er sei entschlossen, ein wahrer Kaiser zu sein, selbst um den Preis seines Lebens.

Obgleich die Erfolgsaussichten für friedliche Verhandlungen sehr gering waren, versuchte er auf dem Reichstag in Worms im Dezember 1544 noch immer zu verhandeln. Hier traf er seinen Bruder Ferdinand und beriet sich mit ihm über die Lage in Deutschland. Karl sah keine andere Lösung als den Gebrauch von Waffen, da jeder Versuch, die religiösen Gegensätze friedlich beizulegen, gescheitert war. Die Macht des protestantischen Schmalkaldischen Bundes war furchtgebietend und wurde noch verstärkt durch Bündnisse mit dem Ausland. Aber seit seinem erfolgreichen und raschen Feldzug gegen den Herzog von Cleve hoffte Karl, eine Kriegsmaschine zu besitzen, die allen Widerstand überwinden konnte. Doch waren ihm die vorhandenen Schwierigkeiten klar. Kardinal Granvelle, der Karl gut kannte, zählte sie im Gespräch mit dem italienischen Historiker Humberto Foglietta auf: »Die Schwierigkeiten, die uns in einem Krieg in Deutschland gegenübertraten, waren zahlreich. Die Nation war groß und angriffslustig; Deutschland konnte mehr als jedes andere Land leicht Hilfsmittel finden, Menschen, Pferde, Artillerie, Pulver und Maschinen; der Bund der deutschen Fürsten war eine sehr weitreichende Allianz.« (4) Bestimmt von seinem starken Bedürfnis, die Christenheit wieder zu vereinigen – was praktisch die Entmachtung Andersdenkender bedeutete –, hatte sich Karl für Gewalt entschieden; doch betonte er, um leichter zum Ziel zu kommen, in Deutschland die politische Seite des Kampfes, während er in Spanien die religiöse hervorhob. Nachdem der Krieg einmal begonnen hatte, erklärte er Philipp gegenüber: »Du kennst schon aus meinen früheren Briefen die Hauptgründe für die Kriegserklärung an die Protestanten und daß sie unvermeidlich war, ich brauche also auf dieses Thema nicht zurückzukommen. Alles, was ich zum jetzigen Zeitpunkt sagen möchte, ist, daß es diplomatisch scheint, vorzuschützen, der Krieg habe den Zweck, rebellierende Untertanen zu strafen, vor allem den Landgrafen von Hessen und den Kurfürsten von Sachsen und andere von gleichem Rang, obgleich es stets mein Ziel und meine Absicht war und ist, wie du weißt, Krieg um der Religion willen zu führen.« (5)

Es mag sein, daß der Kaiser ein doppeltes Spiel spielte, als er den Anspruch erhob, er habe die religiöse Frage mit friedlichen Mitteln zu lösen gewünscht, es ist aber auch möglich, daß das sein Ernst war. Eines ist jedenfalls sicher: Karl hatte alle Hoffnung aufgegeben, anders als mit Gewalt auf die deutschen lutherischen Fürsten einzuwirken. Sein Gewissen erlaubte ihm nicht, die religiöse Spaltung hinzunehmen, mochte ihm dies auch sein alter Beichtvater Loaysa geraten haben; er möge sich damit begnügen, die Körper seiner deutschen Untertanen zu beherrschen, nicht ihre Seelen. Karl sprach in vollem Ernst, als er auf dem Reichstag zu Worms 1544 erklärte, er betrachte die Spaltung der Christenheit als Flecken auf seiner Regierung und Zeit. Gewiß fühlte er sich auch verletzt durch die Anmaßung der deutschen Fürsten, die es wagten, ein Bündnis zu schließen, das es mit der Kaisermacht aufnehmen konnte. Doch mußte sich Karl vorsehen und seine Gefühle nicht öffentlich zeigen. Er mußte vorsichtig zu Werke gehen, denn der Schmalkaldische Bund war mächtig: selbst ohne französische Unterstützung vermochte er eine größere Armee ins Feld zu führen, als der Kaiser je unter seiner Flagge zu sammeln hoffen konnte. Wenn man schließlich davon ausging, daß die Hauptmasse der Truppen für die kaiserlichen Heere aus Deutschland stammte, ja sogar unmittelbar aus den Gebieten, die die protestantischen Fürsten beherrschten, stand seine Sache noch schlechter. Trotz alledem fühlte sich Karl verpflichtet, 1545 den Feldzug zu führen, für den er 1530 Clemens VII. um Hilfe gebeten hatte. Im ganzen gesehen war die Lage 1545 weniger günstig als 1530. Die protestantischen Fürsten waren gewiß enger zusammengeschlossen und stärker, aber Karl hatte jetzt Frieden mit Frankreich; es bestand Hoffnung auf einen Waffenstillstand mit dem Sultan, und – das war das wichtigste – ein Konzil war bereits nach Trient einberufen worden. So schien es möglich, daß einem politischen Sieg des Kaisers über die protestantischen Fürsten eine religiöse Wiedervereinigung folgen würde: er rechnete damit, daß Papst Paul, dessen reformerische Einstellung so deutlich war, ihn voll unterstützen würde.

Für dieses Vorgehen gegen die protestantischen Fürsten bedurfte Karl vor allem der Unterstützung seiner eigenen Familie. Daher vertraute er seinem Bruder Ferdinand, dem römischen König, seine geheimen Pläne an. Der Treue seiner Schwester Maria war er absolut sicher und glaubte zuversichtlich, Kastilien werde seine Unternehmung gutheißen und ihn unterstützen. Seine Diplomaten, vor allem der ältere Granvelle, hatten der Sache durch Bündnisse mit einer Anzahl deutscher Fürsten vorgearbeitet. Karl selbst hatte eine Allianz mit dem Herzog von Cleve geschlossen, jetzt unterzeichnete der Herzog von Bayern einen Vertrag, der den Durchmarsch kaiserlicher Truppen durch seine Lande gestattete. Die Möglichkeit bestand, daß sich Prinz Moritz von Sachsen, ein sehr ehrgeiziger, aber tatkräftiger und kluger Prinz – und sehr erfahren in Kriegsangelegenheiten –, auf die kaiserliche Seite ziehen lassen würde. Ein Bündnis mit dem Protestanten Moritz mochte Karls Handlungsfreiheit für die Zukunft einengen, würde ihm aber augenblickliche Vorteile bringen und seine Stellung stärken. Der Kaiser nahm auch die Verbindung mit Rom auf. Im Frühjahr 1545 traf Kardinal Alessandro Farnese, ein Neffe Pauls III., als päpstlicher Legat in Worms ein, um an der religiösen Diskussion teilzunehmen.

Doch wußte der Papst noch nichts von Karls Plänen, die Lutheraner anzugreifen, und der Kardinal war nicht ermächtigt, das von Karl gewünschte Bündnis zu unterzeichnen. In seinen Aufzeichnungen erzählte Karl, was geschah:

»Da denn friedliche und versöhnliche Mittel bei der Widerspenstigkeit und Unverschämtheit der Lutheraner nichts fruchteten, machten Ihre Majestäten (der Kaiser und Ferdinand), wie zuvor versprochen und vereinbart, den Vorschlag und das Angebot, daß sie dem mit Waffen abhelfen würden, wenn Seine Heiligkeit ihnen mit zeitlicher und geistlicher Hilfe beistehe. Kardinal Farnese war überrascht, denn nachdem er gesagt hatte, er sei zu Verhandlungen über alle Gegenstände ermächtigt, die mit den gegenwärtigen Schwierigkeiten zusammenhingen, weigerte er sich nach Anhören von Karls Vorschlag, diesen zu erörtern. Darauf erklärten ihm Ihre Majestäten, wenn er nicht weitergehen wolle, möge er sich in aller Geschwindigkeit mit dem Papst beraten mittels eines Boten, der auch die Antwort bringen würde. Der Kardinal weigerte sich mit der Begründung, er müsse sich persönlich mit dem Papst beraten, und versprach, seinen Auftrag mit Sorgfalt auszuführen. Ein derartiger Schritt mochte seiner Stellung als Kardinal angemessen sein, doch diente er nicht der Sache, um die es ging. Denn gleich bei seiner Ankunft in Rom handelte er sofort der Karl V. als Bedingung (seiner Reise) geschworenen Geheimhaltung entgegen; ja der Papst berief tatsächlich sein Konsistorium ein, in dem stets gegensätzliche Anschauungen und Parteien vorhanden sind, und setzte es von den Plänen des Kaisers in Kenntnis. Gleichzeitig ernannte er Kardinal Farnese zu seinem Legaten bei Karl V. und gab seinem Bruder, dem Herzog Ottavio, den begehrten Titel eines ›Bannerträgers (gonfaloniere) der Kirche‹. Kurz darauf erhielten die meisten Hauptleute ihre Aufträge, und die Kriegstrommel wurde gerührt, um das Volk aufzurufen, indem man erklärte, es sei ein heiliges Unterfangen, für den *sacco di Roma* Rache zu nehmen.« (6)

Das Ungestüm des Papstes arbeitete Karls Interessen entgegen. Wenn in Italien Truppen ausgehoben wurden, um die Plünderung Roms zu rächen, war es unmöglich, die Sache geheimzuhalten, und Karl verschob seinen Krieg gegen die lutherischen Fürsten. Inzwischen entließ er den Reichstag zu Worms, da die Verhandlungen nicht von der Stelle kamen, und berief einen neuen Reichstag für das folgende Jahr ein, diesmal nach Regensburg.

Inmitten der Geschäftigkeit des politischen Lebens meldeten sich auch familiäre Ereignisse, bald angenehm, bald traurig. Aus Spanien erhielt der Kaiser die Nachricht, daß sein erster Enkel geboren war und nach ihm genannt wurde. Kurz darauf wurde ihm der Tod seiner Schwiegertochter, der Prinzessin María Manuela von Portugal, gemeldet. Sowohl Karl wie Philipp waren jetzt Witwer; und wenn der Vater auch seines Sohnes wegen trauerte, so hatte doch der Kaiser nun eine neue Karte auszuspielen in den Heiratsverhandlungen der europäischen Kanzleien.

Während er auf den Reichstag von 1545 wartete, besuchte Karl seine Schwester in den Niederlanden. Seine Gesundheit verfiel und er war häufig bettlägerig wegen seiner Gicht. Er benützte die Anwesenheit in den Niederlanden dazu, das Kapitel des Goldenen Vlieses nach Utrecht einzuberufen, und es gelang ihm, daran teilzunehmen, wenn auch unter großen Schmerzen. Er suchte auch das Gelderland auf, das seiner Krone kürzlich zugefallen war;* gern begegnete er seinen Untertanen, lernte ihre Probleme kennen und wollte sie auf der Stelle lösen. Solange Karl körperlich in der Lage war, seinen Verpflichtungen nachzukommen, wenn auch auf Kosten seiner Gesundheit, wollte er persönlich regieren. Bei seiner Rückkehr von der Besichtigung von Maastricht erwartete ihn eine Gesandtschaft der protestantischen Fürsten; sie ersuchten ihn, das Gerücht zu dementieren, er wolle in Deutschland einen Krieg entfesseln. Die Indiskretion des Papstes hatte offenbar ihre Wirkung gehabt. Karl, der gerade nur wenige Söldner bei sich hatte, vermied eine direkte Antwort. Sahen sie nicht, daß er nur wenig Truppen bei sich hatte? Wie ließen sich solche Gerüchte mit der Tatsache vereinigen, daß er unbewaffnet war? Er riet ihnen, ihre Befürchtungen abzulegen und zum Reichstag nach Regensburg zu kommen.

Auf französische Vermittlung hin war im November 1545 ein Waffenstillstand mit dem Sultan ausgehandelt worden, und am 13. Dezember 1545 hatte das Konzil zu Trient seine Sitzung begonnen. Karl lag an raschen Resultaten des Konzils, und er drängte die Bischöfe und berühmtesten Theologen Spaniens zur Teilnahme. Einer von diesen, vielleicht der glänzendste, konnte nicht folgen: in einem ergreifenden Brief erklärte Bruder Francisco de Vitoria, er habe eine bereits getroffene Verabredung mit seinem Schöpfer. (7)

---

* Gelderland, Utrecht und Cambrai hatte Karl in seinem erfolgreichen Feldzug von 1543 gegen den Herzog von Cleve und Franz I. gewonnen (Siehe S. 154).

Andere fanden weniger originelle Entschuldigungen dafür, daß sie die anstrengende Reise vom Hochland von Kastilien zu einer Stadt in den Alpen nicht unternahmen; zuerst zeigten nur zwei Bischöfe, die von Jaén und Astorga, Neigung, so weit zu reisen. Wer eine angenehme Stellung bei Philipps Hof hatte, zog die Sitzungen des königlichen Rates denen des Trienter Konzils vor. Aber der Kaiser übte starken Druck aus, und schließlich konnte Philipp auch die Abreise der Bischöfe von Calahorra, Ciudad Rodrigo, Valencia und Coria nach Trient ankündigen. Von den Theologen gingen Antonio de la Cruz und der Prior des Dominikanerordens, der berühmte Domingo de Soto, zum Konzil. Der letztere nahm den Mönch Bartolomé de Miranda mit, bekannter unter dem Namen Carranza, der einer der hervorragendsten Teilnehmer des Konzils von Trient wurde.* (8)

Entsprechend der Vereinbarung von 1545 kam päpstliche Hilfe. Paul steuerte 200000 Dukaten bei und erließ eine Lizenz, die Karl einen Kredit von 900000 Dukaten von der spanischen Kirche zugestand – eine Berechtigung, die bei den spanischen kirchlichen Behörden auf einigen Widerstand stoßen sollte. Am 26. Juni wurde ein Bündnisvertrag zwischen den beiden Häuptern der Christenheit geschlossen, demzufolge der Papst ein Heer von 12000 Mann Fußvolk und 500 Reitern zu stellen hatte.

Im Frühsommer 1545 trafen sowohl die Lutheraner wie die Kaiserlichen ihre letzten Kriegsvorbereitungen. Die internationale Lage erhöhte die allgemeine Unsicherheit im Reich. Frankreich hatte seine Streitpunkte mit England im Vertrag von Guines beigelegt. Dadurch war Franz frei, in Deutschland einzugreifen; doch war er nicht mehr der unermüdliche Kriegsmann seiner früheren Jahre, und als ahne er sein nahes Ende, geriet er in eine Periode der Untätigkeit, die Karl zustatten kam. Trotz der Unsicherheit, ob Franz passiv bleiben würde, war der Kaiser bereit, das Risiko französischer Intervention zu tragen.

Die Mehrheit der protestantischen Fürsten und viele Städte beschlossen, dem Reichstag von Regensburg fernzubleiben, und am 20. Juli sprach der Kaiser gegen die beiden führenden Männer des Schmalkaldischen Bundes, den Kurfürsten von Sachsen und den

* Er hatte eine glänzende, wenn auch kurze Karriere in der spanischen Kirche: er stieg zum Erzbischof von Toledo auf, endete aber in den Kerkern der Inquisition.

Landgrafen Philipp von Hessen, die Acht aus. Der Krieg hatte begonnen. Auf welche Truppen konnte Karl zur Bekämpfung der aufständischen Fürsten rechnen? Er hatte 20 000 Söldner in Deutschland anwerben lassen. Ungefähr ebensoviel erwartete er an Fußvolk und Reiterei aus den Niederlanden unter der Führung des Grafen Buren. Weiter waren da die italienischen Truppen des Papstes. Doch verließ er sich vor allem auf die furchtbare Streitmacht der *tercios*, die aus Ungarn – wo mehrere spanische Regimenter in Ferdinands Diensten stationiert waren – und aus Italien eintreffen würden. Junge Rekruten aus Kastilien würden die Veteraneneinheiten auf italienischem Gebiet ersetzen. Diese Armee zusammenzuziehen, war die erste praktische Aufgabe des Kaisers. Die von Maria von Ungarn ausgehobenen Truppen würden von Westen kommen, aus Süden die Verstärkungen, die der Papst schickte, und die *tercios* aus den Garnisonen Mailands und Neapels, von Norden die in verschiedenen Teilen des Reichs angeworbenen deutschen Truppen, aus Osten der von Don Alvaro de Sande kommandierte *tercio*, der dank dem Waffenstillstand mit dem Sultan jetzt in Ungarn nicht gebraucht wurde.

Solange er auf seine Armee wartete, mußte Karl sich ruhig verhalten und so tun, als bereite sich keine kriegerische Handlung vor. Während er in Regensburg war, bat er seinen Bruder Ferdinand mit seiner Gemahlin und den älteren Kindern zu sich. Die Herzöge von Bayern und Cleve waren bereits in Regensburg, und Karl benützte die Zeit, um die früher verabredeten Vermählungen der beiden Herzöge mit den beiden älteren Töchtern des römischen Königs zu feiern. Regensburg sah Festlichkeiten, die die Gerüchte über einen drohenden Krieg Lügen zu strafen schienen. Doch die wenigen Lutheraner, die auf den Reichstag gekommen waren, ließen sich nicht täuschen. Die Vertreter der schwäbischen Städte befragten den Kaiser nach seinen Absichten hinsichtlich des Schmalkaldischen Bundes. Sie erhielten eine unklare Antwort: der Kaiser würde gegen die ungehorsamen Länder nur Gewalt gebrauchen, wenn er dazu getrieben würde, und er gebe denen, die sich auf einen Krieg vorbereiteten, den Rat, ihre Vorbereitungen abzubrechen. Es gelang Karl nicht, sie einzuschüchtern; vielmehr bemerkt er in seinen *Memorias*, die Vertreter der Städte hätten »so stolz geantwortet, daß der Kaiser sie ganz zu Recht fortjagte«. (9)

Lutherische Fürsten, die Karl zu beeinflussen versuchten, machten die gleiche Erfahrung wie die Vertreter der schwäbischen Städte. Mit einer kurzen, unverblümten Rede schloß der Kaiser den Reichstag von Regensburg förmlich.

Das nächste Problem des Kaisers war die Finanzierung des Krieges, der gewiß schwierig und kostspielig sein würde. Die Summe, die der Papst geschickt hatte, war bereits in seinen Händen. Bald würden ihn die 300000 *Escudos de oro* erreichen, die Maria von Ungarn aus den Niederlanden schicken sollte; sie waren eine Anleihe bei den flämischen Kaufleuten, denen die Rückzahlung aus den Einkünften des nächsten Handelsmarktes in Medina del Campo garantiert worden war. Auch von seinem Bruder Ferdinand erwartete Karl finanzielle Hilfe sowie von seinen Territorien in Italien. Aber das alles reichte nicht. Wieder sah sich die Krone von Kastilien genötigt, soviel Geld zusammenzukratzen, wie sich in von den Cortes versprochenen *servicios*, in Goldsendungen aus der Neuen Welt – einschließlich privaten Eigentums – und Einkünften der Kirche finden ließ. Da die zu erwartende Summe nicht ausreichend schien, wurden noch andere Mittel angewandt wie der Verkauf von Ämtern und *ejecutorías de hidalguía* (Adelsbriefen) und Einkünfte aus dem Verkauf von Steuern (wie der *alcabala*). Die Granden und Männer, die als reich bekannt waren, wurden aufgefordert, zu den Kriegskosten beizutragen, indem sie der Krone große Summen liehen: die Herzöge von Medina-Sidonia, Alba und Béjar, der Graf von Benavente, die Erzbischöfe von Toledo, Sevilla und Santiago, die Bischöfe von Cuenca und León, die Kaufleute von Sevilla und Burgos waren darunter, und Karl hoffte, der Aufruf werde ihm einige 300000 Dukaten einbringen.

Die ersten Truppen, die kamen, waren der *tercio* aus Ungarn. Nacheinander trafen auch die in Deutschland angeworbenen Soldaten ein. Schwieriger war es für die Heeresabteilungen aus Süden und Südwesten, sich mit der kaiserlichen Armee zu vereinigen. Sowohl die vom Papst gestellten Söldner wie die *tercios* aus Mailand und Neapel mußten die Alpen überqueren. Der Schmalkaldische Bund sandte Truppen unter Schertlin*, die die Verstär-

---

* Sebastian Schertlin von Burthenbach (1496–1577), Heerführer der protestantischen Armee nach 1532.

kung aus Italien an der Verbindung mit dem Kaiser hindern und abfangen sollte. Die Lutheraner besetzten den Fernpaß, der Lech- und Inntal verbindet, und bedrohten damit auch Innsbruck. Hätten sie diese Reichsstadt genommen, wären die Voraussetzungen für Karl nicht gut gewesen: sie hätten den Maloja- und den Brenner-Paß (die das Tellinatal und das Tal von Trient verbinden) beherrscht und die italienischen Truppen ebenso wie die *tercios* aus Mailand zu einem zeitraubenden Umweg gezwungen. Der Krieg geriet, wie Brandi es ausdrückt, in eine Phase des militärischen Schachspiels. (10)

Der Herzog von Alba, der sich bereits beim Kaiser befand, wurde zum Oberkommandierenden ernannt. Ein Kriegsrat beriet über den nächsten Schritt. Einige von Karls militärischen Ratgebern glaubten, das Ansehen des Kaisers werde einen Stoß erleiden, wenn er Regensburg verließe; doch Karl, der wußte, was auf dem Spiel stand, wollte die Verbindungslinien nach Süden offenhalten und begab sich von Regensburg nach Landshut in Bayern, während sich die Hauptmacht der Lutheraner bei Donauwörth sammelte. Das war ein kühner Entschluß. Seine eigenen Streitkräfte waren denen des Feindes zahlenmäßig unterlegen, und ein Zusammentreffen auf dem Schlachtfeld konnte für die Kaiserlichen verhängnisvoll werden. Doch mußte man diese Gefahr auf sich nehmen, und der Kaiser, wie er in seinen Aufzeichnungen schreibt, »war in seinem Gewissen fest entschlossen, tot oder lebendig deutscher Kaiser zu bleiben«. (11)

Zu seinem Glück blieb das Heer des Schmalkaldischen Bundes untätig, vielleicht abgeschreckt durch den Ruf der Unbesiegbarkeit des Kaisers, oder wohl eher durch den Wunsch, den Herzog von Bayern nicht zu einem aktiven Eingreifen in den Krieg auf der Seite des Kaisers zu treiben. In Landshut konnte Karl, wenn nötig, den von Süden kommenden Verstärkungen zu Hilfe eilen; und wirklich konnten sie sich nach einem raschen Alpenübergang ohne Störung mit dem Kaiser vereinigen. Die *tercio*-Abteilung aus Neapel erreichte Fiume auf dem Seeweg und langte über Kärnten und Steiermark ohne Zwischenfälle in Salzburg an. Von hier aus marschierte sie in die bayrischen Gebiete, die in der Macht des Kaisers waren; gleichzeitig stießen einige deutsche Fürsten, die auf seiner Seite standen, wie die Markgrafen Hans und Albrecht von Brandenburg und Herzog Albrecht von Preußen, zum Kaiser. Die einzigen Truppen, deren Ankunft noch ausstand, waren die aus den Niederlanden unter dem Befehl des Grafen Buren. Um eine Vereinigung zu ermöglichen, suchte Karl durch eine Reihe von Märschen und Gegenbewegungen den Feind daran zu hindern, daß er eine der beiden Heereshälften gesondert angriff. Seine ausgeklügelten Manöver hatten den gewünschten Erfolg, und es gelang den Lutheranern nicht, Graf Buren am Überschreiten des Rheins und an der Vereinigung mit dem Kaiser zu hindern.

So besaß Karl gegen Ende des Sommers 1546 genügend Truppen, etwa 65000 Mann, um den Kampf mit der Armee der Lutheraner aufzunehmen: es waren 20000 deutsche, 12000 italienische, 10000 niederländische und 10000 spanische Fußsoldaten und 10000 Reiter. Die schmalkaldische Armee war zahlenmäßig überlegen – insgesamt zwischen 80000 und 90000 Soldaten – und besaß eine besonders starke Artillerie, doppelt so stark wie die kaiserliche Armee. Doch war damals Artillerie lediglich bei der Belagerung von Städten von großer Wirkung; auf offenem Felde leistete sie keinen so wesentlichen Beitrag. Mit Stolz berichtet Karl, wie er und sein Heer einen vollen Tag lang heftiges Artilleriefeuer aus dem feindlichen Lager ertrugen (mehr als 800 Schuß von schwerer Artillerie, »etwas bisher nie Gesehenes«), sogar ohne den Schutz von Zelten.

Der Krieg in Deutschland, der die religiösen Gegensätze verhärtete, hatte zwei deutlich unterscheidbare Abschnitte. Im ersten, von 1545 bis in den Winter 1546 hinein, wurde um die Herrschaft über die obere Donau gekämpft. Im zweiten, vom frühen Frühjahr 1546 bis zum Frühjahr 1547, spielten sich die Kämpfe um die Elbe ab. Nur eine Pause von drei Monaten lag zwischen beiden Feldzügen.

Da die Lutheraner ihre überlegene Zahl vor der Vereinigung beider kaiserlicher Armeen nicht gut genutzt hatten, war ein Erfolg der Kaisergegner nicht mit Sicherheit vorauszusehen. Doch konnte Karl sich nicht vorzeitig auf eine Schlacht einlassen, denn praktisch hatte er keine Reserve. Die lutherische Armee war in viel besserer Position; sie operierte in der Nähe ihrer Verproviantierungs- und Rekrutierungsbasis. Unter diesen Voraussetzungen erwies sich Karls Taktik als höchst erfolgreich und darf wohl mit den besten Feldzügen der großen Feldherren der Geschichte verglichen werden. Seine Vor- und Rückmärsche, seine Einnahme von strategischen Punkten, seine *encamisadas* (unerwartete Überfälle bei Nacht, wobei die Soldaten die Hemden über den Panzern trugen, um einander in der Dunkelheit erkennen zu können) beunruhigten die Gegner und untergruben deren Moral.

In der zweiten Hälfte des September hatten sich die Truppen des Kaisers an der Donau verschanzt und nahmen Ingolstadt (wo Buren mit seinen Truppen sich am 15. September mit denen des Kaisers vereinigt hatte), Neuburg und Donauwörth. Einige von Karls Hauptleuten gaben Karl wegen der vorgeschrittenen Jahreszeit den Rat, sich mit dem nun Erreichten zufriedenzugeben. Der päpstliche Legat, Kardinal Farnese, verließ das kaiserliche Lager, und es gab Gerüchte, die sich bestätigten, von wachsender Feindseligkeit zwischen den kaiserlichen und den päpstlichen Vertretern in Trient. Tatsächlich verließen die italienischen Truppen zum größten Teil jetzt die kaiserliche Armee. Dadurch wurden die Streitkräfte des Kaisers beträchtlich vermindert, was wiederum ihre Operationsmöglichkeiten einschränkte. Schnell und heftig hatte sie der Winter überfallen. Karls Waffenbruder, Don Luis de Ávila y Zúñiga, der später einen Kommentar zum deutschen Krieg veröffentlichte, beschreibt einen der Wintertage: »Bei Morgengrauen war der Himmel frei, doch der Schnee, der in der Nacht gefallen war, fiel immer noch so stark, daß er zwei Fuß hoch über dem Boden lag. Unsere Infanteristen waren so erschöpft und so zersprengt – auf der Suche nach Plätzen, wo sie sich wärmen konnten, denn die Kälte war sehr grausam –, daß sie einen ganz erbarmungswürdigen Anblick boten; auch die Pferde, noch gesattelt, waren nach einer kalten Nacht ohne Futter mitgenommen.«(13)

Karls Eintrag in seinen »Aufzeichnungen« bestätigt dies: »Viel Schnee war über uns gekommen, und die Nacht war so kalt gewesen, daß die Soldaten keinen anderen Trost gegen Hunger und Kälte hatten als die eigenen Arme.« (14) Die Worte des Kaisers erinnern an die von Cervantes über das Los des Soldaten: »Und mitten im Winter hat er manchesmal keine andere Wehr oder Hilfe, um der Unmilde der Luft zu widerstehen, als den Atem seines Mundes.« (15)

Es ist nicht verwunderlich, daß die meisten militärischen Führer Karl anflehten, den Feldzug zu beenden und seine Truppen ins

Winterquartier zu legen. Doch Karl, der wußte, was auf dem Spiel stand, weigerte sich. Er wollte die Armee der Lutheraner hindern, Franken zu erreichen, wo sie sich hätte erholen können. Er bezog Stellung bei Rothenburg und zwang dadurch die aufrührerischen Fürsten zu einem Umweg und zur Teilung ihrer Kräfte. Johann Friedrich von Sachsen (seit 1532 Kurfürst) kehrte in sein Kurfürstentum zurück, und innerhalb weniger Tage hatte sich der Bund praktisch aufgelöst.

Mit dem Rest seiner immer noch vereinigten Streitmacht war Karl bald in der Lage, die Früchte seiner Taktik zu ernten, und beherrschte Süddeutschland. Auch wenn er eine politische Begründung für seinen Feldzug gab, nämlich die Unterwerfung rebellischer Untertanen, so hatte er ihn doch mit einem starken Empfinden für den religiösen Zweck unternommen. Wie es sich für einen guten Soldaten gehört, schonte er sich selbst nicht, auch wenn er unter vielen Gichtanfällen litt. Während eines von diesen blieb er den größten Teil der Nacht auf, »um Bewegungen im Felde zu verfolgen und die nötigen Befehle zu geben«. Vor Morgengrauen stand er auf und stieg, nachdem er gebeichtet und die Messe gehört hatte, in Erwartung einer Schlacht für denselben Tag zu Pferde: »Doch die Gicht war so schmerzhaft, daß er ein Stück Tuch unter den Sattel legen mußte, damit sein Fuß darauf ruhen konnte, und so hielt er es den ganzen Tag über.« (16)

Die Städte Ulm, Augsburg und Straßburg ergaben sich im Winter 1546. Die Vertreter von Ulm sprachen den Kaiser auf spanisch an, vielleicht in der Hoffnung, ihn zu erweichen. Auch einige Reichsfürsten hielten es für klüger, die Gnade des Kaisers zu suchen, unter ihnen Pfalzgraf Friedrich. In der Vergangenheit hatte er in enger Verbindung zur Reichsregierung gestanden; durch seine Heirat mit Dorothea, der Tochter Christians II. von Dänemark und Karls Schwester Isabella, war er mit der Habsburger-Dynastie verschwägert. Der Kaiser tadelte Friedrich dafür, daß er sich auf die Seite seiner Feinde geschlagen hatte:

»Vetter, ich bin sehr ungehalten, daß ihr Euch mir in den letzten Jahren feindlich gezeigt habt, indem Ihr Truppen zur Unterstützung meiner Feinde geschickt habt, obwohl Ihr mit mir blutsverwandt und in meinem Hause großgezogen worden seid. Doch in Anbetracht dessen und im Blick auf Eure Reue und Euer Bedauern und in der Hoffnung, daß Ihr von jetzt an Eure Pflicht erfüllen und

Euch anders verhalten werdet, bin ich bereit, Euch zu verzeihen und zu vergeben, was Ihr mir angetan habt. Ich erwarte, daß Ihr Euch künftig bemühen werdet, mich die Zuneigung entgelten zu lassen, mit der ich Euch meine Freundschaft wieder zuwende.« (17)

Nach diesen Worten erzeigte sich der Kaiser Friedrich gnädig und behandelte ihn, als habe er nie gefehlt: Karl war stets bereit, durch Überredung zu wirken.

Auch Herzog Ulrich von Württemberg wurde von Karl milde behandelt. Er hatte seine drei stärksten Festungen auszuliefern und eine Buße von 300 000 Gulden zu zahlen, aber sein Land blieb verschont. Auf die Gefahr hin, seinen Bruder Ferdinand zu verstimmen, der mit dem Herzog verfeindet war, machte Karl deutlich, daß er den Krieg in Deutschland um einer Lösung der wichtigsten Probleme Europas willen unternommen habe und nicht zu dynastischen Zwecken.

Während des Feldzugs war es Karl auch gelungen, den Erzbischof und Kurfürsten von Köln, Hermann von Wied, zu vertreiben, der sich gegen den Papst aufgelehnt hatte und dadurch künftige Kaiserwahlen gefährdete, indem sich die Zahl der katholischen Stimmen verringerte. Man konnte sagen, daß der Feldzug mit einem Sieg der kaiserlichen Seite geendet hatte. Aber er war nicht das Ende des Schmalkaldischen Bundes. Sein wichtigstes Mitglied, Kurfürst Johann Friedrich von Sachsen, und viele kleinere Fürsten waren nicht geschlagen. Es bedurfte daher neuer Anstrengungen, besonders als Karl in Ulm erfuhr, daß ein Überfall von Ferdinand und Moritz von Sachsen auf das Kurfürstentum gescheitert war. Zudem hatte sich Böhmen gegen Ferdinand erhoben, und der Wiener Zweig der Familie der Habsburger war praktisch in Prag gefangen. Karl sandte Markgraf Albrecht Alcibiades von Brandenburg-Kulmbach mit einer Heeresabteilung seinem Bruder zu Hilfe, doch die Unterstützungsoperation schlug fehl: Johann Friedrich griff den Markgrafen unterwegs an und nahm ihn gefangen.

Auch die religiöse Lage war schwieriger geworden. Der Papst, der gegen den Kaiser erbittert war, weil er ihn der Unterstützung einer Verschwörung bezichtigte, der im September 1547 sein Sohn Pier Luigi Farnese zum Opfer gefallen war, war mit Karl in vielem, was sich auf das Konzil von Trient bezog, uneins. Paul wollte das

Konzil – unter dem Vorwand der Furcht vor der Pest – nach Bologna verlegen. Don Diego Hurtado de Mendoza, des Kaisers Gesandter in Trient, versuchte die Verlegung zu verhindern, doch vergebens: die Mehrheit der Konzilmitglieder zog nach Bologna um. Mit diesem Umzug unter stärkere päpstliche Kontrolle schwand für immer die Möglichkeit, die Protestanten mit in das Konzil einzubeziehen.

Die Nachrichten aus Frankreich waren wenig ermutigend: es wurde geflüstert, Franz plane den Eintritt in den deutschen Krieg, und Karl fühlte sich erst sicher vor einem Angriff von dieser Seite, als er die Nachricht von Franz' I. Tod erhielt. (Dieser war am 31. März gestorben, doch erfuhr Karl erst am 10. April davon.)

Anfang März sammelte der Kaiser seine Streitkräfte, entschlossen, den Sieg über die Lutheraner zu erringen, und verließ Ulm in Richtung nach Norden, wo immer noch der Winter herrschte. Die kaiserliche Armee war nicht so stark wie während des Feldzugs von 1546. Abgesehen vom Abzug des italienischen Kontingents und den Verlusten des vergangenen Jahres mußten noch Truppen als Besatzung der eingenommenen Städte zurückgelassen werden. Für den Feldzug des Jahres 1547 standen Karl daher nur 25 000 Mann Fußvolk und 2000 Reiter zur Verfügung. Das einzige nationale Kontingent, das immer noch fast vollständig war, war das spanische. Die drei *tercios*, an deren Spitze Alvaro de Sande, Arce und Alonso Vivas standen, bildeten jetzt mehr als ein Drittel des ganzen Heeres.

In Nördlingen wurde Karl von einem so schweren Anfall von Gicht heimgesucht, daß es unmöglich schien, daß er die Schlacht persönlich leitete. Doch konnte er es sich nicht leisten, aufzugeben. Um seine *Memorias* zu zitieren: »In Anbetracht der Gefahr, die aus übermäßigem Aufschub entstehen konnte, setzte er unter großem Schmerz in einer Sänfte seine Reise fort, so gut es ging, und kam nach Nürnberg.« (18) Von Nürnberg, wo er sich eine Woche lang aufhielt, lenkte er den Marsch nach Böhmen, und nachdem er die Karwoche in Eger verbracht hatte, rüstete er sich für den Feldzug an der Elbe, während er den Feind auf böhmischem Boden verfolgte.

Die Nachhut des Fußvolks und etwas Reiterei wurden unter dem Herzog von Alba vom übrigen Heer getrennt. Weit von seiner Machtbasis und mitten in Feindesland, wie er war, wollte der Kaiser einen schnellen Feldzug riskieren; er wollte mit der Armee des Kurfürsten Johann Friedrich so bald als möglich ins Gefecht kommen und sie im ersten Treffen zersprengen.

Es gelang Karl, die Elbe nicht weit von der Stelle, wo das Heer der Verbündeten auf dem anderen Ufer sein Lager aufgeschlagen hatte, zu erreichen. Rasch mußte eine Furt gefunden werden, auf der die Armee den Fluß überschreiten konnte. Der Kaiser rekognoszierte persönlich, begleitet von seinem Bruder Ferdinand, Moritz von Sachsen und dem Herzog von Alba. In einem Dorf in der Nähe trafen sie einen Jungen auf einem Esel, der den Fluß tags zuvor auf einer Furt überquert hatte. Früh am nächsten Morgen war die ganze Armee schlachtbereit. Ein dichter Nebel kam Karl zu Hilfe und verbarg den Gegnern die Bewegungen seiner Truppen. Der Kaiser gab den Befehl, sobald der Nebel sich lichtete, sollten seine Arkebusiere ›den Tanz eröffnen‹. Das erste Ziel waren die Boote am andern Ufer der Elbe, damit die Pioniere eine Brücke für die Hauptmacht des Heeres schlagen konnten. In diesem Augenblick geschah, was so viele Chroniken wiedererzählen und Gemälde wiedergeben, die auf Albas Befehl für sein Landhaus in Alba de Tormes hergestellt wurden: eine Anzahl spanischer Soldaten, die Schwerter zwischen den Zähnen, überquerte trotz des hohen Wasserstands und des kalten Wetters schwimmend den Fluß. Die Überraschung war vollkommen und die Unternehmung erfolgreich. Als das Heer des Schmalkaldischen Bundes erkannte, was vorging, zog es sich zurück und suchte den Schutz irgendeiner starken Stellung, ohne zu begreifen, daß der Fluß eine natürliche Schutzwehr darstellte.

Sobald Karl einen Brückenkopf hatte bilden können, befahl er seiner Reiterei, dem fliehenden Feind so schnell wie möglich nachzusetzen. Er wollte den Gegner in seiner Flucht hemmen und zur Schlacht zwingen. Mit Erleichterung bemerkte Karl, daß Unordnung und Verwirrung sich unter den gegnerischen Truppen ausbreiteten. (19) Einige versuchten, in einem Wäldchen Widerstand zu leisten, doch umsonst: beim ersten Treffen mit der kaiserlichen Reiterei unter der Führung von Herzog Alba und Moritz von Sachsen wichen die Truppen der Lutheraner. Es war ein vollständiger Sieg; Johann Friedrich von Sachsen selbst wurde gefangengenommen und eine gewaltige Menge Kriegsmaterial erbeutet; die Verluste der Kaiserlichen waren gering, und die zerstreuten feindlichen Truppen wurden von der ungarischen leichten Reiterei König Ferdinands verfolgt.

Diese Schlacht – bei Mühlberg, zwischen elf Uhr vormittags und elf Uhr abends – machte den Kaiser zum Herrn über ganz Deutschland. (20)

Doch um die erwarteten Früchte wurde Karl vom Papst durch die Verlegung des Trienter Konzils nach Bologna betrogen. Erstaunen, Schmerz, ja Zorn des Kaisers über den Entschluß des Papstes kann man in seinen *Memorias* lesen. Jetzt mußte er sich damit abfinden, eine vorübergehende Formel zur Lösung der deutschen Frage zu finden: ein »Interim«, das niemand gefiel.

Mehr konnte der Kaiser nicht tun. Er stand auf der Höhe seiner Macht und am Ende des dritten Abschnitts seiner Laufbahn. Der erste hatte dazu gedient, in den spanischen Besitzungen Frieden zu schaffen, wobei er die Sache desjenigen Landes zu der seinigen machte, das die Hauptquelle seiner kaiserlichen Macht werden sollte. Damals entstand bei ihm auch eine gefühlsmäßige Bindung an das Land seiner mütterlichen Vorfahren. Im zweiten Abschnitt hatte er sich darauf konzentriert, Italien zu sichern und die Türkengefahr von Zentraleuropa und dem westlichen Mittelmeer abzuwehren. Im dritten Abschnitt seiner Laufbahn hatte er versucht, mit der lutherischen Ketzerei ein Ende zu machen und die Protestanten durch Zugeständnisse und das Aushandeln ihrer Teilnahme am Konzil zu Trient zur katholischen Kirche zurückzubringen. Während jedes dieser drei Abschnitte hatte er mit seinem erbitterten Rivalen, dem König von Frankreich, zu rechnen.

Übrig blieb als vierter und letzter Abschnitt seines Weges die Festigung des Erreichten zum Besten seiner Erben. Durch große Anstrengung und ständige Tätigkeit war es ihm gelungen, ein mächtiges Reich aufzubauen. Jetzt wollte er sicher sein, daß dieses eindrucksvolle Gebäude, das Werk seines ganzen Lebens, nicht zusammenbrach.

Vierter Teil

Niedergang der politischen Ideen Karls V.

11   Die Nachfolgefrage

Europa 1547

Als 1538 der vierte und letzte Krieg zwischen Franz I. und Karl V. zu Ende ging und die Heilige Liga zwischen Rom, dem Kaiser und Venedig abgeschlossen war, beschloß Maria von Ungarn, ihrer Liebe zum Hause Habsburg sichtbaren Ausdruck zu geben. In der Kathedrale der Heiligen Michael und Gudula in Brüssel kann der Besucher noch heute die herrlichen Glasfenster betrachten, die sie dort einsetzen ließ. Einer der besten Maler an ihrem Hof, van Orley, schuf die Entwürfe dafür. Karl V. ist in dem Fenster der Kapelle abgebildet, die den Habsburgern gewidmet ist. Die Kapelle selbst ist ein Denkmal für die Vorherrschaft der Habsburger in der Welt und stellt dar, wie sich die Dynastie der Verteidigung der Christenheit gewidmet hat.

Nach dem Sieg bei Mühlberg (April 1547) über die von Johann Friedrich von Sachsen befehligte Armee schien die Stellung Habsburgs denn auch stärker denn je: die Macht der Habsburger im Sommer 1547 kannte in Europa nicht ihresgleichen. In jener Schlacht focht Ferdinand Seite an Seite mit Karl V.; und Marias Truppenkontingent aus den Niederlanden und das Philipps aus Spanien hatten eine wichtige Rolle gespielt. Hatten die spanischen *tercios* die Wucht des ersten Angriffs ausgehalten, so hatte die leichte Reiterei aus Ungarn unter Ferdinand Taten von unglaublicher Tapferkeit vollbracht, um den Sieg heimzubringen. Die Reserven an Menschen und Geld, die der Kaiser geschickt auszunützen wußte, hatten sich denen der Gegner überlegen erwiesen. Aber es bestand die Gefahr des Auseinanderbrechens. Die Mitglieder der Habsburger-Familie standen für verschiedene Völker, deren jedes in eine andere Richtung strebte. Die Interessen Ferdinands und seines Sohnes Maximilian waren beschränkt auf Österreich, Ungarn und Böhmen; diejenigen Philipps umfaßten Kastilien und Aragon und ihre italienischen, amerikanischen und afrikanischen Nebenländer. Maria von Ungarn wieder hatte vor allem das Wohl der niederländischen Gebiete im Auge. Allein Karl vertrat ein übergreifendes Interesse; es war zu befürchten, daß sein Weltreich mit seinem Abtreten von der politischen Bühne zusammenbrechen würde. Diese Gefahr beschäftigte Karl sehr stark, zumal nachdem er zu Weihnachten 1547 ernsthaft erkrankt war. Zu dieser Zeit entwarf er sein politisches Testament für Philipp. (1) Er suchte vor allem die beiden Zweige seiner Dynastie fester zu verbinden, um die Vorherrschaft Habsburgs über Europa aufrechtzuerhalten. Seine jüngsten Siege wären ohne die Mithilfe Ferdinands nicht möglich gewesen. Kraft seiner Stellung als römischer König hatte Ferdinand die Nachfolge im Reich. Als Kaiser war er auf die Macht angewiesen, die Philipp befehligte. Aber wenn man nicht das Interesse Kastiliens an den Angelegenheiten des Reichs zu wecken vermochte, konnte Karls Tod dessen Verbindungen mit dem Reich auflösen. Karls kastilische Untertanen hatten sich schon oft bei ihm darüber beklagt, daß man Kastiliens Mittel an Menschen und Geld derart zu Unternehmungen verwendete, die dem Lande fremd waren. Wenn nicht der Kaiser zugleich ihr König war, konnte man sich nicht darauf verlassen, daß Kastilien sich für das Reich einsetzte.

Man hat die neuen Nachfolgepläne oft erörtert, die Karl Ende 1547 und Anfang 1548 entwarf. Folgte er eigenen Antrieben, oder stand hinter ihm Philipp, der sich selbst in Zukunft die Kaiserwürde sichern wollte? Die historischen Argumente, die sich bei Bucholtz, Lanz, Döllinger, Gachard und Druffel finden, bieten keine schlüssige Antwort. (2) Es erscheint am wahrscheinlichsten, daß Ferdinand und Maximilian die Nachfolgefrage aufwarfen. Ferdinand wünschte die Kaiserkrone seiner eigenen Familie zu sichern; er wollte, daß sein Sohn Maximilian ihm als Kaiser nachfolgen sollte. Aber auch Philipp hatte als der Sohn Karls V. einen starken Anspruch. Warum sollte er künftig hinter seinem Vetter Maximilian zurückstehen? Die gegenteiligen Interessen und die daraus folgenden Argumente führten zu einem erbitterten Familienstreit, der das politische Gebäude niederbrach, das Karl mit so viel Mühe aufgebaut hatte.

Die Frage der Nachfolge im Kaisertum

1548 trafen Karl, Ferdinand und Maria in Augsburg zum Reichstag zusammen. Zwei Jahrzehnte nach ihrer ersten Begegnung in Innsbruck im Sommer 1530 waren sie jetzt so weit gekommen, daß sie die Situation überschauen und sich fragen konnten, wie erfolgreich ihre dynastische Union gewesen war: die Erbländer waren befriedet, auch mit Frankreich und den Türken hatte man Frieden, im Reich hatte man eine führende Stellung aufgebaut, und 1545 hatte das allgemeine Kirchenkonzil seine Arbeit aufgenommen. Die Herrschaft Karls und Ferdinands war von Ost bis West unbestritten, und Maria hatte wesentlich dazu beigetragen, diesen Zustand herbeizuführen. Zu dieser Zeit also machte Ferdinand nun den Vorschlag, sein Sohn Maximilian solle ihm auf dem Kaiserthron nachfolgen. Er bot als Gegenleistung an, Philipp als Stellvertreter des Kaisers in Italien anzuerkennen. (3) Karl wies Granvelle an, er solle an Philipp schreiben, um seine Ansicht zu erfahren. Philipp antwortete, es wäre klug, mit der Antwort auf Ferdinands Vorschlag zu zögern, um zu verhindern, daß der führende Einfluß Spaniens in Italien unterhöhlt wurde durch Ferdinands Hinweis auf die Verbindungen der Halbinsel mit dem Reich. Überall in Europa gab es Gerüchte, Philipp gedenke Ferdinand als Karls V. Nachfolger in der Kaiserwürde zu ersetzen. Verbreitet von den Kurfürsten und dem französischen Botschafter am kaiserlichen Hof, Marillac, hielten sich diese Gerüchte so standhaft, daß Ferdinand in einem Brief an Maria am 29. März 1549 seine Beunruhigung ausdrückte. Maria versicherte ihm, solange sie und der Kaiser lebten, werde in der Nachfolgefrage nichts entschieden werden, ohne daß man ihn zu Rate ziehe. (4)

Philipp dachte vermutlich nicht daran, an die Stelle seines Onkels zu treten, und es ist auch nicht wahrscheinlich, daß sein Vater einen solchen Plan ernsthaft aufgenommen hätte. Die Gerüchte waren deutlich ein Versuch, das Ansehen des Kaisers zu trüben, unternommen von denjenigen, die seine Macht fürchteten. Aber Philipps Abreise von Spanien im Oktober 1548, um sich seinem Vater anzuschließen, und die darauf folgende Reise Maximilians nach Spanien, um während Philipps Abwesenheit die Herrschaft über die spanischen Königreiche zu führen – beides konnte Ferdinands Befürchtungen nicht zerstreuen. Ferdinand glaubte außerdem noch Grund zu haben zu der Annahme, Maximilian habe durch seine geheimen Unterhandlungen mit den Kurfürsten um seine eigene Kandidatur als Kaiser das erste Familienübereinkommen von Augsburg 1530 zwischen ihm selbst und seinem Bruder Karl gebrochen. (5) Auch Maria in den Niederlanden war sich der ehrgeizigen Pläne Maximilians bewußt und fühlte sich veranlaßt, einzugreifen; in einem privaten Brief (vom 1. Mai 1550) an Ferdinand gab sie ihrer Befürchtung Ausdruck, Maximilian könnte Unruhe schaffen. Sie erinnerte ihren Bruder daran, daß Karl 1530 seinen eigenen Sohn zurückgestellt hatte, als er sich für Ferdinands Kandidatur als römischer König einsetzte; jetzt müsse auch er damit einverstanden sein, daß sein Sohn die zweite Stelle einnehme. Marias Drängen läßt es als wahrscheinlich annehmen, daß sie selbst zu dem zweiten Augsburger Plan wechselseitiger Nachfolge im Reich den Anstoß gegeben hatte: Philipp sollte der Nachfolger Ferdinands sein, und Maximilian der Philipps. (6)

Schon bald nach Marias Brief an Ferdinand traf Karl in Begleitung Philipps und der beiden Granvelle in Augsburg ein. Der ältere Granvelle war zu dieser Zeit ernstlich krank – er starb dann Ende August in Augsburg –, aber Karl hielt seine Anwesenheit für entscheidend für seine Gespräche mit Ferdinand. Die allgemeine Lage schien gut, und er hatte Grund, zufrieden zu sein. In Augsburg aber schien sich alles gegen ihn verschworen zu haben. Ferdinand mied den Umgang mit Karls Ratgebern, um nicht in der Nachfolgefrage festgelegt zu werden, denn diese Sache, so behauptete er, dürfe nicht erörtert werden, ehe nicht Maximilian von Spanien zurückgekehrt sei. (7)

Im Lauf des August kamen die beiden Granvelle und der Herzog von Alba mit Philipp überein, Karl aufzufordern, er solle seine Schwester Maria zur Teilnahme in Augsburg auffordern. Man nahm an, sie werde Ferdinand beeinflussen können: »Ohne

Eure Majestät besteht wenig Hoffnung auf eine erfolgreiche Lösung«, schrieb der jüngere Granvelle an Maria. (8) Sie langte am 8. September an; aber obwohl sie für Karls Bemühungen und für die seiner Minister eintrat, so gut sie konnte, blieb Ferdinand bei seiner Auffassung, daß während der Abwesenheit seines Sohnes nichts erfolgen könne. Maria verließ Augsburg am 26. September, und Karl ließ sich dazu bewegen, Maximilian von Madrid zurückzuberufen.

Die deutschen Fürsten gerieten über den Karl zugeschriebenen Thronfolgeplan mehr und mehr in Beunruhigung. Marillac schrieb an Montmorency, den Konnetabel von Frankreich: »Ganz Deutschland scheint nur noch in Frankreichs Hilfe eine Lösung für die gegenwärtige Lage zu sehen. Auf meinem Weg nach Augsburg und hier in Augsburg sprachen Fürsten und Vertreter der Städte offen aus, wie froh sie seien, zu wissen, daß Heinrich II. (er war Franz I. im März 1547 nachgefolgt) in Frieden lebe und deshalb in der Lage sei, dem Plan des Kaisers zu begegnen. Wenn deshalb Ihre französische Majestät ein Interesse an der deutschen Frage zu gewinnen in der Lage ist, ist dies jetzt der geeignetste Zeitpunkt.« (9)

Wahrhaftig war Moritz von Sachsen drauf und dran, von Karl abzufallen; er hatte bereits Unterhandlungen mit Frankreich aufgenommen. (10) Doch Heinrich II., der Karls Position für sehr stark hielt, war noch nicht bereit zu handeln. Er wies jedoch Marillac an, die Position des Kaisers zu schwächen, indem er die Flammen des Nachfolgestreits mit Ferdinand anfache. (11)

Die deutschen Fürsten und der französische König wußten ihre Gelegenheit zu nutzen. Ferdinand warnte seinen Bruder vor den ernsten Folgen eines Anspruches Philipps auf das Kaisertum. Wenn er nicht augenblicklich sicherstelle, daß kein solcher Anspruch gemacht werde, werde er nicht zögern, sich mit den deutschen Kurfürsten und Fürsten zusammenzutun, die der Idee eines spanischen Prinzen als ihres künftigen Kaisers feindlich gegenüberstünden. (12)

Maximilian suchte in dem Bewußtsein, daß Karls Regierung im Schwinden war, sich selbst in eine möglichst günstige Stellung zu manövrieren. Er bereitete das vor, indem er sich um die Gunst der deutschen Fürsten und sogar um die des traditionellen Feindes der Habsburger, des Königs von Frankreich, bemühte.

Maximilian verließ Spanien am 1. November 1550. Maria, Karls
ältere Tochter, die jetzt mit Maximilian verheiratet war, blieb in
Spanien zurück, um dort als Regentin zu amten. Sobald Karl erfahren hatte, daß Maximilian auf dem Weg nach Augsburg war,
bat er seine Schwester Maria, sie möge bereit sein zu ihm zu kommen: er empfand das Bedürfnis nach ihrer moralischen Unterstützung, zumal seit sein vertrautester Ratgeber, Nicolas Granvelle, gestorben war. Die Beziehungen zu Ferdinand wurden
immer gespannter, weil der römische König eine Haltung ständiger Opposition gegen den Kaiser einnahm, nicht nur im Blick auf
die Nachfolgefrage, sondern auch in Dingen allgemeinerer Art.
Als etwa Karl im Reichstag die Frage des Aufstands der Stadt
Magdeburg zu behandeln wünscht, forderte Ferdinand, man solle
seine Bitte um Hilfe gegen die Türken und vor allem um die Verteidigung Transsilvaniens zuerst erörtern. (14) Karl litt sehr unter
der trotzigen Haltung seines Bruders. (15)

Doch scheint der Kaiser das Gewicht der Situation nicht voll erkannt zu haben. Die Tatsache, daß Ferdinand die Frage der Nachfolge im Reich aufgeworfen hatte, kann erklären, warum Karl
nicht in der Lage war, einzusehen, wie unerbittlich fest die Einstellung Ferdinands und Maximilians zur Frage der Zukunft der
Kaiserwürde war. Wenn Maximilian Nachfolger sein konnte,
warum nicht auch Philipp? Aber Maximilian war ein Fürstensohn, der in Deutschland geboren und erzogen worden war; für
die Deutschen war er ein deutscher Fürst, und der Prozeß von Ferdinands Hineinwachsen in Deutschland war gleichzeitig mit dem
Karls in Spanien erfolgt. Der Kaiser hatte zu wenig Empfinden für
die nationalistischen Gefühle der Völker in seinem Reich. Seine
erfolgreiche Verpflanzung in den frühen Jahren seiner Herrschaft
machte ihn geneigt, die Dinge zu einfach zu sehen: Karl, in Gent
geboren, hatte die Herzen seiner kastilischen Untertanen zu gewinnen vermocht, und sein Bruder, gebürtiger Kastilier, hatte sein
Heimatland verlassen, um Herrscher über Österreich, Ungarn
und Böhmen zu werden. Die erfolgreiche Wahl Ferdinands 1531
zum römischen König schuf in Karl allzuviel Vertrauen auf das
Gelingen politischer Manöver im Reich ohne Berücksichtigung
der öffentlichen Meinung. Er baute auch auf die Tatsache, daß er

im April 1550 die Anerkennung Philipps als seines Erben in den Niederlanden, die zum größten Teil innerhalb der Grenzen des Heiligen Deutschen Reichs lagen, durchgesetzt hatte. Im Winter 1550–51 versuchte Karl die Einsetzung Philipps als offiziellen Vertreter des Kaisers in Italien durchzuführen. Das verletzte die Empfindungen der Deutschen mehr als Philipps Designation zum Nachfolger Karls in dessen burgundischen Erblanden. Die Fürsten des Reichs, und zwar protestantische und katholische in gleichem Maße, waren zutiefst beunruhigt, weil sie um ihre eigene künftige Handlungsfreiheit bangten. Karl schuf so sich gegenüber eine gefährliche Koalition althergebrachter Privilegien, die sich nicht nur auf die bedingungslose Unterstützung durch die öffentliche Meinung in Deutschland, sondern auch auf die Hilfe Frankreichs verlassen konnte. Sollte einmal der Aufstand gegen Karl V. ausbrechen, so konnten die deutschen Fürsten ihren Kampf als ein Ringen um die Sicherung der Freiheiten der Deutschen darstellen, – und ähnlich verfuhr Heinrich II.

In Augsburg waren die Unterhandlungen während des Herbstes und Winters 1550–51 fortgeführt worden, und Maria erwies sich als unermüdlich in ihrem Streben nach Frieden und dem Bemühen, zwischen den österreichischen und spanischen Habsburgern einen Kompromiß auszuhandeln. Die meisten der erhaltenen Dokumente, die sich auf diese Gespräche beziehen, tragen die Handschrift von Maria und Ferdinand. Häufig sind es kurze Mitteilungen Marias an Ferdinand; aus ihnen können wir ablesen, wie Maria diesen Schritt für Schritt dahin brachte, daß er die Vorstellung einer wechselseitigen Nachfolge anerkannte, nach welcher Ferdinand Karls Nachfolger als Kaiser sein sollte, während er seinerseits bereit sein würde, sich für Philipp als seinen eigenen Nachfolger einzusetzen; Maximilian sollte der künftige römische König sein. Bevor er diesen Plan billigte, forderte Ferdinand eine klare Zusicherung aller Seiten, daß im Falle seines eigenen Kaisertums weder Philipp noch Maximilian sich in die Regierung des Reichs einmischen würden ohne seine ausdrückliche Erlaubnis: er wollte sich seine Aktionsfreiheit als Kaiser nicht abgrenzen lassen. Als zweitgeborener Sohn hatte er ein ganzes Leben lang davon geträumt, einmal auch selbst auf dem Gipfel der Macht anzukommen. Jetzt, da sich seine Hoffnungen der Erfüllung zu nähern schienen, wollte er sich seine Stellung absichern. (16) Ferdinand verlangte auch das Hilfsversprechen der Katholischen Monarchie für seinen Kampf gegen die Türken um Transsilvanien und für alle Konflikte, die im Reich entstanden. Außerdem machte er die Ehe zwischen Philipp und einer seiner eigenen Töchter zur Bedingung. Karl war bereit, alle diese Bedingungen anzunehmen, wenn sich Ferdinand zu loyalem Verhalten in der Zukunft verpflichtete.

Wenn Karl die Forderung stellte, Ferdinand solle Philipp als Reichsvikar des Heiligen Römischen Reiches in Italien anerkennen, entsprach er damit dem starken Wunsch seiner spanischen Untertanen. Spanische Diplomaten genossen eindeutig den Vorzug; ein halbes Jahrhundert kastilischer militärischer und finanzieller Anstrengungen, um den Einfluß des Hauses Aragon auf die italienische Politik zu verstärken, wären so von Erfolg gekrönt. Philipps Interesse an der Kaiserkrone beruhte auch auf spanischen Ambitionen in Italien. Auch Karls Anregung – die den spanischen Wünschen entsprach –, das Herzogtum Mailand solle an Spanien abgetreten werden, schuf schwierige Probleme: das würde für Ferdinand eine Einbuße bedeuten, wenn er Kaiser würde. Ferdinand stellte es so dar, daß Ehre und Ruhm der Kaiserkrone von Italien herkämen; wenn man von ihm verlange, daß er der Ernennung seines Neffen zum Reichsvikar in Italien zustimme, so werde das bedeuten, daß er, als Kaiser, nicht mehr in der Lage wäre, seine Aufgaben zu erfüllen. (17)

Für die Österreicher war Italien ein Land voll historischer Erinnerung. Ferdinand wußte, daß er bei seiner Auseinandersetzung mit Karl V. auf die Unterstützung von hoch und niedrig, des Adels und des deutschen Volkes, zählen konnte. Als Maximilian am 10. Dezember 1550 in Augsburg eintraf, ließ sich die Befriedigung im ganzen Reich nicht mißverstehen. Der Kardinal von Augsburg erklärte im Gespräch mit dem venezianischen Gesandten über die Nachfolge im Reich, Deutschland werde keinen ausländischen Fürsten hinnehmen, und prophezeite einen Aufstand, falls Ferdinand und Maximilian ihre Zustimmung dazu gäben, daß Philipp den Reichsvikariat erhielt. (18) Jetzt, da sie das ganze Land hinter sich wußten, widersetzten sich Ferdinand und Maximilian offen Karls Plänen. Versuche Philipps, sich mit Maximilian zu einigen, mißlangen. Antoine Perrenot de Granvelle berichtet in seinem Brief an Maria in Brüssel, Maximilian weise bei Hoffesten und Jagdgesellschaften Philipps Versuche zurück, ein herzliches Verhältnis zu schaffen. Karl waren diese Vorgänge nicht unbekannt, »obgleich Seine Majestät es nicht zeigt, bemerkt er es und scheint ganz aufmerksam auf die (freundlichen) Annäherungsversuche Philipps gegenüber Maximilian und Maximilians Widerstreben dagegen.« (19)

Da er so an den toten Punkt gekommen war, bat Karl seine Schwester Maria nach Augsburg zurück, und am 1. Januar 1551 kam sie. Die erste Zusammenkunft zwischen Maria und Ferdinand verlief ergebnislos. Maria war ungehalten über die starre Haltung ihres Bruders und machte ihm Vorwürfe, weil er seinen Ratgebern gestatte, ihn in eine Situation zu manövrieren, die den Sturz seines Hauses mit sich bringen konnte. Ferdinand erklärte, er widersetze sich Karls Vorschlägen, da sie dem Eid zuwiderliefen, den er bei seiner Wahl zum römischen König geschworen hatte: nie bisher war ein Dritter bei Lebzeiten des Kaisers und des römischen Königs zum Reichsvikar gemacht worden. Es war unvereinbar mit dem Herkommen und der Goldenen Bulle. Es scheine kein Grund dafür zu bestehen, fügte Ferdinand hinzu, und die deutschen Kurfürsten würden es nicht zulassen. Es würde den Kaiser in Mißkredit bringen und könnte – sofern die Kurfürsten zur Zustimmung gezwungen würden – sie in den Aufstand treiben und einen Kaiser außerhalb des Reiches suchen lassen – eine verschleierte Anspielung auf Frankreich und die Verhandlungen zwischen den deutschen Fürsten und Heinrich II. (20)

Ferdinands Antwort an Maria enthielt eine genaue Vorhersage der tatsächlichen Ereignisse. Es ist anzunehmen, daß Ferdinand damals bereits mit den Kurfürsten vereinbart hatte, er werde Karls Nachfolgeplan ablehnen oder, falls er durch die Umstände gezwungen werde, nur so zustimmen, daß ihm die Freiheit zu manövrieren blieb. Ferdinand wollte keinen unheilbaren Bruch zwischen sich und seinem Bruder, wollte aber auch nicht seine Popularität und die der österreichischen Habsburger im Reich aufs Spiel setzen für den Fall, daß Karls starre Haltung einen deutschen Aufstand hervorrief.

Ferdinand, und Maximilian erst recht, mußte doppeltes Spiel spielen; sie unterhielten möglichst freundliche Beziehungen zu den Kurfürsten, indem sie betonten, unter wie starkem Druck sie standen, während sie den offenen Bruch mit dem Kaiser vermieden. Ferdinand unterzeichnete daher am 9. März 1551 eine Vereinbarung in Augsburg über eine abwechselnde Nachfolge der beiden Zweige des Hauses Habsburg im Reich – man faßte die Reihenfolge Ferdinand, Philipp, Maximilian ins Auge –, doch tat er nichts, um die Absprache zu erfüllen.

Als sich Deutschland 1552 gegen Karl erhob und der Kaiser aus Innsbruck flüchten mußte – bedroht durch Moritz von Sachsen –, überließen die österreichischen Habsburger den Kaiser sich selbst. (21) Vergeblich suchte Maria von Ungarn einen wirklichen Kompromiß zu vermitteln. Ferdinands und Maximilians Entschlossenheit, verbunden mit der Feindseligkeit der Deutschen gegen Philipp als Ausländer, machten Karls Hoffnungen für seinen Sohn im Reich zunichte.

Der Aufstand in Deutschland

Im Jahre 1550 war Julius III. zum Nachfolger von Papst Paul III. gewählt worden. Der neue Papst zeigte sich dem Wunsch des Kaisers geneigt, das Konzil wieder in Trient zu versammeln. In Augsburg erreichte Karl die Zustimmung des Reichstags zur Teilnahme von deutschen Vertretern, Protestanten wie Katholiken, am Konzil und gab Weisung, daß auch die spanischen Bischöfe und Theologen nach Trient zurückkehren sollten. (22)

Doch im Norden Deutschlands zog sich ein offener Aufstand gegen den Kaiser zusammen. Am 26. Februar 1550 bildeten die Herzöge Albrecht von Mecklenburg und Albrecht von Preußen mit dem Markgrafen Hans von Küstrin, Karls früherem Verbündeten – der dem Kaiser entfremdet war, seit dieser ihn aus dem Reichstag von Augsburg 1548 ausgewiesen hatte, weil er sich dem Interim nicht hatte unterwerfen sollen –, ein Bündnis, dem bald Wilhelm von Hessen und Markgraf Albrecht Alcibiades von Brandenburg beitraten. Sie hatten sich auf folgende Ziele verschworen: den Schutz der deutschen Freiheit, die Verteidigung des lutherischen Glaubens, und die Befreiung des Landgrafen von Hessen, der seit 1547 der Gefangene des Kaisers war. In ganz Deutschland herrschte starke Unzufriedenheit. Die Deutschen nahmen die Anwesenheit spanischer Garnisonen in ihren eigenen Städten und Festungen übel und empfanden die Anmaßung der spanischen *tercios* als unerträglich. Auch erzürnte sich ihr aufkeimendes Nationalgefühl über das arrogante Buch von Don Luís de Ávila y Zúñiga über den Schmalkaldischen Krieg. (23)

Der Plan des Kaisers, die Niederlande vom Reich zu trennen, indem er sie in die Katholische Monarchie einfügt, goß Öl in die Flammen. Vor allem aber fürchteten die Fürsten Karls Macht seit der Schlacht bei Mühlberg. Es war der Kampf zwischen zweierlei Arten von Absolutismus: dem lokalen Absolutismus der Fürsten – räumlich begrenzt und daher härter – und dem allgemeineren, den Karl verkörperte. Es ging nicht um die Freiheitsrechte des deutschen Volkes, sondern um die der deutschen Fürsten.

Bald sollten die Fürsten die Unterstützung des Königs von Frankreich finden. Zu Lebzeiten Franz I. war Karl ständig darauf vorbereitet, ein Bündnis zwischen deutschen Fürsten und Frankreich zu vereiteln; doch sein Tod machte Karl weniger aufmerksam. Mignet, der französische Historiker des 19. Jahrhunderts, hat die Theorie aufgestellt, die Erfolge des Kaisers ließen sich aus dem Wettstreit mit Franz I. erklären: als sein Nebenbuhler verschwand, begann Karl seine größten Fehler zu machen. Im Oktober 1551 unterzeichnete Heinrichs Gesandter Jean de Fresse, Bischof von Bayonne, in Lochau in Sachsen einen Beistandsvertrag mit den deutschen Fürsten, und Heinrich ratifizierte diesen Vertrag am 15. Januar 1552 in Chambord. Der König von Frankreich steuerte drei Monate lang je 80000 Kronen bei, danach 70000 monatlich; als Gegenleistung übertrugen die Fürsten Heinrich den Besitz der Reichsstädte Metz, Toul und Verdun.

Die Verhandlungen mit Frankreich waren nicht glatt verlaufen. Heinrich II. war voller Argwohn. Er verlangte eine Allianz der protestantischen Fürsten mit Sigismund von Polen, um die Einkreisung des Kaisers vollkommen zu machen. Hieraus ergaben sich Verhandlungen zwischen Sigismund und Markgraf Hans von Küstrin, dem jungen Landgrafen Wilhelm von Hessen und Herzog Albrecht von Preußen, die alle aus dem einen oder anderen Grund mit dem Kaiser abzurechnen wünschten.

Hans von Küstrin war der führende Kopf des geheimen Verteidigungsbündnisses mit Sigismund, das auf der Hochzeit Albrechts von Preußen in Königsberg (Februar 1550) unterzeichnet wurde. Doch bedeutete dieser Vertrag an sich noch keine ernsthafte Herausforderung des Kaisers: dafür bedurfte es der Teilnahme Moritz' von Sachsen.

Ehe er sich offen auf die Seite der Empörer schlug, entsandte Moritz 1550 einen Beauftragten, Reiffenberg, nach Frankreich mit der Weisung, festzustellen, welche finanzielle Hilfe man von Heinrich II. erwarten konnte, und das Bündnis zwischen Frankreich und den Fürsten in seinem Charakter mehr offensiv als defensiv zu machen. Als Gegenleistung wollte er sich dafür einsetzen, daß Heinrich zum römischen König gewählt wurde.

Karl war zu dieser Zeit durch Nachfolgestreitigkeiten innerhalb seiner Familie völlig in Anspruch genommen. Er schien taub für die ständigen Gerüchte, es schwebe eine größere Gefahr über seinem Haupte, und übersah die Tatsache, daß Moritz von Sachsen enge Beziehungen zu Maximilian unterhielt, der bereits zum König von Böhmen designiert war. Er schwächte seine Position weiter dadurch, daß er den Waffenstillstand mit dem Sultan brach, indem er dem Vizekönig von Sizilien erlaubte, Mahdia in Tunis einzunehmen. Als Sühne eroberten die Türken im August 1551 Tripolis. So schien alles Moritz' Pläne zu begünstigen.

Und doch hatte Heinrich II. wenig Zutrauen zu der Bereitschaft der deutschen Fürsten, einen langdauernden Kampf mit dem Kaiser auszufechten, und wünschte sich zu versichern, daß die Allianz nicht zu einer religiösen würde; Moritz seinerseits wollte der finanziellen Hilfe absolut sicher sein, ehe er Karl feindlich gegenübertrat. Es gab auch eine latente Feindschaft zwischen Moritz von Sachsen und Hans von Küstrin, die sich im Augenblick zeigte, in dem in Lochau das Übereinkommen mit Frankreich unterzeichnet wurde.

Im November 1551, kurz nach Unterzeichnung des Bündnisses mit Frankreich, ging Moritz nach Magdeburg. Dem Buchstaben nach handelte er im Namen des Kaisers, indem er die Stadt für Nichtannahme des Interims strafte. Im geheimen jedoch erkannte die Stadt seine Herrschaft an als Gegenleistung für Toleranz, Schutz und freie Ausübung des protestantischen Glaubens. So gelang es Moritz, ohne daß er Magdeburg angreifen mußte, eine Armee auf den Beinen zu halten, die ausgehoben worden war, um die Stadt in Karls Auftrag zu unterwerfen. Er verstärkte sie sogar noch mit den Truppen der Stadt. Da Moritz, wie von Karl angeordnet, Vertreter nach Trient entsandte, begannen die anderen Fürsten angesichts seiner offenbar guten Beziehungen zum Kaiser zu fürchten, er möchte sich ihnen nicht anschließen. Moritz erweckte weiter den Anschein der Loyalität gegen den Kaiser, sogar nach dem 17. November 1551, als er die Verhandlungen mit Frankreich und den deutschen Fürsten zum Abschluß gebracht hatte, ja noch nach der Ratifizierung des Vertrags von Lochau durch den französischen König. Im Februar 1552 aber, als ihn der Kaiser zu sich beschied, begab sich Moritz – obgleich offiziell auf dem Weg an den Kaiserhof – heimlich nach Hessen und unterzeichnete dort eine Vereinbarung mit Heinrichs Gesandtem, in der er die finanziellen Bedingungen von Lochau anerkannte.

Bis Mitte März zeigte Karl kein Zeichen von Beunruhigung. Dann entsandte er von seinem Palast in Innsbruck einen Sondergesandten, Juan Manrique de Lara, der von Philipp die größtmögliche Hilfe, und in aller Eile, erbitten sollte. Philipp war im späten Frühjahr 1552 nach Spanien zurückgekehrt. In seinem Brief an ihn gesteht Karl seine eigene Unvorsicht; er habe der Treue und Zuverlässigkeit seines alten Waffenbruders aus dem Schmalkaldischen Krieg, Moritz von Sachsen, zu sehr vertraut. Er sprach auch seine Besorgnis aus, Ferdinand möchte im Bunde mit den Aufrührern sein. Maria, die Königin-Regentin, teilte seine Gefühle; in einem rührenden Brief an Ferdinand beschwört sie ihn, Vergangenes vergangen sein zu lassen und schnell dem Bruder zu Hilfe zu eilen. (24)

Reaktion aus Kastilien

Spanien, oder eigentlich Kastilien, war jetzt die einzige Waffe, die Karl V. blieb. Der Kaiser hoffte auf Geld aus Peru – das damals in immer größeren Mengen in Spanien eintraf – und schlug andere Arten der Geldbeschaffung vor, wie den Verkauf von Krongut an einzelne Granden, Prälaten und Adlige. Da er aber das Geld dringend in Deutschland brauchte, bat er um Kredit und bot Krongut als Sicherheit an. Falls das Geld, und möglichst viel davon, bald eintraf, hoffte Karl, mit ihm und Gottes Hilfe seine Machtstellung in Deutschland immer noch zu halten.

Philipp reagierte prompt und wirkungsvoll auf Manrique de Laras Entsendung. Lara kehrte zu Karl mit 500 000 Dukaten ›in *Reales* und Silber‹ zurück, die großenteils von in Kanzleien und Klöstern niedergelegten Beträgen der *Casa de Contratacion* in

Sevilla (des ›Handelshauses‹, das seit 1503 die Verbindung nach Amerika kontrollierte) stammten und weiter von Privatpersonen, vor allem dem Herzog von Escalada, geborgt waren. Philipp versprach, 5000 Mann würden bald folgen. Andere von Karl vorgeschlagene Wege zur Beschaffung von Geld – wie der Verkauf von Adelsbriefen und von Stadtrechten an Dörfer, sowie von Konzessionen wie Erlaubnis zum Import französischer Manufakturerzeugnisse, die die Cortes von Kastilien gerne haben wollten – schiene nicht ratsam. Statt dessen schlug Philipp den Verkauf der Landnutzung in der Neuen Welt ›für mehrere Generationen‹ vor, unter der Bedingung, daß die Indianer gut behandelt würden und nur mäßige Abgaben zahlen mußten. (25) Eine solche halb-ständige Landabtretung bedrohte die Reste der karolinischen Reform, die Indianergesetze von 1542. (26)

Trotz seiner derzeitigen gespannten Beziehungen zu Philipp* handelte der Herzog von Alba, wie man es von einem der treusten Diener der Krone erwarten durfte. Er eilte an die Seite des Kaisers mit den Schiffen, die die ersten 5000 Soldaten von Philipp brachten. Brieflich gab er Karl auch moralischen Beistand: »Gott gebe, daß wir Eure Majestät bei guter Gesundheit finden um der Sache des Christentums willen, denn alle Schwierigkeiten werden ein Ende finden.« (27)

Auch der Marqués von Denia sprach sein dringendes Bedürfnis aus, Karl V. zu Diensten zu sein: »Ich besitze im Königreich Valencia zwei Dörfer, für die mir 130000 Dukaten geboten worden sind. Gebt Ihr mir Eure Genehmigung, sie zu verkaufen, werde ich die Erträgnisse in Euern Diensten verwenden können. Das wäre die beste Erbschaft, die ich meinem Sohn hinterlassen könnte; und es wäre mein bester Lohn, wenn ich die letzten Tage meines Lebens Euch dienend beschließen könnte.« (28)

Der Bischof von Cuenca schickte 10000 Dukaten, die er bei Verwandten und Freunden gesammelt oder als Kredit auf seinen eigenen Besitz aufgenommen hatte. (29)

Philipp selbst bot sein Kommen an. Tassis beschrieb Granvelle, wie stark sich Kastilien einsetzte:

---

* Alba glaubte sich durch seine Rolle im Krieg in Deutschland zu einer höheren Stellung am Hofe berechtigt.

»Erlauchtester und verehrter Herr,
Beim Weggang derer, die nach Deutschland gereist sind, habe ich
Eurer Herrlichkeit geschrieben und meine Genugtuung über die
Wirkung von Karls V. Hilfsgesuch in Kastilien zum Ausdruck ge-
bracht. Don Juan Manrique (de Lara), der Schatzmeister, reist
jetzt ab mit unserer Antwort auf den Auftrag Eurer Herrlichkeit,
den er gebracht hat, und ich glaube, daß die Maßnahmen, die von
Seiner Königlichen Hoheit Philipp ergriffen worden sind, um zum
Dienste Seiner Majestät für Hilfe zu sorgen, alle Erwartungen erfüllen werden. Seine Majestät wird den Wert dieser Reiche erkennen und die Zuneigung, mit der man ihm hier gehorcht und dient.
Manrique bringt 5000 Mann Fußvolk mit und zwei Millionen in
Bargeld und Silberbarren, die auf Kronbesitz und von Privatleuten
aufgenommen worden sind. Der Herzog von Alba und viele andere Herren haben ihre privaten Einkünfte im Dienste des Kaisers
verwendet und befinden sich unterwegs. Don Enrique de Toledo
wollte kommen, doch der Tod hinderte ihn daran. Um es zusam-
menzufassen, ich bin ganz sicher, daß das, was schon abgegangen
ist und was vorbereitet wird, eine große Hilfe sein wird, so daß
Seine Majestät mit der Bestrafung der Aufrührer und der Heilung
der Übel beginnen kann, die Deutschland heimsuchen. Möge Gott
Seiner Majestät gute Gesundheit und schließlichen Sieg gewähren.« (31)
Daß man die Hilfe zu schätzen wußte, geht aus Luis de Ore-
juelas Brief vom 28. Juli 1552 an Gonzalo Pérez hervor: »Die Ankunft des Herzogs von Alba mit Söldnern und Geld hat uns sehr
erfreut und uns wieder Vertrauen gegeben, denn wir waren sehr
entmutigt.« (32)
Einige meinten, die Hilfe, die schon geschickt worden war,
würde sich vervielfältigen, wenn Spanien Frankreich den Krieg
erklärte. Der Bischof von Cuenca gab Philipp folgenden Rat:
»Beim augenblicklichen Stand der Dinge ist Eure Königliche
Hoheit in der Lage, ihren persönlichen Ruf der Tapferkeit für immer zu erwerben oder zu verlieren; denn es wird in Eurem Leben
nicht noch einmal eine solche Gelegenheit geben, Euern Mut und
Eure Macht zu zeigen. Eure Hoheit muß daran denken, daß die
Leute erörtern und alle sehen wollen, was Eure Hoheit tun wird;
denn sie schauen auf Eure Hoheit als Führer in dieser und anderen
Sachen. Es wird Eurer Hoheit nahegelegt, den hohen Adel, die

Kirchenfürsten des Königreichs ebenso wie die Städte, Dörfer und Weiler darauf vorzubereiten, daß sie sich für den Krieg bereitmachen, für den Fall, daß sie aufgerufen werden, der Krone mit all ihren militärischen Machtmitteln beizustehen. Sollte Eure Königliche Hoheit sich dann entschließen, Frankreich von Süden her anzugreifen, wäre sie in der Lage, dies mit Ansehen und Ruhm zu tun, um allen Fürsten Furcht vor ihrer Macht einzuflößen und Frankreich zu zwingen, seinen Druck auf Italien, die Niederlande und Deutschland zu lockern. Wenn Eure Königliche Hoheit es wünscht, würde jeder Mann im Königreich auf eigene Kosten Folge leisten aus Zuneigung für Eure Königliche Hoheit und vor allem, weil es Eure erste Unternehmung für den König ist. Falls ein Einfall in Frankreich nicht notwendig ist, wäre nichts verloren.« (33)

Allgemein erging man sich in Kastilien in Vermutungen über Philipps Antwort auf den Lobpreis seines Vaters. Mit zweiundfünfzig, bei schlechter Gesundheit, stand Karl an der Schwelle des Alters; Philipp war in der Blüte der Jugend. Philipp wünschte dringend, seinem Vater zu Hilfe zu kommen, aber Karl wollte seinen Sohn nicht in einen Feldzug verwickeln, dessen Ausgang unsicher war und bei dem Philipps Ruf starke Einbuße erleiden könnte. Er entsandte daher Don Juan de Figueroa, der seinem Sohn zu melden hatte, die Jahreszeit sei zu weit fortgeschritten, als daß er einen Zug nach den Niederlanden oder nach Deutschland unternehmen könne. (34)

Noch hielt sich der Kaiser nicht für geschlagen. In seiner Entschlossenheit, den Tatsachen ins Gesicht zu schauen, können wir immer noch denselben Karl erkennen, der 1528 eine eindrucksvolle Rede vor dem Kronrat in Madrid hielt, den Mann der Audienz mit Papst und Kardinalskolleg, der 1539 unbewaffnet durch Frankreich reiste und der die Katastrophe von Algier klar sah. Er war nicht zurückgeschreckt vor Feldzügen im Norden, 1544 gegen Frankreich, 1546 und 1547 gegen die Protestanten. Doch damals hatte er mächtige Feinde besiegt, indem er jeden für sich bekämpfte; jetzt hatten sie sich alle gegen ihn zusammengeschlossen. Trotzdem hielt er es für seine Pflicht, das Kaisertum zu verteidigen, seine Erblande und den katholischen Glauben. Ungeachtet seiner Erschöpfung bereitete er sich auf den Krieg vor.

Zwei Aspekte der Krise von 1552 sind besonders interessant: erstens, daß es so lange dauerte, bis der Kaiser den Ernst der Situation erkannte, und zweitens, wie kühn und entschlossen er seinen Feinden gegenübertrat und verbissen seine Grundsätze festhielt, nachdem er einmal das Ausmaß der Verschwörung sah.

Am 21. September 1551 erklärte Frankreich den Krieg, und im Oktober meldete die Königin-Regentin die ersten Zeichen von Feindseligkeit durch französische Schiffe gegen die niederländischen Untertanen des Kaisers. Als Karl jünger war, hätte er den Ernst der Lage bereits begriffen, sobald Heinrich II. in Verhandlungen mit seinen Gegnern eintrat: mit den Protestanten in Deutschland, den antikaiserlichen Parteien in Siena und Parma und dem Piraten Dragut im Mittelmeer. Aber weder der Kaiser noch sein erster Ratgeber, der jüngere Granvelle, schenkten den Warnungen vor einer drohenden Rebellion der deutschen Fürsten und insbesondere vor der Absicht Moritz' von Sachsen, mit Karl zu brechen, Glauben. Gegen alle Vernunft verbrauchte der Kaiser die letzte Geldsendung aus Peru in dem kostspieligen Kampf, mit dem er Papst Julius III. half, Ottavio Farnese seiner Rechte über Parma zu berauben und – vergeblich – Mirandola zu erstürmen; offenbar dachte er nicht daran, daß er bald selbst dringend Geld nötig haben würde. Am 28. Januar schrieb Karl seiner Schwester, die Operation in Parma habe ihn vollständig ruiniert; und dies zu einer Zeit, wo Heinrich II. den Vertrag von Lochau bereits unterzeichnet hatte! Anfang März mußte Karl den Tatsachen ins Auge blicken. Jetzt argwöhnte er, sein Bruder Ferdinand und sein Neffe Maximilian, beide persönliche Freunde des Herzogs Moritz, könnten in die Verschwörung gegen ihn verwickelt sein. Im übrigen erklärten die aufständischen Fürsten als einen ihrer Gründe die Ablehnung des Erbfolgeplans, der Philipp von Spanien begünstigte. Es bestanden auch Gerüchte über ein Treffen zwischen Maximilian und Moritz in Wasserburg.

In Innsbruck, krank und allein, war Karl seinem Bruder ausgeliefert. Er schickte einen seiner vertrauenswürdigsten Berater, den Herrn von Balançon, zu Ferdinand, um ihm seine Lage zu schildern und um Rat und Hilfe zu bitten. Dessen Instruktionen, in Granvelles Handschrift, sind wahrscheinlich von Karl selbst diktiert. Ganz abgesehen von dem sichtbaren Zweck seiner Reise hatte der Herr von Balançon auch zu erkunden, ob an den Gerüchten über ein geheimes Einverständnis zwischen Moritz von Sachsen und Ferdinand etwas Wahres sei. Moritz hatte gewiß Erfolg. Am 4. April ergab sich ihm Augsburg, und bald drang diese bestürzende Neuigkeit zum Kaiser. Zwei Tage später unternahm dieser den Versuch, heimlich aus Innsbruck zu fliehen, verkleidet und nur in Begleitung von fünf Dienern. Er wollte in die Niederlande. Doch es war zu spät. Der Rhein wurde von den Heeren Heinrichs II. bewacht, und Truppen- abteilungen der Protestanten sperrten alle Pässe nach Süden. Er konnte Konstanz nicht erreichen und mußte sich wieder nach Innsbruck zurückziehen.

Es gelang den süddeutschen Städten, den Anmarsch der aufrührerischen Fürsten zu bremsen. Nürnberg und Ulm leisteten Widerstand; Straßburg gelang es, die Franzosen in Schach zu halten. Trotz ihrer protestantischen Neigungen fürchteten diese Städte den Despotismus der Fürsten mehr als einen siegreichen Kaiser.

Immer noch gab es die Hoffnung, daß Verhandlungen mit Moritz, in die Karl in Linz eingetreten war, zum Erfolg führen würden. Die Beauftragten des Kaisers boten die Freilassung des Landgrafen Philipp von Hessen an; diese sollte fünfzehn Tage, nachdem die protestantischen Fürsten ihre Truppen entlassen hatten, und unter der Bedingung erfolgen, daß die entlassenen Truppen nicht ins französische Heer eingereiht würden. In der religiösen Frage aber hatte Balançon strenge Weisung, nicht vom letzten Reichstagsbeschluß abzugehen. Karl war einzig zu dem Zugeständnis bereit, daß »alles so bleiben solle, wie abgemacht, bis zum nächsten Reichstag«. Er hoffte, die deutschen Fürsten aus dem Bündnis mit Frankreich zu lösen, und plante bereits einen Gegenangriff auf Heinrich II. Aber Moritz ging auf diese Bedingungen nicht ein. Da die Verhandlungen steckenblieben, wurden sie bis zu weiterer Erörterung in Passau Ende Mai vertagt.

Flucht aus Innsbruck

Entschlossen, den Aufstand stattfinden zu lassen, wandte sich Moritz von Sachsen mit seinen Truppen jetzt nach Süden, während der Markgraf von Brandenburg zur Unterwerfung Nürnbergs zurückblieb. Auf seinem Vormarsch nahm Moritz am 18. Mai Füssen ein, und am folgenden Tag überraschte die Vorhut seiner Armee die kaiserliche Garnison, die den Ehrenbergpaß verteidigte, und zwang sie, sich zu ergeben. Mitten in einem heftigen Schneesturm mußten Karl und sein schutzloser Hof über den Brenner und Toblach nach Osten fliehen. Sandoval erzählt dramatisch, Karl und seine Suite seien aus dem Palast durch die eine Tür entkommen, während Moritz ihn durch eine andere betrat. (35) In Wirklichkeit kam Moritz nicht vor dem 23. Mai nach Innsbruck, als der Kaiser bereits im Oberen Drautal in Sicherheit war; am 24. war er in Lienz und erreichte am 27. Villach in Kärnten. Man muß sich jedoch fragen, ob Moritz den Kaiser absichtlich entkommen ließ. Man zitiert seinen damaligen Ausspruch, er habe »keinen Käfig, der groß genug sei für einen so großen Vogel«. Falls der Ausspruch echt ist, würde er die Absicht bestätigen.

In Villach konnte Karl seine Kräfte zusammenraffen, wie so oft in der Vergangenheit. Ordern gingen in alle Richtungen, und Vorbereitungen zu einem Gegenschlag wurden getroffen. Er faßte wieder Selbstvertrauen und entwarf Pläne für die Wiedereinnahme von Metz, Toul und Verdun (die Heinrich, gemäß dem Vertrag von Lochau, im März und April 1552 besetzt hatte) und, nach Wiederherstellung seines Ansehens, eine Rückkehr nach Deutschland. Er hoffte, die deutschen Fürsten während der Verhandlungen, die jetzt in Passau wiederaufgenommen wurden, dazu zu bringen, daß sie die Allianz mit Frankreich aufgaben. Die ruhmlose Flucht aus Innsbruck hatte Karl nicht milder gemacht. Seine Bedingungen für ein Übereinkommen mit den Fürsten waren noch immer dieselben wie in Linz: die Freilassung des Landgrafen von Hessen fünfzehn Tage nach der Demobilisierung der fürstlichen Truppen, der Austritt der Fürsten aus dem französischen Bündnis und die Vertagung der religiösen Frage bis zum nächsten Reichstag. Von diesen drei Punkten schien der Bruch mit Frankreich am wenigsten schwierig; tatsächlich verließ der französische Gesandte die Verhandlungen vor deren Ende. Die Freilassung des Landgrafen und die Auflösung der protestantischen Truppen waren gewiß schwieriger, stellten aber keine unüberwindlichen Hindernisse dar. Das Zentralproblem war die religiöse Frage. Moritz von Sachsen, der Hauptverhandlungspartner in Passau, erkannte, daß bei der unbeugsamen Haltung des Kaisers ein vollkommener Sieg des Luthertums nicht möglich war. Auch mag ihn das Ausmaß von Karls Kriegsvorbereitungen beunruhigt haben; jedenfalls gelang es ihm, die Mehrheit der Fürsten zu einer Kompromißformel für den Frieden zwischen Protestanten und Katholiken zu überreden.

Diese Formel wurde drei Jahre später die Grundlage des Augsburger Religionsfriedens, doch jetzt lehnte Karl die vorgeschlagenen Bedingungen ab. In der religiösen Frage wich er nicht zurück: die Erörterung sollte bis zum nächsten Reichstag aufgeschoben werden. Am 2. August gab Moritz nach und unterzeichnete den Vertrag von Passau. Am 15. ratifizierte der Kaiser ihn in München. Jetzt konnte er sich dem Krieg gegen Frankreich zuwenden. Mittlerweile waren die militärischen Vorbereitungen auf der kaiserlichen Seite vorangegangen. Kurz vor dem Eintreffen in Villach schrieb Karl an Philipp über die Truppenmenge, die er auszuheben gedachte: 90 Kompanien Fußvolk (d. h. 36 000 Mann) in Deutschland, 4000 in Italien, außerdem den spanischen *tercio*, der in Württemberg in Garnison lag, und die Kompanie Arkebusiere unter dem Hauptmann Alonso de Vargas. Außer den 5000 Mann an spanischem Fußvolk, die Alba brachte, erwartete Karl 6000 deutsche Reiter, 2000 Mann leichte Kavallerie aus Polen sowie die in Mailand stehenden 5 Kompanien leichte Reiterei. Geschütze, Munition und Proviant für all diese Streitkräfte mußten ebenfalls beschafft werden. (36)

Ein so großes Heer erforderte große Summen Geldes. Karl konnte beachtlich viel aufbringen. Anton Fugger, der Augsburger Bankier, der Karl auf seiner Flucht aus Innsbruck begleitet hatte, streckte ihm 400 000 Dukaten vor. Aus Neapel schickte der Vizekönig 200 000 Dukaten und versprach eine weitere Sendung. Karl konnte dem die 500 000 Dukaten hinzufügen, die Juan Manrique de Lara aus Kastilien gebracht hatte.

Unterwegs zur Rückeroberung von Metz, zog Karl durch Bayern und erreichte Augsburg. Von dort marschierte er, mit ständig wachsenden Streitkräften, auf Ulm und Straßburg, die ihm treu geblieben waren. Vor Metz trat er als Vorkämpfer der deutschen Sache auf. Sein Heer bestand aus 64 500 Mann Fußvolk und 14 000 Reitern; davon stammten 6000 Infanteristen, 200 berittene Arkebusiere und 500 Reiter aus Spanien. Der Herzog von Alba hatte den Oberbefehl, und Karls Heer erhielt weitere Verstärkung durch Markgraf Albrecht Alcibiades von Brandenburg, der mit seinen 15 000 Mann zum Übertritt auf die kaiserliche Seite überredet wurde. Albrecht Alcibiades war der einzige deutsche Fürst, der nach Passau mit Frankreich verbündet geblieben war, und Karl klagte seiner Schwester Maria, er müsse aus der Not eine Tugend machen und Seite an Seite mit einem Fürsten kämpfen, der Franken auf Geheiß Heinrichs II. überfallen und verwüstet hatte.

Trotz des massiven Truppenaufgebots war Karls Armee eine weniger wirkungsvolle Waffe als die der Feldzüge der vierziger Jahre. Der Kaiser konnte seine Leute nicht mehr durch sein eigenes Beispiel zu Taten von unglaublicher Kühnheit anfeuern, denn häufige Gichtanfälle machten seine Teilnahme am Kampf unmöglich. Erst spät im Herbst begann die tatsächliche Belagerung der Stadt, und weder die starke Heeresmacht des Kaisers noch die entschlossene Führung durch den Herzog von Alba konnte den verbissenen Widerstand überwinden, den der Duc de Guise organisiert hatte. Karl erkannte die Vergeblichkeit aller Anstrengungen und beschloß am 1. Januar 1553, die Belagerung aufzugeben.

Mit dem Scheitern der Wiedereinnahme von Metz kam Karl die Erkenntnis, daß es außerhalb seiner Möglichkeiten lag, die religiösen und dynastischen Schwierigkeiten in Deutschland – nachdem er Heinrich II. zurückgedrängt hatte – mit Gewalt zu einer Lösung zu bringen. Am Weihnachtstag, eine Woche vor Abbruch der Belagerung, schrieb Karl an Philipp von den schmerzhaften Gichtanfällen, die er erlitten hatte, wie sie seine Gesundheit untergraben und ihn an einer energischeren Durchführung der Belagerung gehindert hatten. Am Ende des Briefs spricht der Kaiser verschlüsselt von der ernsten finanziellen Lage. Kastilien konnte nichts mehr tun. Nicht nur die Einkünfte des laufenden Jahres waren verbraucht, sondern auch auf die von 1553 und 1554 und sogar einen Teil derer von 1555 hatte man vorgegriffen. (37) Außerdem beunruhigten ihn türkische Angriffe im Mittelmeer und der Druck auf Ungarn, der Krieg in Siena, wo – mit französischer Hilfe – die kaiserliche Garnison im Juli 1552 vertrieben worden war. Und endlich hatte ihn die Lage in Deutschland mit den Fürsten – die immer noch an der Spitze ihrer Armeen standen, ohne daß eine zentrale Macht stark genug gewesen wäre, für Recht und Ordnung zu sorgen – überzeugt, er müsse nicht nur die Belagerung von Metz aufgeben, sondern sich von der politischen Szene zurückziehen.

Karl zieht sich aus Deutschland zurück

Der Kaiser entschloß sich, sich zuerst aus den deutschen Dingen zurückzuziehen und ihre Behandlung seinem Bruder Ferdinand zu überlassen. Dann würde er versuchen, seine Erblande in möglichst gute Ordnung zu bringen, damit Philipp sie übernehmen konnte.

Praktisch hat Karl seit 1553 sein kaiserliches Amt nicht mehr ausgeübt, auch wenn die Kurfürsten seine Abdankung erst im Februar 1558 annahmen. Am 14. März desselben Jahres erhielt Ferdinand die Kaiserkrone. Es war Karl unmöglich, die religiösen Zugeständnisse zu machen, die Deutschland den Frieden bringen konnten; angesichts dieser unlösbaren Schwierigkeit zog er sich zurück und überließ die Sache seinem Bruder. Am 8. Juni 1554 legte er seinen Entschluß schriftlich nieder und gab gleichzeitig Ferdinand alle Vollmacht, die religiöse Frage auf dem nach Augsburg einberufenen Reichstag zu entscheiden. Seine Weigerung, in der Religionsfrage Kompromisse zu schließen, kommt klar zum Ausdruck in seinem fünften und zugleich letzten Testament für Philipp, das zwei Tage früher datiert ist; darin beschwört er seinen Sohn, den Schutz der Kirche in seinen Landen nicht zu vernachlässigen, sondern die Inquisition gegen die Ketzerei zu unterstützen. (38)

Obgleich Karl die deutschen Dinge seinem Bruder überließ, verfaßte er ein langes Dokument, das Ferdinand als Leitfaden für seine Haltung zu den in Augsburg erörterten Fragen dienen sollte. Den Entwurf beriet er mit dem Vizekanzler des Reiches, Georg Sigismund Seld, einem ausgezeichneten Mann, der während der letzten Jahre eng mit dem Kaiser zusammengearbeitet hatte. Das Dokument stellt einen letzten Versuch des Kaisers dar, beim Abtreten von der Bühne der Zeit deren Probleme zu sichten. Er warnt seinen Bruder davor, die katholischen Fürsten würden mehr auf ihr eigenes Interesse schauen als die kaiserliche Politik stützen wollen; ihre Interessen seien mehr politisch als religiös motiviert. Auch die geistlichen Fürsten stifteten Schaden, weil sie sich religiösen Reformen widersetzten und daher die Unzufriedenheit der Bevölkerung nährten. Die interessanteste Seite dieses Dokuments ist der Optimismus, mit dem Karl das Luthertum betrachtet. Er glaubte, es bestehe immer noch Hoffnung für seine Nachfolger, die religiöse Spaltung zu heilen. Er unterstrich, 1530 seien es dreizehn Punkte in den Kompromißverhandlungen gewesen, über die keine Einigung erzielt werden konnte, 1541 nur fünf oder sechs; ein klarer Beweis, so schloß er, daß eine künftige Versöhnung möglich sei.

Aber das Bezeichnende an der Augsburger Abmachung vom 15. September 1555 war die Anerkennung des Mächtegleichgewichts zwischen Lutheranern und Katholiken in Deutschland. Die jüngsten Kämpfe hatten beide Seiten davon überzeugt, daß keine von beiden in der Lage war, sich restlos durchzusetzen. Ohne Rücksicht auf religiöse Unterschiede hatten die deutschen Fürsten, katholische und lutherische gleichermaßen, zwei Dinge gemeinsam: das Bedürfnis nach Ruhe und Ordnung und die Entschlossenheit, ihre politische Stellung zu verteidigen, die durch die Macht des Kaisers ernstlich bedroht gewesen war.

Man könnte meinen, in Augsburg habe es sich 1555 im wesentlichen um dasselbe gehandelt wie in den Beschlüssen von Speyer 1544 und Passau 1552, denn in diesen hatte Karl ja das Luthertum, wenn auch nur vorläufig, anerkannt. Aber das Bemerkenswerteste an den Diskussionen in Augsburg war, daß das Religiöse dem Politischen untergeordnet wurde; an die Stelle der Theologen traten jetzt die Rechtsgelehrten. Alle Fürsten wollten die religiöse Einheit; Einheit nicht für das Reich, sondern bezogen auf das jeweilige Territorium der einzelnen Reichsstädte. Das war in Wahrheit der Sieg des Territorialstaats über das Reich, der Landesherren über den Kaiser. Die Entscheidung politischer Fragen in Deutschland, sowohl im Hinblick auf den öffentlichen Frieden wie auf religiöse Uneinigkeit, lag jetzt beim Herrn des Territoriums: wir fassen das kurz in die Formel *cuius regio eius religio*. Die Fürsten wurden so Herren über Leib und Seele. Es gab keine wirkliche Gesinnung der Toleranz; für Untertanen, die nicht die gleiche Religion wie ihr Fürst hatten, bestand nur die Möglichkeit, in ein Land auszuwandern, dessen Fürst ihrem eigenen Glauben anhing. Nur im Zusammenhang mit der fürstlichen Oligarchie kann von ›Religionsfreiheit‹ gesprochen werden.

Der Augsburger Religionsfriede bezeichnet Karls Rücktritt vom Kaisertum, auch wenn Ferdinand erst am 14. März 1558 in der St. Bartholomäuskirche in Frankfurt am Main in Gegenwart aller deutscher Fürsten gekrönt wurde. Ferdinand hatte eine andere Reichsidee als das Mittelalter, und von nun an wurde kein Kaiser des Heiligen Römischen Reiches mehr vom Papst gekrönt. Karl V. war der letzte, bei dem das geschehen war, und so bedeutet sein Tod das Ende einer Epoche. (39)

Die Reformation hatte Karl V. von 1521 bis 1558 beschäftigt, vom Reichstag zu Worms bis zu seinem Rücktritt und Tod. Zunächst war sie nur eine deutsche Sache, wurde aber bald zu einer europäischen. Aus dem Reich verbreitete sie sich nach den skandinavischen Ländern und über den Kanal und faßte festen Fuß in England. Der reformierte Glaube eroberte die meisten Schweizer Kantone, und Genf wurde unter der energischen Führung Calvins so etwas wie das Rom der Andersgläubigen. Die Reformation unterwanderte auch die romanischen Länder. Unter Papst Paul IV. mußte Rom selbst gegen mehr als einen Prälaten und hohen Beamten der päpstlichen Kurie einschreiten, der der Ketzerei angeklagt war. Die römische Inquisition brauchte nicht die Strenge der spanischen nachzuahmen; Rom war das Zentrum. In Spanien hatte Karls religiöser Eifer einen Anteil an den *autos da fé* (Ketzerverbrennungen) in Vallaloid 1559 und in Sevilla 1560. Frankreich zögerte weder unter Franz I. noch unter Heinrich II., sich mit den deutschen lutherischen Fürsten zu verbünden, wenn es galt, die Macht des Kaisers zu verringern; gleichzeitig begann es in seinem eigenen Land eine wilde Ketzerverfolgung: 1545 wurden Tausende hingeschlachtet, 1546 gab es zwölf Hinrichtungen in Meaux; 1553 in Lausanne wurden fünf Studenten getötet. Ganz Westeuropa wurde ein Jahrhundert lang von erbitterten und vernichtenden Religionskriegen heimgesucht. Kein einzelner konnte sich dieser Flut entgegenstemmen.

Karl kämpfte um die Einigkeit und suchte daher nach einer Formel, die den religiösen Frieden wiederherstellen würde. Er hielt die Lehren der römischen Kirche hoch, während er sich doch andererseits die alten Ziele des Kaisertums gegen das Papsttum zu eigen machte. Er brachte die religiöse Frage vor den Reichstag während seiner Regierung, so 1530 in Augsburg und 1541 in Regensburg, und regte Zusammenkünfte von Theologen beider Seiten an in der Hoffnung, es lasse sich ein Mittelweg finden. Als er keine friedliche Lösung finden konnte, griff er zur kriegerischen; doch nach seinem Sieg bei Mühlberg versuchte er die Lutheraner durch das ›Interim‹ von 1548 (das sich als unausführbar erwies) zurück in eine reformierte katholische Kirche zu bringen.

Der Augsburger Religionsfriede zeigt weitgehend das Scheitern von Karls Idealen. 1555 wurde die Spaltung in der christlichen Kirche anerkannt, und wir haben sie heute noch. Der Kampf gegen die lutherischen Fürsten in Deutschland tat auch seinen politischen Plänen der Vereinigung beider Linien der Habsburger Dynastie Abbruch. Hier war der bewaffnete Aufstand der deutschen Fürsten von 1552 entscheidend; er machte den Plan eines ›alternierenden Kaisers‹ zunichte.

Doch waren nicht alle Bemühungen des Kaisers umsonst. Der deutsche Katholizismus verschwand nicht; er stand dem lutherischen Glauben 1555 gleichberechtigt zur Seite, dank der Entschlossenheit, mit der Karl in der kritischen Zeit zwischen Innsbruck und Passau für ihn gekämpft hatte. Das Konzil wurde Wirklichkeit, hauptsächlich aufgrund seiner Bemühungen; Philipp II. folgte der Politik seines Vaters und brachte das Konzil zum erfolgreichen Abschluß, indem es Reformen innerhalb der katholischen Kirche einführte. Man sollte auch erkennen, daß Karl V. für einen Zusammenschluß der Christenheit gekämpft hat, und für eine Verbindung der europäischen Völker über den nationalen Partikularismus hinweg. Mochten solche Ideale sich auch damals nicht verwirklichen lassen, so haben sie doch bis zum heutigen Tag einen dauernden Einfluß ausgeübt.

Sechs moderne Völker nennen Karl ihren einstigen Herrscher: Holland, Belgien, Deutschland, Österreich, Italien und Spanien. Insofern hat die Erinnerung an sein Werk ein Stück weiter geführt in Richtung auf die Wiedervereinigung der christlichen Kirchen und Europas.

Englische Aussichten

Am 6. Februar 1553, nach einigen Tagen anstrengender Reise über das gefrorene Land, traf Karl in Brüssel ein. Bevor er von Metz aus aufgebrochen war, hatte er wegen Krankheit zehn Tage in Thionville bleiben müssen. Am 13. Januar verließ er Thionville auf dem Wege nach Luxemburg, wo er so krank ankam, daß er bis zum Ende des Monats dort bleiben mußte. Nachdem er sich etwas erholt hatte, nahm er den Weg nach Brüssel durch das verlassene Gebiet der schneebedeckten Ardennen über Bastogne und La Roche. Er zog durch Namur und erreichte schließlich die Hauptstadt der Niederlande, nach sechsunddreißig Reisetagen anstelle der üblichen acht oder zehn. (1) Während der ersten Monate des Jahres 1553, erschüttert durch sein Scheitern vor Metz, litt er an Schlaflosigkeit und Melancholie. Sein altes Interesse für Uhren wurde jetzt zu einer Besessenheit, die ihn (wie Diplomaten von seinem Hof berichteten) bis in die Morgenstunden wach hielt. (2)

Karl schien zu hoffen, daß die Zeit eine Lösung für die Fülle von Problemen bringen würde, die zuletzt über ihn hereingebrochen waren. In Deutschland hatte er nur einen einzigen Verbündeten, den Markgrafen Albrecht Alcibiades von Brandenburg, der ihm mehr schadete als nützte. Er war der Typ des Raubritters, wie er in Franken wütete und das Volk terrorisierte. Um ihn zu bekämpfen, bildete Moritz von Sachsen ein Bündnis süd- und westdeutscher Fürsten, dem auch Maximilian und Ferdinand beitraten. (3) Karl muß beunruhigt gewesen sein, ob diese mächtige Liga nicht gegen ihn selbst gerichtet war. Falls das Moritz' Pläne waren, konnte er auf die Hilfe Heinrichs II. rechnen; und viele glaubten, daß Ferdinand und Maximilian dem französischen König nicht in den Weg treten würden.

Plötzlich besserte sich die Lage, von Karls Standpunkt aus gesehen, beträchtlich dadurch, daß sich neue und interessante Möglichkeiten für seine Familie eröffneten. Am 6. Juli 1553 starb Eduard VI., der junge König von England. Fünf Tage später starb Moritz von Sachsen in Sievershausen nach einem Sieg über den

Markgrafen von Brandenburg. Der Friede in Deutschland schien gewährleistet und mit ihm Heinrichs II. Isolierung. Zudem kam, nach der kurzen Regierung der Jane Grey, des Kaisers Cousine Maria Tudor auf den englischen Thron. Diese günstige Entwicklung weckte die Energie des alten Kaisers. Es war wichtig zu handeln und sofort zu handeln. Maria Tudor war trotz ihrer siebenunddreißig Jahre immer noch unvermählt.

Die Ereignisse in England ließen Karl die Niedergeschlagenheit abschütteln, in die er nach dem Metzer Fehlschlag verfallen war. Ende Juni wurde sein Gesandter in London, Johann Scheigue, ein farbloser und erfolgloser Mann, durch eine Gruppe von Diplomaten ersetzt, unter denen der Burgunder Simon Renard die Schlüsselfigur war. Sie sollten Maria Tudor für den Fall beistehen, daß ihre Anwartschaft auf den englischen Thron in Zweifel gezogen würde. Ende Juli, als die Rechtmäßigkeit Maria Tudors anerkannt schien, machte Karl den Vorschlag einer Heiratverbindung zwischen der neuen Königin und seinem Sohn Philipp. Karl sah in diesem dynastischen Bündnis ein Teilstück seiner eigenen geplanten Abdankung in den Niederlanden, das heißt kein Mittel, seine Stellung Europa gegenüber zu stärken, sondern um der Übernahme der Macht durch seinen Sohn den Boden zu bereiten. Als die Dinge in England seinen Plänen entsprechend liefen, triumphierte er und rief, zum erstenmal seit vielen Jahren, aus: »Gott sei gedankt, ich fühle mich sehr wohl.« (4)

Winterkriege waren im 16. Jahrhundert nicht üblich. 1553 hatte Karl selbst einen geplanten Winterfeldzug aufgeben müssen. Doch waren derartige Feldzüge verlockend, weil sie ein Überraschungsmoment enthielten, und im Winter 1552 gelang es dem französischen Gouverneur der Picardie, dem Herzog von Vendôme, die Festung Hesdin einzunehmen, von der aus er Westflandern und die Engländer in Calais bedrohen konnte.

Die kaiserliche Armee, die jetzt von Emanuel Philibert, dem Herzog von Savoyen, geführt wurde, reagierte schnell. Im Frühjahr 1553 wurden Thérouanne und Hesdin wieder eingenommen und geschleift. Jetzt wurde der Krieg auf beiden Seiten erbarmungslos und brutal, und so blieb er während des ganzen folgenden Feldzugs.

Die französische Armee unter dem Konnetabel Montmorency belagerte Cambrai. Trotz seiner Leiden verließ Karl Brüssel, um seine Truppen zu ermutigen, während Heinrich II. sich zum französischen Heer nach Cambrai begab. Karl schlug sein Hauptquartier in Mons auf und zwang den König von Frankreich bald zu einem Rückzugsgefecht; es gelang ihm aber nicht, ihn – wie er plante – zu einer Entscheidungsschlacht und zu einem dauernden Frieden zu zwingen. Der König von Frankreich war entschlossen, nicht alles in einer einzigen Schlacht mit dem Kaiser aufs Spiel zu setzen, und brachte sich nach St-Quentin und Château-Cambrésis in Sicherheit. Die fortgeschrittene Jahreszeit verhinderte weitere militärische Aktionen.

Die Heftigkeit der Feldzüge von 1553–54 muß im Zusammenhang mit den Ereignissen in England gesehen werden. Im Juni war die Verschwörung des Thomas Wyatt – mit Unterstützung der französischen Gesandtschaft in London – gegen Maria Tudor gescheitert, und im Juni landete Philipp in England, um seine Vermählung mit Maria zu feiern. Jetzt war Frankreich eingekreist. Philipps Anwesenheit in London war Heinrich II. sogar noch schmerzlicher, als seinem Vater, Franz I., die Kaiserkrönung Karls gewesen war. Heinrich II. zog an der Mosel entlang und griff Mariemont und Binche an, wo Maria von Ungarn zwei prachtvolle Herrensitze hatte. Die Gegend war gut geeignet für die Jagd und ihr sehr lieb. Sandoval berichtet, wie der französische König »sein Schwert aus der Scheide nahm und ein paar Reiser und Zweige abschnitt und so die Zerstörung, die er befohlen hatte, eröffnete; alles, was zu sehen war, wurde niedergehauen und verbrannt in dem Wunsch, dort, wo kein Widerstand war, Vergeltung zu üben für die Sorgen, die die tapfere Königin Maria ihm und seinem Vater gemacht hatte.« (6) Heinrich II. beschränkte sich nicht auf die Zerstörung der königlichen Schlösser von Mariemont und Binche, sondern verwüstete den ganzen Hennegau. Man glaubte Brüssel gefährdet und riet Karl, sich nach Antwerpen zurückzuziehen. Der alte Kaiser weigerte sich. Er behielt die Ruhe; anstatt die Hauptstadt der Niederlande dem Feind preiszugeben, schlug er sein Hauptquartier in Namur auf und bedrohte damit die Flanke der französischen Armee. So wurde die Lage gerettet. Trotz seiner schlechten Gesundheit begleitete Karl seine Armee in einer Sänfte, um der von Heinrich II. belagerten Stadt Renty zu Hilfe zu kommen. Wieder hoffte er auf eine Entscheidungsschlacht, und noch einmal verweigerte sich Heinrich und brach den Feldzug Mitte August ab. Das einzige, was Frankreich erreicht hatte, war die Verwüstung des nordöstlichen Teils von Flandern mit der Zerstörung von über hundert Dörfern.

Karl kehrte nach Brüssel zurück. Es war ein langsamer Marsch. Seine Gicht zwang zu häufigem Halten, und so erreichte er Brüssel erst am 9. Oktober; für die verhältnismäßig kurze Entfernung hatte er fast zwei Monate gebraucht. (7) Hatte er auch sein Geburtsland erfolgreich verteidigt, so ist doch kaum anzunehmen, daß der junge Kaiser, der Sieger von Crépy und an der Elbe, den Feind so leicht hätte entkommen lassen.

Dies war Karls letzter Feldzug. Der Tod seiner Mutter in Tordesillas am 13. April 1555 ließ ihn das Datum seiner Abdankung von seinen Pflichten und seines Rückzugs aus der Welt vorverlegen. Die Nachricht vom Tode Juanas im Alter von siebenundsechzig Jahren überraschte ein Europa, das sie ganz vergessen hatte. Jetzt erinnerte man sich ihrer wegen der eindrucksvollen Reihe ihrer königlichen Nachkommen. Ein anonymer italienischer Reisender, der Ferdinand in Augsburg besuchte, erinnerte ihn daran, daß zwölf Könige der Christenheit von seiner Mutter abstammten. Im Reich, in Spanien, Italien, Portugal, Frankreich, Ungarn, England und sogar in Polen stammten die herrschenden Königshäuser direkt von der verstorbenen Königin ab oder waren mit ihren Kindern oder Enkeln verheiratet – nach Ansicht König Ferdinands eine erfreuliche Leistung. (8)

Die Abdankung

Mit Karls Abdankung von der Herrschaft in den Niederlanden treten wir einem der meistdiskutierten Ereignisse der Geschichte der früheren Neuzeit gegenüber. Die Tatsache, daß er freiwillig Macht aufgab, machte die Brüsseler Abdankung besonders dramatisch. Karl Brandi, der moderne Biograph des Kaisers, ist der Meinung, nur eine Zeit wie die Renaissance gebe den richtigen Rahmen dafür ab. Vielleicht war sie dem folgenden Barock mehr angemessen: ein theatralisches Ereignis, zu dem nur die hervorragenderen Persönlichkeiten des glänzenden kaiserlichen Hofes als Zuschauer für die Hauptfigur, den Kaiser selbst, geladen worden waren.

Karl war umgeben von seiner Familie und seinen engsten Ratgebern. An vorderster Stelle stand sein Sohn Philipp, der Erbe, der eine unsichere Zukunft verkörperte und gegen den sich in den Niederlanden eine ernsthafte Opposition zu bilden begann; dann seine Schwester Maria, die ein Vierteljahrhundert seine treue und erfolgreiche Helferin in der Regierung der Niederlande gewesen war; auch seine ältere Schwester Eleonora, politisch weniger bedeutend, aber geliebt vom Kaiser, war anwesend. Von den Kindern, die ein halbes Jahrhundert zuvor unter der Obhut ihrer Tante Margarete aufgewachsen waren, fehlte Isabella, die unglückliche Königin von Dänemark: sie war 1526 jung gestorben. Ebenso fehlte Ferdinand, der römische König, der trotz Karls dringender Bitte vorgezogen hatte, fernzubleiben, und an seiner Stelle den jungen Erzherzog Ferdinand von Österreich, seinen zweiten Sohn, entsandt hatte. Karls Nichte Christina, die Herzogin von Lothringen, war anwesend und sein Neffe Emanuel Philibert von Savoyen, der Oberbefehlshaber seines Heeres. Und weiter waren da die Ritter des Ordens vom Goldenen Vlies (am 22. Oktober hatte Karl dessen Großmeisterwürde niedergelegt), seine Ratgeber und Minister, darunter der jüngere Granvelle, jetzt Bischof von Arras (später Kardinal), die Gouverneure der siebzehn Provinzen der Niederlande, der Adel, hohe Würdenträger der Kirche und Vertreter der Städte. Bei Karl V. akkreditierte Diplomaten trugen ebenfalls zur Pracht und Bedeutung der Abdankungszeremonie bei. Sie war gleichsam der Abschied einer ganzen Generation von Herrschern, die, mit einem tiefen Gefühl für den Rhythmus der Geschichte, der folgenden Generation Platz machte.

Gestützt auf Prinz Wilhelm von Oranien, betrat Karl die große Halle des Brüsseler Schlosses. Prinz Wilhelm sollte bald der hartnäckigste, fähigste Führer der Opposition gegen Philipp, den »spanischen Herrscher«, werden. Vielleicht hatte Karl ihn bewußt für diese Ehre auserwählt. Schon im Juni 1554 hatte Karl seinen Sohn vom Bestehen einer starken niederländischen Opposition gegen die Vereinigung mit Spanien in Kenntnis gesetzt und ihm geraten, sich unverzüglich nach Brüssel zu begeben. (9) Auch der Staatssekretär Francisco de Erase hatte Philipp in einem Brief aus Brüssel vom 23. Dezember 1553 gewarnt: »Es gibt trübe Zeichen einer sehr schweren Gefahr hiergegen (gegen Philipps Nachfolge

in den Niederlanden), falls Seine Majestät sterben sollte, während
Ihr nicht hier seid.« (10)

Die meisten bei der Zeremonie Anwesenden kannten die Lage,
und dies erklärt die gespannte Atmosphäre und die tiefe Bewegung während Karls Abdankungsrede.

Die Tatsache, daß Karl seine politische Macht aufgab, hat zu
vielen Spekulationen über seine Motive geführt. Es ist nicht über-
zeugend, anzunehmen, daß er allein durch den kümmerlichen Zustand seiner Gesundheit dazu bewegt wurde. Ebenso unwahrscheinlich ist, daß seine Abdankung durch einen Sohn erzwungen
wurde, der begierig war, die Regierung zu übernehmen. Viele der
Zeitgenossen glaubten, der ehrgeizige Philipp wolle seinen Vater
des Thrones entsetzen. Wir wissen, daß Ruy Gomez de Silva,
Gonzalo Perez und andere Mitglieder von Philipps Umgebung
diesen Plan hegten. Doch übersieht diese Erklärung den Charakter der Hauptperson und die Tatsache, daß Philipp selbst die
schwere Verantwortung fürchtete, die ihm bald zufallen würde.
All diese Überlegungen, verbunden mit melancholischen Todes-
gedanken wegen des kürzlichen Todes seiner Mutter, der Königin
Juana, mögen bei Karls Abdankung eine Rolle gespielt haben.
Aber das Entscheidende war doch sein tiefes religiöses Empfinden, der Wunsch, sich aus der Welt zurückzuziehen, um sich auf
sein eigenes Abscheiden aus dem Leben vorzubereiten.

Auch das Bewußtsein, daß er seine politische Aufgabe erfüllt
habe, trug dazu bei. Seine Anwesenheit auf der europäischen
Bühne war nicht mehr notwendig; ja, während seiner letzten Re-
gierungsjahre glaubten manche – auch er selbst –, daß er ein Hindernis für Ziele, die ihm wichtig waren, geworden war. Im Sommer 1552 hinderte ihn die Gicht an einem raschen Marsch gegen
Frankreich, um Metz wiederzunehmen. Sein Arzt hatte versucht,
ihm abzuraten, zur Armee zu gehen, »weil er (der Arzt) meint,
seine Gesundheit sei dem nicht gewachsen und seine Anwesenheit
eher ein Hemmnis als alles andere.« (11) Der Arzt wiederholte
dabei nur die Ansicht der kaiserlichen Armee, doch »Seine Majestät antwortete, komme, was da wolle, er sei entschlossen, seine
Pläne weiterzuführen«. (12) Karl hatte keine Bedenken wegen seiner Gesundheit oder dessen, was davon übrig war. Doch zeigte
ihm der Fehlschlag bei Metz, daß er nicht so sehr seine Gesundheit
wie den Sieg selbst aufs Spiel setzte. Das war der eigentliche

Grund, weshalb er Philipp die Regierung übergab. Er selbst war nicht in der Lage, in Deutschland den verlorenen Boden wiederzugewinnen, er war in einen schwierigen Kampf mit Frankreich verwickelt und beobachtete besorgt die Schatten, die über Italien fielen; so hoffte er, die neue Generation werde den Problemen gewachsen sein.

Sein Sohn war sorgfältig vorbereitet worden durch lange Jahre der Mitarbeit in Staatsangelegenheiten. Jetzt war es Zeit für ihn, die Last der Regierung zu übernehmen.

Am Nachmittag des 25. Oktober näherte sich der Kaiser um vier Uhr nachmittags dem großen Saal des Brüsseler Schlosses. Er ritt auf einem zahmen Maultier, denn seine Schmerzen erlaubten ihm keine Zurschaustellung von Reitkünsten. Sein bescheidenes Reittier schien gewissermaßen auf eine Zukunft hinzudeuten, in der er aller weltlichen Großartigkeit entkleidet sein würde. So viele Zuschauer waren im großen Saal des Schlosses, daß sie bis in die Gänge und Korridore fluteten. Am Ende des Saales, etwas erhöht, stand der kaiserliche Thron. Karl war in Schwarz gekleidet, allein die Kette des Goldenen Vlieses bildete einen Farbtupfer. Die Menge grüßte ihn mit einem Murmeln. Als Karl Platz genommen hatte, eröffnete Philipp als Vorsitzender des Rats der Niederlande die Zeremonie und trug die Gründe für Karls Entschluß zur Abdankung vor. Er sprach zunächst von Karls Friedensliebe und wie er, trotz dieser, ständig in Kriege verwickelt worden sei. Er erwähnte die Gefahren, die er aus Liebe zu seinen Untertanen nie gescheut habe. Er betonte, daß es des Kaisers Wunsch gewesen sei, sein Leben unter ihnen zu beenden, wenn ihn nicht die Kräfte verlassen hätten; doch die Krankheit, die ihn Tag und Nacht verfolgte, zwinge ihn, das feuchte Klima der Niederlande zu verlassen und die Sonne Spaniens zu suchen. Er bedauere, sein Geburtsland zu verlassen, doch sein Sohn werde bei ihnen bleiben und sie gut regieren. Vor allem ermahne er sie, den Glauben ihrer Ahnen unbefleckt zu erhalten und gefährliche Neuerungen zu meiden.

In Sandovals Beschreibung hören wir von der Überraschung der Anwesenden über die Abdankung Karls: »Voller Bewunderung, während ihre Sinne stillstanden, sahen sie einander an, erstaunt über den Entschluß des Kaisers, von dem sie nichts wußten.«

Dann erhob sich Karl mit Unterstützung des Prinzen von Oranien und begann seine Rede. Wie gewöhnlich hielt er ein Blatt Papier in der Rechten mit den Hauptpunkten seiner Rede. Er begann (wie in seinen *Memorias*) mit einem kurzen Überblick über sein Leben. Er erinnerte daran, wie er in demselben Saal vor vierzig Jahren seine politische Laufbahn begonnen hatte, als er für volljährig erklärt wurde; wie er kurz danach die schwere Verantwortung der Krone von Spanien und des Reiches übernommen hatte; von diesem Augenblick an habe er ohne Unterlaß gegen die Feinde der Christenheit, seines Hauses und seiner Reiche zu kämpfen gehabt. Das war ein ständiger Kampf für seine Völker gewesen, und um ihretwillen hatte er die Gefahren von Land- und Seereisen auf sich genommen. Nun schritt seine Rede rascher fort: er war neunmal in Deutschland gewesen, sechsmal in Spanien, bei vier Anlässen in Frankreich, zweimal in Afrika, zweimal in England; dreimal hatte er die Wasser des Atlantik befahren, achtmal die des Mittelmeers. Jetzt bereitete er sich auf seine letzte Reise vor. Er habe für den Frieden gekämpft, bis ihn die Kräfte verließen. Er erinnerte an sein letztes unglückliches Unternehmen, den gescheiterten Versuch zur Wiedereinnahme von Metz, was ihm großen Schmerz bereite, obgleich er sich Gottes Willen beuge, der die Macht habe, den Sieg zu geben oder vorzuenthalten. Da seine Kraft nachlasse, sei der Augenblick gekommen, seine Königreiche seinem Sohn Philipp zu übergeben und das Reich seinem Bruder Ferdinand.

Dann wandte er sich an Philipp mit der Mahnung, er möge dem Glauben seiner Väter treu bleiben und für Frieden und Gerechtigkeit sorgen. Schließlich bat er in großer Demut um Vergebung für alle Irrtümer, zu denen ihn entweder seine Jugend oder sein Charakter veranlaßt hatten: nie habe er absichtlich irgend jemand Unrecht tun wollen. Er schloß seine Rede, erschöpft und sichtlich bewegt. Seine Zuhörer konnten, nach zeitgenössischen Berichten, »ihre Tränen und Seufzer nicht zurückhalten«. (13) Dann erhob sich der Syndikus der Stadt Antwerpen namens der großen und kleinen Städte zur Entgegennahme von Karls Abdankung als Herrscher der Niederlande, bat den Kaiser jedoch inständig, sie nicht zu verlassen, bis der Friede mit Heinrich II. erreicht sei. Unter der ständigen Bedrohung aus Frankreich gab der ältere Kaiser den Niederlanden ein Gefühl der Sicherheit; allein seine Person bedeutete ihnen soviel wie eine Armee, und noch war ihnen frisch in Erinnerung, wie er 1553 und 1554 während des Feldzugs den französischen Truppen Einhalt geboten hatte.

Darauf dankte Philipp seinem Vater dafür, daß er ihn zum Nachfolger gemacht habe, und warf sich ihm zu Füßen; er blieb der »demütige Sohn und Diener« des Kaisers und unterzeichnete so auch all seine künftigen Briefe an seinen Vater. Als Philipp sich wandte, um zu den Anwesenden zu sprechen, entschuldigte er sich, weil es ihm nicht möglich war, sie in ihrer eigenen Sprache anzureden; Granvelle würde für ihn sprechen. Wirklich war Philipp ein Fremder, und auch der Berater, den er aufgefordert hatte, an seiner Stelle zu sprechen, war ein Fremder. Für die Niederlande »war der Zauber gebrochen«. (14)

Von den drei Stufen der Abdankung war die erste und feierlichste – der öffentliche Rücktritt von der Herrschaft über die Niederlande – erreicht. Die Freigrafschaft Burgund war von der Abdankung ausgenommen, um zu verhindern, daß Frankreich den Übergang der Herrschaft als Vorwand nahm, den Waffenstillstand, der tatsächlich im Hinblick auf die Freigrafschaft geschlossen worden war, zu brechen.

Karls Abdankung von seiner Herrschaft über die spanischen Besitzungen fand am 16. Januar 1556 statt, in der ruhigen, fast intimen Atmosphäre seiner Privaträume in Brüssel und nur in Gegenwart seiner Familie und jener spanischen Würdenträger, die als Teil von Philipps Gefolge in den Niederlanden waren. Die Abdankungsurkunden für Kastilien wurden auf kastilisch, die für Aragon in latein verlesen. Am Ende der Zeremonie übergab Karl eine kleine Schatulle, in der sich sein letzter Wille befand.

Die förmliche Abdankung im Reich zugunsten von Ferdinand erfolgte erst im Februar 1558 vor dem Reichstag und wurde auf Wunsch von Philipp und Ferdinand erst am 5. März 1558 bekanntgemacht.

Inzwischen zog sich der Krieg mit Frankreich hin – da beide Seiten den ersten Schritt zum Frieden entweder nicht tun wollten oder nicht tun konnten –, bis wegen beiderseitiger Erschöpfung am 5. Februar 1556 in Vaucelles ein Waffenstillstand auf Grund des *status quo* unterzeichnet wurde, dessen Dauer auf fünf Jahre vorgesehen war. Tatsächlich dauerte er nicht so lange, ermöglichte aber Karl die Rückkehr nach Spanien.

Abschied von Flandern

Schon seit seinem Scheitern bei Metz hatte Karl nach Spanien zurückkehren wollen, doch erst am 8. August 1556 verließ er Brüssel. Der Tod der Doña Juana, der ihm seit dem Juni 1555 bekannt war, erleichterte seinen Plan, die Macht niederzulegen, aber Philipp traf erst am 12. September in Brüssel ein. Erst am 25. Oktober fand Karls Abdankung für die Niederlande statt, und die vorgerückte Jahreszeit ließ ihn nun die Abreise auf das Frühjahr oder den Sommer 1556 verschieben. Während dieser langen Monate des Wartens entschloß er sich zu einem zurückgezogenen Leben, um Philipp über den ersten Abschnitt als Herr der Niederlande hinwegzuhelfen. Er lebte in diskreter Zurückgezogenheit in einem kleinen Haus in den Gärten des Königsschlosses. Hier empfing er die von Admiral Coligny geführte französische Kommission, die den Waffenstillstand von Vaucelles zu unterzeichnen gekommen war. Im Gespräch mit Coligny erinnerte sich Karl glücklicherer Zeiten, vor allem seines triumphalen Einzugs in Neapel nach der Rückkehr von Tunis. In diesem kleinen Haus hatte er die bitter-süße Genugtuung, seine Tochter Maria das letzte Mal in die Arme zu schließen; begleitet von ihrem Gemahl Maximilian war sie gekommen, um von ihrem Vater Abschied zu nehmen. Karl hatte sich nach diesem Besuch gesehnt; um ihn möglich zu machen, hatte es eines starken Drucks von Philipp auf Maximilian bedurft, der wenig Lust zeigte, dem Haupt der Dynastie ein letztes Mal zu huldigen.

Geldmangel war mit ein Grund, weshalb Karls Abreise bis Anfang August hinausgeschoben wurde. Er blieb in Brüssel, ausgenommen zwei Wochen im Juli, die er in Schloß Sterrebeek verbrachte, als die Pest die Stadt bedrohte. Als er am 8. August von Brüssel zur Küste aufbrach, zählte seine Begleitung immer noch 150 Personen, zumeist Niederländer, obgleich sie nur noch ein Schatten des früheren Kaiserhofs war.

Karls schlechte Gesundheit und das Wissen, daß er zum letztenmal durch sein Geburtsland zog, bewirkten einen langsamen

Marsch. Bis Gent begleitete Philipp II. seinen Vater. In Flushing wartete eine Flotte von sechsundfünfzig Schiffen; das Flaggschiff *Bertendona* war dafür eingerichtet worden, den Kaiser zu beherbergen. Seine beiden Schwestern, Eleonore und Maria, begleiteten ihn nach Spanien. Ungünstige Winde schoben die Abreise bis Mitte September hinaus, und Philipp benützte die unfreiwillige Wartezeit zu einem weiteren Besuch bei seinem Vater, um ihm seine Reverenz als Sohn zu erweisen. Endlich änderte sich das Wetter, und die kaiserliche Flotte stach bei günstigem Wind in See. Es war Karls letzte Seereise. Maria Tudor entsandte eine englische Flotte, um ihm im Kanal Ehre zu erweisen. Am 28. September ging er am Strand von Laredo, östlich von Santander, an Land.

Die Reise durch Kastilien

Die Nachricht von der Ankunft des Kaisers verbreitete sich rasch in Kastilien. Jetzt war die Furcht derer zerstreut, die daran gezweifelt hatten, daß sich Karl in Spanien zur Ruhe setzen werde. (1) Vielleicht wegen dieser Zweifel, vielleicht weil Karls Seereise schneller als erwartet verlief, waren keine Vorbereitungen für seine Ankunft in Laredo getroffen worden, auch nicht für seine Weiterreise zu Land, obgleich Philipp entsprechenden Auftrag gegeben hatte. Kein Beamter begrüßte ihn, es waren auch keine Wagen und Pferde für sein Gepäck eingetroffen. Durango, ein tüchtiger *alcalde de casa y corte**, war auf seinem Posten und organisierte in Eile die Weiterbeförderung. Geld war knapp. Die 4000 Dukaten, die nach Philipps Anordnung durch seine Schwester Juana (die er beim Verlassen von Kastilien im Sommer 1555 zur Regentin eingesetzt hatte) seinem Vater gleich bei der Landung zur Verfügung gestellt werden sollten, waren nicht sofort zur Hand. Karl fühlte sich enttäuscht. Sein Sekretär notierte: »Seine Majestät ist verdrießlich wegen des Mangels an ihm erwiesener Sorgfalt dadurch, daß ihm nicht die erwarteten Höflichkeiten und Bequemlichkeiten zuteil werden..., und macht scharfe Bemerkungen.« (2)

---

* Einer der zwölf Magistrate der Stadt.

Nachdem schließlich die Beförderung vorbereitet war, brach Karl Anfang Oktober auf, bei schlechten Wegen und noch schlechterer Unterbringung – worüber sich mehr sein Gefolge als er selbst beschwerte –; er reiste langsam in der regnerischen Jahreszeit über die Berge von Santander auf die kastilische Hochebene. Er sehnte sich danach, das Kloster in Yuste so rasch als möglich zu erreichen, das er zu seiner Zufluchtsstätte erwählt hatte: »Er möchte, daß die Sonne seine Zimmer überflutet, er möchte auch etwas Schatten, damit er gelegentlich draußen sitzen kann.« (3)

Er suchte Frieden und Ruhe und schob diejenigen zur Seite, die mit ihm unterwegs über Staatsangelegenheiten sprechen wollten: »Er ist es so leid, über Geschäfte zu reden, daß er weder davon hören noch daran denken mag.« (4) Sein Gefolge war viel kleiner, als die Spanier erwartet hatten. Als Don Luis Méndez de Quijada, Herr von Villagarcía, dem beim Eintreffen in Kastilien die Leitung von Karls Gefolge anvertraut wurde, den Kaiser traf, wunderte er sich: »Er kommt ganz allein… Ich bin erstaunt zu sehen, wie wenig Menschen er mitbringt.« (5) Die Hofleute, die zu Karls Suite gehörten, waren unglücklich, denn sie wären lieber bei dem Herrscher gewesen, der an der Macht war, als bei dem, der auf den Thron verzichtet hatte: »Sie sind alle unzufrieden und unwillig und wissen nicht, was aus den wenigen werden soll, die in Karls Umgebung bleiben.« (6) Gaztelu erzählt, daß kein spanischer Adliger außer Quijada herbeikam, um Karl während der mühsamen und unbequemen Reise durch Kastilien das Geleit zu geben. (7)

Doch wurden Gaben und Geschenke immer zahlreicher, je weiter Karl auf seiner Reise kam, und als sich die Nachricht von seiner Ankunft durch beide Kastilien verbreitete. In Medina de Pomar, östlich von Vitoria, erwarteten ihn zwei Wagen, über und über beladen mit Delikatessen, die seine Tochter, die Regentin, geschickt hatte. Sofort ordnete er an, die Behältnisse zu öffnen, und kostete gierig den Inhalt: (8) noch hatte er nicht allen fleischlichen Freuden entsagt. Sein Rückzug aus der Welt auf der Suche nach Frieden, um sich auf den Abschied von der Welt vorzubereiten, schloß nicht aus, daß er gutes Essen zu schätzen wußte. Diesmal war er auch nicht bereit, die von seiner Tochter geschickten Leckereien zu teilen; Gaztelu bemerkt: »er teilte sie nicht mit Luis

Quijada oder irgendeinem andern, wie sonst manchmal«. (9) Oft aß Karl bis zum Exzeß, wenn er auch wußte, daß das schlecht für seine Gicht war, und auf seine spanischen Lieblingsgerichte hatte er sich schon gefreut. (10)

Er wollte bequem und ruhig leben und mied daher den feierlichen Empfang, den der Konnetabel von Burgos für ihn veranstalten wollte; er ließ sich nur darauf ein, den Vizekönig von Navarra in einer privaten Audienz zu empfangen. Zuerst widersetzte er sich einem offiziellen Empfang in Valladolid, auch wenn er gern seinen Schwestern Eleonore und Maria durch die Begrüßung in der Stadt eine Freude bereiten wollte. Schließlich gab er jedoch nach, auf Quijadas Argument hin, das Volk habe ein Recht, seinen alten Herrn zu sehen: »Gestern erzählte ich Seiner Majestät, daß sie ihn sehen wollen; und daß es nicht recht sei, wenn er heimlich einziehe, denn jedermann müsse die Möglichkeit haben, ihm zu huldigen; er stimmte zu und war einverstanden, daß ich ihn in die Stadt führen sollte, auf jedem von mir gewählten Weg, außer durch das Campo-Tor.«* (11)

Am Wege zwischen Burgos und Valladolid hatten schon die Bewohner von Kastilien ihrem Herrn ihre Ehrfurcht und Aufmerksamkeit gezeigt; hoch und niedrig rissen sich um die Ehre, den Herrscher vorbeiziehen zu sehen, den sie für größer hielten, weil er seiner Macht entsagt hatte, als um all seiner Siege über seine Feinde willen. (12) In der Nähe von Valladolid wurde Karl von seinem Enkel Don Carlos begrüßt. Eine Anekdote berichtet von diesem Zusammentreffen, Don Carlos habe endlose Fragen über die militärischen Feldzüge seines Großvaters gestellt und eine Neugierde gezeigt, die den alten Soldaten gewiß freute. Als er jedoch davon hörte, wie Karl von den Truppen Moritz' von Sachsen zur Flucht aus Innsbruck gezwungen wurde, weigerte er sich, die Erklärungs- und Rechtfertigungsversuche seines Großvaters für diese Flucht zu akzeptieren, und rief mehrmals, »er wäre nie geflohen«. (13) Der Kaiser aber kam zu einem negativen Urteil über seinen Enkel. Im Vertrauen sagte er zu seiner Schwester Eleonore, es tue ihm sehr leid, daß Carlos so prahlerisch sei: »Sein Benehmen und sein Temperament gefielen mir sehr wenig, und ich weiß nicht, wozu er in Zukunft fähig sein wird.« (14)

* Zu seinem unwürdigen Verlassen von Valladolid durch die Puerta del Campo s. o. S. 37.

Am selben Tag zog Karl in der Hauptstadt Valladolid ein und wurde von seiner Tochter, der Regentin, und den Damen ihres Hofes in ihrem Schloß empfangen. Der Adel von Kastilien und die hohe Geistlichkeit sowie die verschiedenen Ratsmitglieder und andere Personen von Bedeutung huldigten ihm. Um die Einzelheiten seiner Übersiedlung nach Yuste zu besprechen, berief er drei Mönche des Ordens des Heiligen Hieronymus aus Yuste nach Valladolid: den früheren Ordensgeneral, Bruder Juan Ortega, den neuen Ordensgeneral Francisco de Tofino und den Prior des Klosters San Jerome in Yuste, Martin de Angulo. Karl lag daran, für seine religiösen Bedürfnisse Vorsorge zu treffen, aber auch für den Klosterchor. Musik und Gesang waren eines der Interessen, die er nicht aufgeben wollte: der kaiserliche Chor war der beste in ganz Europa gewesen, und die österreichischen Habsburger beneideten Philipp darum, daß er ihn geerbt hatte. (15)

Das übliche schlechte Wetter zu Ende Oktober schreckte Karl nicht von dem Versuch ab, sein Refugium in Estremadura vor Einbruch des Winters zu erreichen. Er nahm Abschied von seiner Tochter Juana, seinem Enkel Carlos und seinen beiden Schwestern und brach auf nach Valdestillas. Am 4. November traf er wohlbehalten dort ein, nach einer Reise in strömendem Regen, »dem schlechtesten Wetter auf der Welt«. (16) Trotzdem schien sich sein körperlicher Zustand zu bessern: »Seine Gesundheit ist gut; er ißt und schläft gut«, schrieb Quijada an Vázquez de Molina. (17) Nach einem Tag in Medina del Campo, wo er durch Dueñas, ein neuernanntes Mitglied des Finanzrats, üppig untergebracht und bewirtet wurde, verließ der Kaiser die Ebene und näherte sich den Vorbergen der Sierra de Gredos. Am 10. November übernachtete er in Barco de Ávila. Die Höhe und das Winterwetter ließen ihn die pelzgefütterten Gewänder schätzen, die er von seiner Tochter als Abschiedsgeschenk erhalten hatte. (18) Auf dem Tornavacas-Paß, einer engen Schlucht, die zwischen Berggipfeln fast 1400 m bis zum Almanzor (2500 m) ansteigt, überschritt er die Sierra de Gredos.

Der schwierigste Teil der Reise war jedoch nicht der durch die Sierra de Gredos, sondern durch die niedrigere von La Vera. Der bequemste Weg bedeutete einen Umweg von vier Tagen; Karl entschied sich für die kürzere Route über einen Paß zwischen Tornavacas und Xarandilla, mochte sie auch seine schon stark beanspruchten Kräfte überfordern. Die Bewohner der Bergdörfer mußten ihn meilenweit tragen, weil die Bergpfade für seine Sänfte unpassierbar waren. So erreichte er Xarandilla, wo er im Schloß des Grafen von Oropesa logierte.

Aufenthalt in Xarandilla

Noch war Karls Landhaus in Yuste nicht fertig, und da es ihm an Geld fehlte, um die Diener zu entlohnen, die er entlassen mußte, dehnte er seinen Aufenthalt in Xarandilla bis zum Februar 1557 aus. Der Graf von Oropesa nahm sich seiner sehr an. Das schlechte Wetter und die Einsamkeit des Ortes bedrückten jeden außer Karl. Quijada hatte widerraten, in diesem Winter nach Yuste zu gehen, doch machte sein Rat keinen Eindruck auf den Kaiser. »Seine Antwort ist, er habe es in ganz Spanien im Winter kalt und regnerisch gefunden, und damit müsse er sich abfinden.« (19)

Während seines Aufenthalts im Schlosse von Oropesa richtete Karl sein tägliches Leben so gut wie möglich ein. Um die Kälte zu bekämpfen, ließ er sich in seinem Schlafzimmer eine offene Feuerstelle einbauen. An schönen Tagen konnte er durch den Korridor, der an sein Zimmer angrenzte und sich auf einen Garten mit Zitronen- und Orangenbäumen öffnete, die Sonne und den schönen Blick auf die Landschaft von Vera genießen.

Sobald er sich von der anstrengenden Reise erholt hatte, ergriff Karl (am 25. November) die Gelegenheit, das Kloster zu besuchen, wo die Villa für seine Residenz erbaut wurde. Diejenigen aus seiner Umgebung, die schon früher in Yuste gewesen waren, hatten es in düsteren Farben geschildert; doch er kehrte froh zurück: »Der Löwe ist nicht so wild, wie man sagt.« (20) Er wußte nicht, daß die Gegend trotz ihres schönen Aussehens eine tödliche Krankheit beherbergte, die Malaria, die ihn ins Grab bringen würde.

Endlich traf das erwartete Geld ein, und jetzt wurden Vorbereitungen zur Übersiedlung nach Yuste getroffen. Achtundneunzig Diener, meist Burgunder und Niederländer, wurden ausbezahlt. Viele hatten einen großen Teil ihres Lebens an der Seite des Kaisers verbracht, und es schmerzte Karl, von ihnen Abschied zu nehmen: »Es ist traurig, sie nach so vielen Jahren beim Kaiser gehen zu sehen«, bemerkte Luis Quijada. (21) Es blieben nur zwei-undzwanzig Diener zum Dienst als Sekretäre, in der Küche und im Schlafzimmer, wieder viele Niederländer und Burgunder. (22)

Jetzt war die Stunde für den Kaiser gekommen, sich in Yuste einzuschließen. Die kleine Garde von neunundneunzig Hellebar-dieren, die ihn bis nach Xarandilla begleitet hatte, mußte nun ent-lassen werden. Beim Abschied machten sie eine Geste, die legen-där geworden ist: sie warfen ihre Hellebarden zu Boden und deuteten damit an, nach einem solchen Herrn würden sie keinem anderen mehr dienen. (23)

Am 3. Februar 1557 reiste Karl ab, nachdem er denen Lebewohl gesagt hatte, die nicht mit ihm in Yuste leben sollten. Seine Ge-sundheit erlaubte ihm nur noch, in der Sänfte zu reisen. Um fünf Uhr nachmittags kam er zur Klosterpforte. Die Klosterglocken verkündeten jubelnd, daß der Augenblick gekommen war, auf den die Brüder so lange gewartet hatten. Die Mönche hießen ihn will-kommen, etwas verlegen; die Anrede des Priors »Eure Väterlich-keit (Paternidad)« muß ein nachsichtiges Lächeln auf dem Ge-sicht des Kaisers hervorgerufen haben. Ein feierliches Tedeum folgte; dann besichtigte Karl das Kloster, danach zog er sich in seine eigene Wohnung zurück.

14   Exil in Yuste

Der Ort

Heute ist Yuste ein abgelegener Ort am Rande der Hauptverbin-dungslinien; das war es um so mehr im 16. Jahrhundert, wo zu Land das Pferd und zur See das Segelschiff die einzigen Verkehrs-mittel waren. Es läßt sich leicht begreifen, daß Yuste – weit weg von großen Städten, 45 Kilometer von Plasencia und nur von den kleinen Dörfern in der Nähe, wie Cuacos und Xarandilla, leicht zu erreichen – für Karls Gefolge in der Wildnis lag. Nur gutes Wetter konnte es erträglich machen; im Winter war es nicht aus-zuhalten.

Yuste ist Teil des Vera-Distrikts, wo sich von der Sierra de Gredos ein Tal mit üppigen Mandel-, Orangen- und Zitronenbäumen nach Süden öffnet. Es hat einen hohen Jahresdurchschnitt an Sonnentagen, leidet aber auch unter Regenstürmen, die Karls Umgebung bedrückten. Die bewaldete Landschaft und die kühle Luft aus der Sierra mildern die Sommerhitze.

Das Klima vor allem hatte Karl an Yuste gefallen. Doch gab es örtlich beschränkt Malaria, vielleicht hat Karl sie sogar selbst in die Mauern von Yuste mitgebracht, als er ein Wasserbecken vor dem Sonnenzimmer seines Hauses bauen ließ.

Karls Residenz

Der Name des Erbauers von Karls Villa in Yuste ist unbekannt; doch wurden seine Pläne von dem Architekten Covarrubias hoch gepriesen. Das Gebäude hat zwei Stockwerke: die Räume im Erdgeschoß waren im Sommer kühler, die im ersten Stock wärmer im Winter. (1) Die Raumaufteilung war in beiden Stockwerken dieselbe: in der Mitte verlief ein Korridor, auf den sich vier große Zimmer, zwei auf jeder Seite, öffneten. Von diesen vier Zimmern waren im ersten Stock die beiden, die an das Kloster anstießen, das Schlafzimmer und das Vorgemach; die Zimmer, die nach Süden auf den Garten hinausgingen, waren der Wohnraum und die Eingangshalle. Karls Winter-Schlafzimmer öffnete sich auf die Kapelle des Klosters; so konnte der Kaiser vom Bett aus den Hochaltar sehen und, selbst wenn er krank war, am Gottesdienst teilnehmen. Diesen Vorteil hatte Karls Sommer-Schlafzimmer im Erdgeschoß nicht, daher wurde in der Eingangshalle eine kleine Kapelle eingerichtet, zur Benützung während der Sommermonate.

Hinderten das Wetter oder seine Gesundheit ihn daran, ins Freie zu gehen, brachte der Kaiser den Tag im Wohngemach oder der Eingangshalle zu. Beide hatten ein Erkerfenster, das auf einen Balkon oder eine Veranda hinausging und von wo aus sich der Kaiser, wie überliefert wird, damit vergnügte, im darunterliegenden Teich Forellen und Schleien zu angeln.

Seine schlechte Gesundheit veranlaßte Karl, auf der Ostseite der Villa einen weiteren Raum anbauen zu lassen, der leichter zu heizen war: er wurde »der Ofen« genannt. Er war klein und geschlossen und hielt die Hitze gut – zu gut, nach Ansicht der modernen Medizin, für jemand mit Karls Gesundheitszustand. Damit er den ersten Stock erreichen konnte, gab es eine Rampe, über die Karl in seiner Sänfte getragen werden konnte. Der angebaute Raum führte auf eine weite Galerie mit anmutigen Säulen.

Die Atmosphäre des Hauses war weder niederländisch noch spanisch. Es war ein ganz einzigartiges Bauwerk und nach einem langgehegten Plan des Kaisers erstellt – eher wie ein italienisches Landhaus. Es spiegelt etwas von den drei Völkern, die Karl am liebsten waren: die Gegend ist spanisch, das Gebäude hat italienischen Stil, während das Innere verschwenderisch mit flämischen Wandteppichen ausgestattet war.

Diese Wandteppiche und die vielen Gemälde (hauptsächlich von Tizian), weiter die üppigen Vorhänge und Möbel gaben Karls Alterssitz einen bequemen und herrschaftlichen Anstrich. Das war nicht das Refugium eines Asketen. Die Bilder waren zumeist Porträts seiner Frau und seiner Kinder, die die Magie von Tizians Pinsel lebendig festgehalten hatte. Außer den Familienporträts gab es auch Bilder religiösen Inhalts, so Tizians *Dreieinigkeit*.

Karl hatte seine Sammlungen von großen und kleinen Uhren, Büchern und Karten mit nach Yuste gebracht. Gern umgab er sich mit Karten seines einstigen europäischen Herrschaftsbereichs und der Besitzungen in der Neuen Welt. Die vielen mechanischen Erfindungen in Yuste zeigen Karls Interesse für die Wissenschaft seiner Zeit.

Abgesehen von den vier Uhren, die der italienische Uhrmacher Juanelo Turriano für ihn baute, sammelte Karl auch die neuen Taschenuhren, die zu dieser Zeit in Europa aufkamen.

Karten, Uhren und Bücher füllten die vielen Mußestunden des Kaisers. Seine Bibliothek war nicht besonders groß, doch geben uns die Titel eine Vorstellung von seinen Interessen. Religion, Geschichte und Astronomie waren seine drei Lieblingsgebiete. Neben den *Meditationes* des Augustin finden wir Cäsars *Commentarii* in einer französischen Ausgabe – ein Buch, das er sehr liebte und das ihm bei seinen eigenen *Aufzeichnungen* als Vorbild diente – und den *Astrónomo imperial* des spanischen Kosmographen Santa Cruz. Wir wissen auch, daß Karl den *Almagest* des Ptolemäus besaß; die *Commentaries à la guerra de Alemania* von Ávila y Zúñiga; weiter die Schrift des Boethius *De Consolatione*

Philosophiae (Der Trost der Philosophie). Sehr wahrscheinlich hatte Karl auf dem Weg durch Valladolid das Manuskript seiner *Memorias*, das er im April 1552 zur Sicherstellung durch Manrique de Lara nach Spanien geschickt hatte, mitgenommen. Er hatte bereits fast seine ganze Lebenszeit bis 1548 darin abgehandelt und wollte seine Aufzeichnungen jetzt in der Zurückgezogenheit mit Hilfe seines Sekretärs van Male abschließen. Doch wurden sie nie vollendet.

Neben Schränken, Tischen und Betten war die Villa mit zwölf schön geschnitzten Stühlen aus Nußbaumholz möbliert, es gab sechs samtbezogene Bänke, sechs Lehnstühle und zwei Sessel, in denen er umhergetragen werden konnte und deren Form auf seine Gicht Rücksicht nahm. Im Garten ließ Karl einen Springbrunnen bauen und verfolgte aufmerksam, wie zahlreiche Bäume gepflanzt wurden.

Don Luis Méndez de Quijada war der führende Mann des kleinen Hofes in Yuste. Weiter gehörten dazu der flämische Arzt Mathys, Karls baskischer Sekretär Gaztelu, der italienische Uhrenbauer Juanelo und der Privatsekretär von Male, ein hochgebildeter Mann. Die Diener eingeschlossen zählte der Hof im ganzen etwas über fünfzig Personen. (2)

Die meisten von ihnen wohnten in dem neuen Kreuzgang des Klosters, von wo aus sie leicht in das Landhaus gelangen konnten. Einige, wie Quijada und Gaztelu, wohnten in Cuacos. Karl war also für alle Dienstleistungen versehen: Ärzte, Barbiere, Bäcker und Männer, die die Wäsche besorgten, gehörten zu seinem Hof.

Der Hieronymus-Orden in Yuste und Karls Tageslauf

Im Kloster in Yuste befanden sich achtunddreißig Mönche, die jetzt – außer ihrem privaten klösterlichen Leben – für Karls religiöse Andachtsübungen verantwortlich waren. Oft ist behauptet worden, er habe voll am religiösen Leben des Klosters teilgenommen, doch ist das nicht richtig. Die Mönche von Yuste waren seine Führer im Religiösen, und viele von ihnen sangen im Chor seiner Kapelle mit. Gewiß waren so manche der Hieronymus-Mönche nach der Güte ihrer Stimme ausgewählt worden: bei Karls Tod baten Quijada und Gaztelu Philipp II. um eine Belohnung für drei

Tenöre unter den Mönchen, zwei Contraltos, zwei Bässe, einen Organisten und zwei Mönche mit schönen Sopranstimmen. (3)

Soweit ihn kein Gichtanfall behinderte, begann Karl den Tag nach dem Aufstehen mit dem Frühstück. Sein Eßbedürfnis war so stark, daß er das Frühstück nicht einmal vor der Kommunion zu entbehren vermochte und deshalb eigens päpstliche Dispens vom Fasten vor der Teilnahme am Abendmahl erhielt. Sobald der Tag des Kaisers begonnen hatte, betrat als erster sein Beichtvater, Bruder Juan Regla, das Schlafgemach, mit dem er das Morgengebet sprach. Als nächstes pflegte er sich mit seinen Uhren abzugeben: das war die Stunde Juanelos. Um zehn Uhr wusch er sich und kleidete sich an – mit Hilfe seiner Kammerdiener und Barbiere. Der erste Ausgang des Vormittags galt dem Anhören der Messe. Um zwölf Uhr wurde gegessen, unter dem wachsamen Auge von Doktor Mathys. Um diese Zeit fanden die Gespräche mit Mathys und van Male statt. Darauf kam Bruder Juan Regla und verlas einen religiösen Text, über den später am Tage gesprochen wurde. Um zwei Uhr nachmittags hielt Karl, spanischer Sitte gemäß, eine kurze Siesta bis um drei Uhr. Mittwochs und freitags wurde im Kloster gepredigt, und Karl liebte es zuzuhören. An den übrigen Tagen las ihm Bruder Bernardino de Salinas vor. Fischen im Teich und Besucher füllten seine Nachmittage. Er zog sich früh zurück, nahm noch eine leichte Mahlzeit zu sich und ging bald zu Bett.

Dieser Tageslauf des Kaisers änderte sich im Lauf der Zeit aus Krankheitsgründen, aber auch wegen seines wiedererwachenden Interesses an Staatsdingen.

Die oft zitierte Geschichte, er habe seinem eigenen Begräbnis zuschauen wollen, solange er noch lebte, ist ganz unwahr. Was er mit großer Pracht feierte, war das erste Fest des heiligen Matthäus, das er in Yuste erlebte; das Datum fiel mit seinem eigenen Geburtstag zusammen und war zugleich der Jahrestag seines Sieges bei Pavia und seiner Krönung in Bologna. Ohne Begleitung trat der Kaiser an diesem Tag an den Altar, um seine Andacht zu verrichten, (4) während die Leute aus den umliegenden Dörfern sich draußen drängten, um einen Blick auf ihn zu erhaschen.

Es gab viele Tage der Einsamkeit, die der Kaiser ungeheuer genoß. Doch bald war der kleine Hofstaat durch die Zahl der Besucher hoffnungslos überlastet. Ende Februar 1557 hatte Quijada über das elende einsame Leben in Yuste gejammert, das niemand ertragen könne »außer denen, die Heim und Welt verlassen«. Diese Einsamkeit sollte jedoch nicht von Dauer sein. Bald tauchten einstige Diener Karls V. in Yuste auf, und ebenso Gesandte und Angehörige des Adels. Einige kamen mit Aufträgen, andere nur, um ihre Aufwartung zu machen. Einer der Adligen, deren Besuch Karl Freude bereitete, war Don Luis de Ávila y Zúñiga, sein früherer Waffenbruder, der jetzt in Plasencia lebte. Der prominenteste Besucher war Francisco de Borja, der die Welt verlassen hatte auf der Suche nach einem geistlicheren Leben, und der später heiliggesprochen wurde.

Auch Don Juan d'Austria, Karls illegitimer Sohn mit Barbara Blomberg,* spielte eine Rolle im Leben des Kaisers in Yuste. 1558 war er zwölf Jahre alt. Er war zuerst ohne viel Sorgfalt und Geld in Leganés aufgezogen worden, unter dem fiktiven Namen Jerónimo; von 1558 an wurde er jedoch Doña Magdalena de Ulloa anvertraut, der Gattin von Karls treuem Diener Don Luis de Quijada. Im Sommer 1558 verließ Quijada Yuste mit verschiedenen Aufträgen des Kaisers und brachte auf dessen ausgesprochenen Wunsch bei seiner Rückkehr nach Cuacos seine Frau und Jerónimo mit.

Die politische Aktivität Karls V. während der Zeit in Yuste

Karl kam nach Spanien auf der Suche nach Ruhe und Frieden, fern von öffentlichen Angelegenheiten. Doch lassen sich alte Gewohnheiten schwer ablegen, und während der Monate, die er in Xarandilla verbrachte, begann er die Ereignisse in den Niederlanden und in Italien mit Anteilnahme zu verfolgen. Der Krieg, den Papst Paul IV. und Heinrich II. von Frankreich gegen seinen Sohn Philipp II. führten, war noch nicht zu Ende, und er wollte auf dem laufenden bleiben. Sein Sekretär Gaztelu schrieb an Vázquez de Molina: »Ich weiß, daß ihn der Krieg in den Niederlanden und in Italien beunruhigt; wir würden es schätzen, wenn Ihr uns Nachricht zukommen ließet, denn dem Kaiser liegt daran, hievon und von anderen wichtigen Dingen zu hören.« (5) In einem anderen

* Man weiß wenig von ihr, abgesehen davon, daß sie das Kind vom Kaiser im Frühjahr 1546 empfangen haben muß, als Karl in Deutschland auf das Zusammentreten des Reichstags zu Regensburg wartete.

Brief schreibt Gaztelu: »Karl V. fragt immer, ob es irgendwelche neuen Nachrichten über diese Sachen gibt.« (6)

Philipp II. legte Wert darauf, die Erfahrung seines Vaters zu nutzen, und Kuriere begannen einzutreffen und Rat zu holen.

Einer der Fälle, wo sich Karl einschalten mußte, war die Frage der portugiesischen Regentschaft nach dem Tode seines Schwagers Johanns III. Der Erbe, Dom Sebastian, war erst drei Jahre alt, als er 1557 den portugiesischen Thron erbte, und seine Großmutter, Doña Catalina, stritt sich mit seiner verwitweten Mutter Doña Juana um die Ehre der Regentschaft. Juanas Anspruch ging vor, aber da sie das Land 1554 verlassen hatte, um bei Philipps Weggang in die Niederlande die Regentschaft in Kastilien zu übernehmen, war sie beim portugiesischen Volk fast vergessen. Daher war Königin Catalina die hervorragende Persönlichkeit am portugiesischen Hof während Sebastians Minderjährigkeit. Doña Juana, die über die Regentschaft mit ihrer Schwiegermutter diskutieren wollte, plante die Entsendung eines Adligen, der ihr Vertrauen besaß, des Don Fadrique Enriquez de Guzmán, nach Portugal. Da aber Karl das Haupt des spanischen Zweigs der Habsburger war, gab sie Don Fadrique Weisung, zuerst nach Yuste zu gehen. Doña Juana mag auf die Unterstützung ihres Vaters gehofft haben. Karl jedoch erkannte, wie wenig populär es in Portugal sein würde, Juana Catalina vorzuziehen, und schrieb seiner Tochter, die Instruktionen, die er selbst Don Fadrique gegeben habe, »entsprächen mehr der Achtung, die Doña Juana ihrer Tante und Schwiegermutter Catalina schulde«.

Die Gesundheit des kindlichen Königs Sebastian gab zur Besorgnis Anlaß, und Karl erkannte, daß eine künftige Vereinigung der Königreiche auf der Pyrenäenhalbinsel in den Bereich der Möglichkeit rückte. Falls Sebastian starb, wer würde sein Erbe sein? Karl entsandte Francisco Borja in geheimer Mission, um die Anerkennung eines Erbrechts auf den portugiesischen Thron für Don Carlos zu erreichen. Karl rechnete mit dem Beistand seiner Schwester Katharina in dieser Sache, und sie war bereit, mit ihm zu kooperieren. Niemand konnte ahnen, daß Don Sebastian noch zwanzig Jahre leben würde. Doch öffnete sein Tod Philipp II. den Weg auf den Thron von Portugal.

Es gelang Karl in seinen Verhandlungen mit den Portugiesen nicht, zu erreichen, daß sie einer Wiedervereinigung seiner

Schwester Eleonore mit ihrer Tochter Maria zustimmten, der einzigen Tochter aus ihrer Ehe mit Manuel I. von Portugal. Als Eleonore 1529 Königin von Frankreich geworden war, war die Prinzessin Maria am portugiesischen Hof zurückgeblieben. Jetzt, als Witwe und nach vielen Jahren der Trennung, glaubte Eleonore, sie könne die gelockerten Familienbande wieder enger knüpfen, nachdem die Politik nicht mehr im Wege stand. Eleonore wollte Portugal besuchen, erreichte aber trotz Karls Vermittlung nur ein kurzes Zusammensein mit ihrer Tochter an der spanisch-portugiesischen Grenze. Auf die dringenden Bitten ihrer Mutter um die Erlaubnis, sich in Portugal niederzulassen, antwortete Maria mit einem festen Nein: die stolze Prinzessin hatte nicht vergessen, daß sie einst mit Philipp verlobt, aber verschmäht worden war, als die Chance einer Heirat Philipps mit Maria Tudor auftauchte. Eleonore starb kurz nach der Weigerung ihrer Tochter, sie in Portugal willkommen zu heißen, und ihr Tod traf Karl sehr tief. Als Maria von Ungarn Karl in Yuste besuchte, weinten beide über den Verlust der Schwester, und Karl dachte daran, daß »er selbst nur fünfzehn Monate jünger als seine Schwester war und ihr bald nachfolgen werde«. (7)

Es war auch ein Anliegen Karls während seines letzten Lebensabschnitts, die uneingeschränkte Anerkennung Kastiliens für Philipps Politik zu erreichen. Als er erfuhr, daß die Beamten der *Casa de Contratacion* in Sevilla sich weigerten, für Privatpersonen bestimmtes Geld aus der Neuen Welt zugunsten der Kriegsausgaben zurückzuhalten, wurde er ungehalten und sandte Boten zu Juana, die sie auffordern sollten, die Dinge zu ändern. Ähnlich verhielt er sich, als er von Ausbrüchen der lutherischen Lehre in Kastilien und Andalusien hörte: »Glaube mir, Tochter, das hat mich erregt und so beunruhigt, daß ich es gar nicht angemessen ausdrücken kann.« Er war um so mehr beunruhigt, als solche Ausbrüche nie zuvor geschehen waren, nicht einmal in den vielen Zeiten seiner Abwesenheit von Kastilien. Der religiöse Friede, den Spanien genoß, war ein wichtiges Motiv dafür gewesen, daß er es zu seinem Ruhesitz erkor. Es bereitete ihm Schmerz, daß das Luthertum sich eben in dem Augenblick in Spanien äußerte, in dem er dorthin zurückgekehrt war: »Jetzt, wo ich mich hierher zurückgezogen und zur Ruhe gesetzt habe (ins Königreich Kastilien), um unserm Herrn zu dienen, müssen meine Augen Zeugen solcher Bosheit und Schande sein: die Schuldigen müssen wissen, wieviel ich in Deutschland gelitten und ertragen habe, all die Mühe und den Aufwand, und wie ich meine Gesundheit drangegeben habe.« Er erwartete, daß Juana und ihre Minister die Lutheraner mit der größten Strenge ausrotteten: sonst käme er in Versuchung, Yuste zu verlassen und selbst gegen die Ketzer vorzugehen.

Karl hatte den Verdacht, bekehrte Juden seien für all die Ketzereien verantwortlich, die Ermutigung des Luthertums in Spanien eingeschlossen. Er fürchtete, soziale und politische Schwierigkeiten könnten aus dem Erwachen des Luthertums erwachsen, und wies Juana an – ebenso wie Philipp in den Niederlanden –, die Protestanten öffentlich zu verbrennen und ihre Güter einzuziehen. Die Hartnäckigen, die ihre Ketzerei nicht einsehen wollten, müßten lebendig verbrannt werden; die Reuigen konnten enthauptet werden. Solche Maßnahmen waren in England ergriffen worden, erinnerte er seine Tochter; selbst hohe Geistliche waren dort so bestraft worden. Er warnte sie, falls das Übel nicht schnell und vollkommen beseitigt werde, würde es bald die Oberhand gewinnen; er sprach aus der bitteren Erfahrung seiner Begegnung mit den Protestanten in Deutschland. (8)

Seinem Bericht an Philipp über die Maßnahmen, die er zur Anwendung gegen das kastilische Luthertum empfohlen hatte, fügte er eigenhändig hinzu, obgleich er seiner Gicht wegen schwer schreiben konnte: »Mein Sohn, du wirst begreifen, wie empört ich bin durch die unschöne Ketzerei, die hier ihr Haupt erhoben hat. Du wirst sehen, daß ich deiner Schwester deswegen geschrieben habe. Du mußt die Bewegung ausrotten, so rigoros wie möglich.« (9)

Der Tod Karls V.

Als Karl nach Yuste kam, litt er bereits seit dreißig Jahren an Gicht. In seinen Aufzeichnungen – die gewöhnlich so sparsam sind in bezug auf Persönliches – erwähnte er siebzehn schwere Anfälle: den ersten 1528, den zweiten 1530 während seiner Zusammenkunft mit Papst Clemens VII. in Bologna. Doch wurde das Leiden erst beim vierten Anfall 1534 wirklich erkannt. (10) Es hatte ihn häufig ans Bett gefesselt; und mehrmals hatten Staatsaktionen, ja sogar militärische Unternehmen, einen schwerwiegenden Aufschub erlitten. Karls fröhliches Temperament hatte ihm dabei geholfen, wenn er versuchte, darüber hinwegzukommen; doch die Gicht hatte sich stärker erwiesen. 1557 war er ein alter Mann, ein Krüppel, der kaum die Hände gebrauchen konnte und für den es schwer, oft unmöglich war zu gehen.

Das einfache und erfolgreiche Heilmittel der Zeit war, den Patienten sorgfältig Diät halten zu lassen. Quijada zitierte die spanische Redensart »Gicht wird durch den Mund kuriert«, doch ohne großen Erfolg. Ein zügelloser Appetit machte Karl unersättlich im Essen und Trinken. Entgegen den Weisungen seiner Ärzte trank er viel Bier, und dieses vergrößerte – ganz zu schweigen davon, daß es auch die Gicht verschlimmerte – die Schmerzen, die er in seinen späteren Jahren durch Hämorrhoiden hatte. In Yuste können wir auch Anzeichen der Zuckerkrankheit bei ihm feststellen, die seine Exzesse an der Tafel erklären würde. So litt Karl an zwei Krankheiten, deren jede eine Behandlung der anderen verhinderte. Und doch kam Karls letzte und tödliche Krankheit weder von der Gicht noch vom Zucker, sondern von der Malaria.

Karl fand nicht soviel Ruhe in Yuste, wie er gehofft hatte. Er wurde in viele verschiedene Streitigkeiten hineingezogen, wie zum Beispiel den Kampf um die Gerichtshoheit zwischen dem Gericht von Plasencia, vertreten durch seinen leitenden Beamten, den *corregidor*, und den in seinen Diensten stehenden Beamten von Cuacos. Es gab auch geringfügigere Störungen, etwa als ein Dieb 800 Dukaten – die Gaztelu Karl für seine gewohnten Almosen ausgehändigt hatte – aus dem kaiserlichen Schlafgemach stahl: die Schlösser des Zimmers und der Truhe, in der Karl Kleider und Geld verwahrte, waren aufgebrochen worden. (11) Dies und andere Ereignisse berichten die Chronisten aus der Zeit, als Karl auch den letzten seiner Titel ablegte, den letzten und großartigsten, den Kaisertitel. Als er die Nachricht erhielt, daß der deutsche Reichstag seine Abdankung von der Kaiserwürde akzeptiert hatte, erklärte er seinem Sekretär, Juan Vázquez de Molina, er wolle künftig als Privatmann angeredet werden, und gab den Befehl, seine Siegel entsprechend zu ändern. (12)

Doch Seelenfrieden war Karl nicht vergönnt. Nachrichten und Gerüchte über internationale Ereignisse, die nach Yuste drangen, beunruhigten ihn. Rückschläge, wie Geldmangel und die Fehler von Ministern, setzten ihm sehr zu. Am liebsten wäre er überall zugegen gewesen, um seinem Sohn zu helfen. Sogar Philipps Erfolge beunruhigten ihn, denn er fühlte sich verpflichtet, Pläne für ihre bestmögliche Nutzung auszuarbeiten. Seine Diener suchten ihm Ereignisse zu verheimlichen, von denen sie glaubten, daß sie ihn beunruhigen würden, wie etwa den Verlust von Calais. »Wir haben ihm nichts von diesem Kurier gesagt«, schreibt Quijada, »denn Seine Majestät hat letzthin ruhiger geschlafen, und diese Nachricht würde ihn tief treffen«. (13)

Bis Ende August 1558 hatte Karl ein mehr oder weniger normales Leben geführt, das Auf und Ab seiner schwankenden Gesundheit hatte er mit Gleichmut ertragen. Sooft er sich etwas kräftiger fühlte, hatte er gern ein wenig Abwechslung von des Tages Routine: so hören wir, daß er einmal zum Essen zu den Hieronymus-Mönchen ging. Ein schwerer Gichtanfall, den er Mitte August erlitt, wurde nicht für besonders auffällig gehalten. Am 30. August nahm er eine Mahlzeit auf der Terrasse ein, aber kurz darauf begann er sich nicht wohl zu fühlen. Er klagte über Kopfschmerzen, ein Gefühl der Schwere, großen Durst und Fieber, und fand wenig Ruhe in dieser Nacht. Am folgenden Tag hatte er abwechselnd Schüttelfrost und Fieber und verlor das Bewußtsein. Das waren typische Symptome der Malaria, für die man zu jener Zeit keine Heilung wußte. (14) Doktor Cornelio, der seit vielen Jahren nach Karl sah, wurde gerufen, doch der Aderlaß, den er verordnete, machte den Kranken nur schwächer. Das Fieber stieg und wich dann einem starken Kältegefühl: offensichtlich lieferte Karl seinen Körper dem »erbarmungslosen Feind« aus. Zum erstenmal in all den Jahren seines Dienstes sah Quijada seinen Herrn nackt und so schwach, daß er erkannte: es gab keine Hoffnung auf Genesung. Mitte September hatte Karl jeden Appetit verloren. Man konnte ihn nicht einmal dazu bringen, auch nur einen Bissen zu nehmen: »wenn wir versuchen, ihn zum Essen zu bewegen, sagt er, er versuche es mit aller Kraft, und noch mehr könne er es nicht versuchen.« (15)

Oft war er ohne Bewußtsein, aber in seinen klaren Augenblicken erkannte er, daß es Zeit war, sein Testament zu machen. Verfolgt von der Vorstellung von der Gefährlichkeit des Luthertums, diktierte er ein Testament, in dem er Philipp II. drängte, die Ketzerei in seinen Landen auszurotten.

Er beichtete und kommunizierte häufiger; er ließ sich sein Testament vorlesen und gab klare Anweisungen für sein Begräbnis. Er wollte im Kloster in Yuste begraben werden und bat zunächst darum, die Leiche seiner Frau dorthin zu bringen. Quijada riet ihm ab: »dieser Ort hat nicht alle Eigenschaften für das Begräbnis einer so großen Fürstin, und es wäre besser, Eure Majestät befehle, daß die Beisetzung in Granada sein soll, wo die Katholischen Könige einen Platz für diesen Zweck bestimmt haben.« Karl, wenn auch nicht ganz überzeugt, überließ Philipp II. die Entscheidung und ordnete seine vorläufige Beisetzung unter dem Hochaltar der Klosterkirche in Yuste an, »wobei der Körper zur Hälfte darunter und zur Hälfte außerhalb niedergelegt werden soll in der Weise, daß der Priester, der die Messe zelebriert, mit den Füßen über seinem Kopf und seiner Brust steht«. (16)

Die leichte Besserung, die man bei dem Kranken am 18. September beobachtete, war nur eine Pause, ehe der letzte Abschnitt seines Todeskampfes begann. Am 19. erhielt er die Letzte Ölung. Quijada hatte sie so lange als möglich hinauszuschieben versucht, um Karl nicht zu früh zu beunruhigen; er wußte, daß sein Herr den Augenblick des Todes fürchtete. (17) Am 20. trat Karl – im Vollbesitz seiner geistigen Kräfte – auf die Schwelle des Todes. Er bat die Mönche, die um sein Bett standen, laut Psalmen zu lesen. Er fühlte sich selbst den Puls und fand ihn sehr schwach. (18) Als seine letzten Augenblicke herankamen, ließ er sich das Kruzifix geben, das seine Frau beim Sterben in der Hand gehalten hatte, und ließ die Totenlichter anzünden. Um zwei Uhr morgens am 21. September 1558 starb er.

Nie mehr würde der unermüdliche Reisende Europa durchziehen, aber seine Idee eines vereinigten Europa ist nicht mit ihm gestorben.

Zusammenfassung

Karl war eher eine europäische als eine nationale Gestalt. Er gehörte keinem seiner Herrschaftsgebiete. 1520 verließ er Spanien, um sich zum Kaiser krönen zu lassen und vor den Reichstag von Worms zu treten. 1529 reiste er nach Italien, um Papst Clemens VII. zu treffen. Im Jahre 1517 entschied er sich, ebenso wie 1522 und 1533, dafür, bis auf weiteres in Spanien zu bleiben. 1540 und 1555 schien ihm seine Gegenwart in Gent und Brüssel notwendig, während ihn 1532 und 1546 deutsche Angelegenheiten ins Reich führten. Während seiner ganzen Regierungszeit war er auf den Straßen Europas unterwegs: bisweilen an der Spitze von Heeren, die aus Soldaten von all seinen Besitzungen gebildet waren; bisweilen nur mit einem Stab von Zivilisten als Herrscher, dem die zahllosen Probleme der gesamten Christenheit aufgebürdet waren.

Die vielerlei Dinge, für die er Verantwortung trug, gaben ihm sowohl eine archaische wie eine moderne Note. Seine Bewunderung für römische Ruinen, sein Renaissancepalast in der Alhambra, der ein römisches Forum verbirgt, seine Cäsar-Zitate zeigen ihn als richtigen Renaissanceherrscher. Als Ritter des Goldenen Vlieses, der sich erbot, seine Streitigkeiten mit Franz I. durch einen Zweikampf beizulegen, ist er eine Gestalt aus dem Mittelalter. Als Vorkämpfer eines vereinigten Europa, als Gesetzgeber und Beschützer seiner Untertanen in der Karibischen See und in Nord- und Südamerika scheint er seiner Zeit voraus. Oder, um die Worte von Menéndez Pidal zu zitieren: »Karl V. ist der erste und letzte Kaiser der alten und der neuen Welt.« Schließlich dürfen wir nicht vergessen, daß der europäische Staatsmann und Feldherr vor Wien, Tunis und bei Mühlberg, Karl V., derselbe Mann ist, der freiwillig von seinem Amt zurücktrat – besessen von einem Gefühl persönlichen Versagens – und sich in sein Landhaus auf dem Boden des Klosters in Yuste zurückzog.

Was bedeuten die Jahre, in denen er im Amt war? Während seiner Regierungszeit bestanden in Europa drei Formen politischer Gebilde nebeneinander: der Stadtstaat, der Nationalstaat und der supranationale Staat. Die Halbinsel Italien bot die wichtigsten

Beispiele der ersteren Art. Die eindeutigsten der zweiten fanden sich in Westeuropa, besonders in Frankreich und England. Die dritte Art wurde nicht nur durch das Heilige Römische Reich Deutscher Nation verkörpert, sondern auch durch die Kalmarische Union der skandinavischen Länder und die Lubliner Union zwischen Polen und Litauen, während in Südwest- und Südosteuropa die Verschmelzung kleinerer Einheiten auf der Iberischen Halbinsel und der Staaten unter türkischer Herrschaft in dieselbe Kategorie gehört. Theoretisch war das Heilige Römische Reich Deutscher Nation, ebenso wie Karls Erblande, ein supranationales Gebilde, in dem verschiedene voneinander unabhängige Teile sich gleichberechtigt gegenüberstanden. Als Kaiser und als Herrscher aufgrund von Erbrecht versuchte Karl, die Rechte und Privilegien aller Teilgebiete zu achten. Die einzelnen Teile – sowohl im Reich wie in seinen Erblanden – waren verbunden durch einen gemeinsamen Herrscher, durch das Anliegen eines gemeinsamen Glaubens und durch die Notwendigkeit einer gemeinsamen Außenpolitik. Es war nicht leicht für Karl, seine Stellung als erwählter Kaiser von seiner Rolle als Herrscher ererbter Rechte zu scheiden: für ihn floß das Reich zusammen mit seinem eigenen persönlichen »Reich«. Es war natürlich für ihn, sich mit Ratgebern aus beiden zu umgeben. Wir finden an seiner Seite Niederländer und Männer aus Burgund – Chièvre, Lannoy und den älteren und jüngeren Granvelle; Spanier – Tavera, Cobos und Alba; Italiener – Gattinara, Pescara und Doria; und Deutsche – den Pfalzgrafen, Moritz von Sachsen und die Fugger.

Über Karls politische Ideen ist viel geschrieben worden, doch hat man sie oft mit denen seiner Berater verwechselt. Gewiß haben seine Zeitgenossen, die sahen, wie mächtig er war dank der vielen Länder, die ihn als ihren Herrn anerkannten, seine Absichten allzusehr vereinfacht, wenn sie von einer »Wiedererweckung des Römischen Reiches« sprachen. Karls viele Siege, besonders der von Pavia mit der Gefangennahme seines mächtigen französischen Gegenspielers Franz I., gaben dieser Auffassung Nahrung. Einige bedeutende Minister Karls, vor allem Gattinara, waren imperialistischer Ausdehnung zugeneigt und drängten den Kaiser, Frankreich zu erobern. Mehrere Mitglieder des spanischen Adels unterstützten diesen Plan: beispielsweise der Admiral von Kastilien und Karls Bruder Ferdinand. Es ist sicher, daß alle einflußreichen Männer der Meinung waren, die Früchte »eines Siegs wie dessen von Pavia dürften nicht vergeudet werden«. Die Franzosen würden ihre Demütigung weder vergeben noch vergessen; es sei deshalb klug und vernünftig, Frankreich lieber zu vernichten als seinen Herrschern Zeit zu geben, wieder zu Kräften zu kommen und von neuem Kriege zu beginnen. Rückblickend können wir sagen, daß eine Eroberung von Frankreich nicht in Karls Macht lag, aber – davon ganz abgesehen – sollte man betonen, daß ein derartiger Versuch Karls eigenen Ideen nicht entsprach. Für ihn ließ es sich nicht mit dem ritterlichen Ehrenkodex vereinigen, der sein Leben bestimmte, Eroberungskriege innerhalb der Christenheit zu führen. Bei christlichen Herrschern zog er die Diplomatie dem Krieg vor, wie wir nicht nur im Falle des Königs von Frankreich, sondern auch des Herzogs von Mantua und des Herzogs von Cleve gesehen haben. Wenn Krieg geführt werden mußte, dann um zu überreden oder zu unterwerfen, nicht um Eroberungen zu machen oder zu vernichten. Karls Beweggrund war Friede für das christliche Europa.

Die Kreuzzugsidee jedoch, die in Karls Zeit immer noch Geltung besaß, begrüßte er als kostbares Vermächtnis. Eine militärische Unternehmung zur Befreiung des Heiligen Landes von der Unterdrückung durch die Türken entsprach sowohl Karls ritterlichen Ideen wie seiner Vorstellung von persönlichem Ruhm. Doch boten ihm die Umstände der ersten Hälfte des 16. Jahrhunderts beschränktere Ziele: aufs ganze gesehen waren seine Kreuzzüge die Abwehr der furchtbaren Angriffe Solimans des Prächtigen zu Wasser und zu Lande. Im Jahre 1521 öffnete der Fall von Belgrad, Ungarns Bollwerk, ganz Mitteleuropa den Angriffen der Janitscharen. Es war Karls Traum, einen Gegenangriff der Christen zu führen, der die Ungläubigen aus Europa und von den Küsten des Mittelmeeres vertreiben würde. Eine Voraussetzung für jede Verwirklichung dieses Traumes war Friede unter den christlichen Fürsten. Und eine Verwirklichung war gerade deshalb unmöglich, weil ein solcher Kreuzzug ihn zum mächtigsten Fürsten überhaupt gemacht hätte, eine ständige Gefahr für die übrigen Herrscher, die ihm nicht auf Gnade oder Ungnade ausgeliefert sein wollten. Die Befürchtungen, Verdächtigungen und Ängste Franz' I. sind verständlich. Doch gab es außer einer persönlichen ritterlichen Rivalität zwischen beiden bedeutende politische Ursachen für endlose, erbitterte Kriege zwischen beiden Ländern. Frankreich brauchte die Türken in Europa als Gegengewicht gegen die habsburgische Macht. An dieser Tatsache scheiterte jeder Versuch eines gemeinsamen christlichen Kreuzzuges gegen die Türken.

Karl war jedoch zu sehr Realist, um sich durch eine einzige Idee leiten zu lassen, und begriff schnell die Widersprüche und Schwierigkeiten, die in dem Kreuzzugsplan lagen. Er streckte sich nach der Decke. Seine Kreuzzüge wurden also auf die Defensive beschränkt, wie 1529 zur Rettung von Wien, oder auf Gegenangriffe wie 1535, um Tunis Barbarossa wieder abzunehmen. 1538 schloß er tatsächlich eine Heilige Liga mit Rom und Venedig zum Zweck eines allgemeineren Kreuzzugs gegen den Sultan, doch als es sich zeigte, daß Franz I. nicht bereit war, sich anzuschließen – oder doch sich ruhig zu halten –, sagte er den Feldzug ab.

Wie Karls Ideale durch die Verhältnisse umgeformt wurden, erwies sich noch deutlicher, als die Trennung, die Luthers Reformation in Europa hervorrief, schärfer wurde. Das Umsichgreifen der Reformation wurde der springende Punkt der zwanziger Jahre des 16. Jahrhunderts und wurde eines der Dinge, die Karl am meisten beschäftigten. Wie viele seiner nächsten Berater war auch Karl erfüllt von den toleranten Gedanken des Erasmus, doch fühlte er sich auch zur Einhaltung seines Versprechens vor dem Reichstag zu Worms gebunden. Als Kaiser konnte er keine Ketzerei zulassen; sein Krönungseid verpflichtete ihn zur Verteidigung der Kirche gegen ihre Feinde, nach innen und außen, und der gefährlichste Feind war – so argumentierten die Theologen – die Ketzerei. Der Kampf gegen sie vermischte sich mit politischen Zielen in Deutschland. Während Karl immer noch darauf hoffte, die Anhänger Luthers durch Konzessionen zur römischen Kirche zurückzubringen, die dem Papsttum von einem allgemeinen Konzil aufgezwungen würden, auf dem auch die Lutheraner eine Stimme haben würden, sah er sich immer stärker gezwungen, sich die deutschen protestantischen Fürsten zu unterwerfen, die – so sah er die Dinge – Luthers Reformation dazu benützten, sich vom Kaiser unabhängig zu machen.

Der gefährliche Kampf, auf den er sich deswegen einließ, dauerte lange. Selbst die begrenzten defensiven Züge gegen die Türken nach 1535 schoben die Abrechnung mit den protestantischen

Fürsten hinaus, die sich – wie die katholischen – an der Verteidigung Mitteleuropas beteiligten, auf Kosten einer wenigstens zeitweisen Duldung ihres Glaubens und der Einziehung von geistlichem Eigentum. Als der Kampf wirklich ausgetragen werden konnte – Ende der vierziger und zu Anfang der fünfziger Jahre –, wurde der Ausgang durch Thronfolgekämpfe innerhalb der Habsburgerfamilie, wachsende nationalistische und »anti-spanische« Gefühle in Deutschland, die fehlende Bereitschaft des Papstes zur Einigung mit den Lutheranern ebenso bestimmt wie durch die militärische Unterstützung der protestantischen Fürsten von seiten Frankreichs.

Sein Scheitern traf Karl schwer. Es war der wichtigste Faktor, der zu seiner Abdankung beitrug, und in Yuste war der einstige Kaiser, der früher einer Versöhnung zwischen Protestanten und Katholiken das Wort geredet hatte, ein Opfer der Schreckbilder zukünftiger Ketzerei und des daraus folgenden sozialen Kampfes in seinen Erblanden, die er Philipp II. übergeben hatte. Er riet Philipp und den Regenten, die dort, wo der Herrscher nicht anwesend war, die Regierung führten: »Reißt die Ketzerei aus, sonst schlägt sie Wurzel und zerstört die staatliche und soziale Ordnung.«

Doch sollte dieser Ratschlag eines alten Mannes, der ängstlich darum besorgt war, seine Tage in einem religiös einigen Spanien zu beschließen, nicht die tatsächliche Leistung während seiner Regierung in den Schatten stellen: er wies die Bedrohung des Reiches und seiner Erblande durch die Türken zurück; er beendete den französisch-habsburgischen Kampf in einer vernünftigen Weise, indem Frankreich Ansprüche in Italien aufgab und er selbst die seinigen auf die französische Provinz Burgund; er veranlaßte die Einberufung des Konzils von Trient zur Abschaffung jener Mißbräuche in der katholischen Kirche, über die sich die Protestanten zu Recht beschwert hatten.

Anmerkungen

Liste der Abkürzungen

A. G. R., Brüssel	Archives Générales du Royaume, Brüssel
A. G. S.	Archivo General de Simancas, Valladolid
B. N. M., MSS	Biblioteca Nacional, Madrid, Seccion de Manuscritos
B. N. P., MSS	Bibliothèque Nationale, Paris (Handschriften-Abteilung)
B. P. M.	Biblioteca de Palacio, Madrid
H. H. St. A.	Haus-, Hof- und Staatsarchiv, Wien

Erster Teil

Kapitel 2

1 H. Keniston, *Francisco de los Cobos, Secretary of the Emperor Charles V,* Pittsburgh 1960.
2 Laurent Vital beschreibt ins einzelne gehend Karls erste Reise nach Spanien: *Viajes de extranjeros por España y Portugal,* span. Übersetzung von J. García Mercadal, I (Madrid 1952), S. 626 ff.
3 M. Fernandez Alvarez, *La España del Emperador Carlos V,* Band XVIII (Madrid 1966) der *Historia de España* (Hrsg. R. Menéndez Pidal), S. 73.
4 Real Academia de la Historia (Madrid), Salazar A-50, f. 22.
5 *Cortes de los antiguos reinos de León y de Castilla,* IV, S. 261.
6 *Ebenda.*

Kapitel 3

1 L. Schick, *Un grand homme d'affaires au début du XVIe siècle: Jacob Fugger* (Paris 1957), S. 161.
2 P. Mexia, *Historia de l'emperador Carlos V,* hg. von J. de Mata Carriazo (Madrid 1945), S. 137.
3 *Cortes de los antiguos reinos de Leon y de Castilla,* IV, S. 320.
4 Neuere Untersuchungen, die den revolutionären Charakter der *comuneros-*Bewegung betonen, sind: J. A. Maravall, *Las comunidades de Castilla, una primera revolución moderna* (Madrid 1963); J. Perez, *La révolution des ›Comunidades‹ de Castille* (Bordeaux 1970). J. I. Gutiérrez Nieto hebt in seiner unveröffentlichten Dissertation von Salamanca ›Las Comunidades como movimiento señorial‹ die anti-aristokratischen Elemente der Bewegung hervor.

5 Charles V, *Memorias*, hg. von M. Fernāndez Alvarez (Madrid 1960), S. 50. – Ältere deutsche Übersetzung der ›Commentarien‹ aus dem Französischen nach einer Übersetzung aus dem Portugiesischen dieser ursprünglich auf Französisch verfaßten Aufzeichnungen Karls aus dem Jahr 1550, die seine Feldzüge von 1515 bis 1548 darstellen, von L. A. Warnkönig, *Aufzeichnungen des Kaiser Karl's des Fünften* (Leipzig 1862). Sie wurde für die Übersetzung der Zitate eingesehen (Anm. d. Übers.).

6 Karls Instruktionen an Don Lope Hurtado, vermutlich vom März 1522: B. N. M., MSS, leg. 9442, ff. 51V–53V.

7 Vgl. G. Mattingly, *Catalina* (span. Ausgabe S. 266).

Zweiter Teil

Kapitel 4

1 M. Fernandez Alvarez, *Política mundial de Carlos V y Felipe II* (Madrid 1966), S. 41.

2 Karl V. an Maria, Neapel, 21. Januar 1536: A. G. R., Brüssel E. A. leg. 49, f. 81.

3 Karl V. an Maximilian, Brüssel 18. Februar 1553: H. H. St. A., Wien, Spanische Hof-Korrespondenz, 1–3te, 83.

4 *Consulta* des Staatsrats, veröffentlicht in M. F. Alvarez, *Política mundial de Carlos V y Felipe II*, S. 299; vgl. ders., *Corpus documental*, S. 497 ff.

5 Vollständig veröffentlicht in M. F. Alvarez, *Política mundial*, S. 302.

Kapitel 5

1 *Cortes de los antiguos reinos de León y de Castilla*, IV, S. 538.

2 Der portugiesische Botschafter an den Grafen von Vimioso, Sevilla, 16. März 1526: gedruckt in M. C. Mazarío Coleto, Isabel de Portugal (Madrid 1951), S. 48.

3 Karl V., *Memorias*, S. 54.

4 Alfonso de Valdés, *Diálogo de Mercurio y Carón*, hg. von J. F. Montesinos (Madrid 1954), S. 48.

5 *Ebenda*, S. 58.

6 *Ebenda*, S. 55.

7 *Ebenda*, S. 79.

8 *Ebenda*, S. 76 ff.

9 J. M. Jover Zamora, *Carlos V y los espanoles* (Madrid 1963), S. 215.

10 Archivo Municipal de Ubeda, leg. 258.

11 Anläßlich der vierhundertjährigen Wiederkehr der Geburt Philipps II. im Jahre 1927 wurde von Gelehrten die Wahl des Namens Philipp diskutiert. Der Baccalaureus von Villaruela muß den Namen einige Tage nach der Geburt des *Infante* eingetragen haben, da man vorher seinen Namen noch nicht gewußt haben kann.

12 P. de Sandoval, *Historia de la vida y hechos del Emperador Carlos V,* hg. von Seco Serrano (Madrid 1956), II, S. 248.

13 *Cortes de los antiguos reinos de León y de Castilla,* IV, S. 450.

14 A. G. S., Estado, leg. 14, f. 7.

15 Die Rede ist abgedruckt in F. de Laiglesia, *Estudios históricos* (Madrid 1918–1919) I, S. 378.

16 *Ebenda.*

17 *Ebenda.*

18 *Cortes de los antiguos reinos de León y de Castilla,* IV, S. 450.

19 *Ebenda.*

20 M. Bataillon, *Erasmo y Espana* (Mexico 1950) I, S. 280.

21 R. Menéndez Pidal, Einleitung zu Band XVIII der *Historia de España,* deren Gesamtherausgeber er ist (Madrid 1966), p. lix.

22 M. Fernández Alvarez, *Politica mundial de Carlos V y Felipe II,* S. 62.

23 A. Rumeu de Armas, ›Franceses y españoles en el Atlántico en tiempo del Emperador‹, *Charles Quint et son temps* (Paris 1959), S. 62.

24 M. Fernández Alvarez, *Aportaciones a la Historia del Turismo en Europa: Relatos de viaje desde el Renacimiento hasta el Romanticismo* (Madrid 1956), S. 43.

25 *Ebenda,* S. 43.

26 *Ebenda,* S. 44.

27 Lagasca an Ferdinand I. von Österreich am 2. Februar 1554: H. H. St. A., Wien, Spanische Hof-Korrespondenz, 1–3, f. 107 (Entwurf).

28 Pedro Mexía, *Coloquio del sol* (Madrid 1936), S. 408.

29 K. Brandi, *Kaiser Karl V. Werden und Schicksal einer Persönlichkeit und eines Weltreiches* (7. Aufl. München 1964) I, S. 140.

30 Bischof von Badajoz an Karl V., Valladolid 12. Dezember 1526: A. G. S., Estado, leg. 14, f. 107.

31 Diese Formulierung wird benutzt von Don Ramón Carande, einem Spezialisten zu Karl V.

32 M. Fernández Alvarez, *Política mundial de Carlos V y Felipe II,* S. 188.

33 M. Bataillon wirft Licht auf diese Frage in *Charles Quint et son temps,* S. 77ff.

Kapitel 6

1 Leyva an Karl V., Mailand 4. August 1527, in K. Lanz, *Korrespondenz des Kaisers Karl V.* (Leipzig 1844–1846) I, S. 235.

2 *Ebenda.*

3 Karls Instruktionen an Montfort (seinen Gesandten an den Höfen Margaretes und Ferdinands), Burgos 31. Januar 1528, in W. Bauer und Robert Lacroix (Hrsg.), *Korrespondenz Ferdinands I.* (Wien 1937), S. 149.

4 Alfonso de Valdés, *Diálogo de Mercurio y Carón,* S. 86.

5 Alonso de Santa Cruz, *Crónica del Emperador Carlos V* (Madrid 1920 bis 1951) II, S. 326; vgl. Valdés, S. 110ff.

6 *Ebenda.*

7 Alfonso de Valdés, *Dialogo de Mercurio y Carón*, S. 187–188.

8 *Ebenda*, S. 205.

9 Alonso de Santa Cruz, *Crónica del Emperador Carlos V*, II, S. 421 ff.

10 Zitiert bei Brandi, II, S. 194.

11 Tavera an Cobos: B. N. M., MSS Nr. 1778, f. 155.

12 Leyva an Karl, Mailand 13. Mai 1529: A. G. S., Estado, leg. 1553 (undatierter Entwurf).

13 *Memorias*, S. 55.

14 Brandi, II, S. 194.

15 *Ebenda*, S. 195.

16 L. Pastor, *Geschichte der Päpste*, span. Ausgabe X (1948–1961), S. 42.

17 Pedro Mexía, *Historia de Carlos V*, S. 540.

18 Zitiert in Brandi, II, S. 205.

19 *Memorias*, S. 56.

20 Mexía, *Historia de Carlos V*, S. 562.

21 *Ebenda.*

22 Dieser Brief findet sich gedruckt mit einem Kommentar bei J. M. Jover Zamora, ›Sobre la política exterior de España en tiempos de Carlos V‹, *Carlos V: Homenaje de la Universidad de Granada* (Granada 1958), S. 154.

23 Der Brief ist veröffentlicht in G. Heine, *Briefe an Kaiser Karl V.* (Berlin 1848), S. 355; vgl. Brandi, II, S. 207.

24 *Ebenda.*

25 Alonso de Santa Cruz, *Crónica del Emperador Carlos V*, II, S. 457.

26 Karl V. an den Connetable von Kastilien, Bologna 7. März 1530: B. N. M., MSS Nr. 991, f. 557 (Entwurf).

27 Karl V. an die Kaiserin, Augsburg 8. Juli 1530: A. G. S., Estado, leg. 635, f. 87.

28 Karl V. an Clemens VII., Augsburg 14. Juli 1530: A. G. S., Estado, leg. 635, f. 85 (Abschrift).

29 Karl V. an die Kaiserin, Augsburg 31. Juli 1530: A. G. S., Estado, leg. 635, f. 87.

30 Datiert vom 30. November 1530, in Heine, S. 392; vgl. Brandi, II, S. 219.

31 *Colección de Documentos Inéditos para la Historia de España*, XIV, S. 102.

32 Karl V. an Maria, Köln 3. Januar 1531, veröffentlicht bei Lanz, I, S. 416.

33 Maria an Karl V., Brüssel 22. Januar 1532: A. G. R., Brüssel E. A. 47, f. 34.

34 Karl V. an Maria, Köln 28. Januar 1532: A. G. R., Brüssel E. A. 47, f. 36.

Dritter Teil

Kapitel 7

1 Karl V. an den Erzbischof von Toledo, Brüssel 17. Januar 1532: A. G. S., Estado, leg. 636, f. 20.

2 Karl V. an Maria, Regensburg 8. März 1532: A. G. R., Brüssel E. A. 47, f. 42.

2 Escoriazo an Isabella, undatiert: A. G. S., Estado, leg. 635, f. 65 (Entwurf).

4 A. G. R., Brüssel, E. A. 47, f. 62.

5 Karl an Maria, Regensburg Spa 18. Juni 1532: A. G. R., Brüssel, E. A. 47, f. 116; vgl. Brandi, I, S. 269.

6 Karl an Maria, Regensburg Spa 13. August 1532: A. G. R., Brüssel, E. A. 47, f. 116; vgl. Brandi, I. S. 269.

7 Karl an Maria, Regensburg 28. April 1532: A. G. R., Brüssel, E. A. 47, f. 66.

8 Karl an Maria, Regensburg 7. Mai 1532: A. G. R., Brüssel, E. A. 52, f. 72.

9 ›Canción Tercera‹, in der Sammlung Clásicos Castellanos (Madrid 1953), S. 181: ›Con un manso ruido – de agua corriente y clara cerca el Danubio una isla...‹

10 A. G. R., Brüssel, E. A. 47, ff. 166, 172 und 193v.

11 Karl an Maria, Regensburg Spa 21. August 1532: A. G. R., Brüssel E. A. 47, f. 118; vgl. auch f. 147v.

12 A. G. S., Estado, leg. 636, f. 133.

13 Karl an Isabella, Regensburg 11. Juni 1532: A. G. S., Estado, leg. 636, f. 145 (Entwurf, das meiste davon chiffriert).

14 Garcilaso de la Vega, ›Egloga Segunda‹, Zeilen 1501–1503, Obras Completas, in der Sammlung Clásicos Castellanos (Madrid 1953), S. 104.

15 Brandi, I. S. 272.

16 Garcilaso de la Vega, a. a. O., S. 109.

17 Karl an Maria, 13. August 1532: A. G. R., Brüssel, E. A. 47, f. 116.

18 Mazarío Coleto, S. 358.

19 Karl an Maria, Regensburg 22. April 1532: A. G. S., Estado, leg. 636, f. 138 (Entwurf).

20 Mazarío Coleto, S. 358.

21 Karl an Maria, Leoben 11. Oktober 1532: A. G. R., Brüssel, E. A. 47, f. 163.

22 W. H. St. A., Wien, Belg., P. A. 25.

23 Karl an Maria, Barcelona 22. April 1533: A. G. R., Brüssel, E. A. 48, f. 12.

24 Memorias, S. 59.

Kapitel 8

1 Brief veröffentlicht von A. Rodríguez Villa in Boletín de la Real Academia de la Historia, Band 45 (1904), S. 49.

2 Das Memorandum von Tavera wurde veröffentlicht in F. Walser, Berichte und Studien zur Geschichte Karls V., S. 167–172.

3 Sandoval, II. S. 492.

4 Ebenda, II, S. 495.

5 Lanz, II, S. 194.

6 Karl V., Memorias, S. 61.

7 Karl an Isabella, 20. Februar 1536: A. G. S., Estado, leg. 35, f. 5.

8 Veröffentlicht von A. Morel Fatio, ›L'espagnol langue universelle‹, *Bulletin Hispanique*, Band 15 (1913), S. 212 ff.

9 *Ebenda.*

10 *Memorais*, S. 62.

11 Bericht veröffentlicht von A. Rodriguez Villa in *Boletín de la Real Academia de la Historia*, Band 45 (1904), S. 349–350.

12 Karl an Cifuentes, 5. September 1536: A. G. S., Estado, leg. 1564, f. 65.

Kapitel 9

1 Karl V., *Memorias*, S. 63.

2 Santa Cruz, III, S. 465.

3 A. G. R., Brüssel, E. A. 50, f. 23.

4 Santa Cruz, III, S. 467.

5 Isabella an Karl, Valladolid 2. Januar 1538: Mazario Coleto, S. 511.

6 Mazario Coleto, S. 525.

7 Karl V., *Memorias*, S. 66.

8 *Cortes de los antiguos Reinos de León y de Castilla*, V, S. 89. Vgl. Sandoval, III, S. 67.

9 A. G. R., Brüssel, E. A. 50, f. 101; vgl. Lanz, II, S. 686.

10 A. G. R., Brüssel, E. A. 1520, f. 278.

11 Vgl. meine Charakterisierung Philipps II. in *Economía, Sociedad y Corona* (Madrid 1963), S. 171.

12 A. G. S., Patronato Real, leg. 26, f. 36.

13 Santa Cruz, IV, S. 24.

14 *Memorias*, S. 67.

15 Karl an Maria, Toledo 2. Mai 1539: L.-P. Gachard, *Analectes historiques*, V, S. 29.

16 A. G. R., Brüssel, E. A. 50, f. 147.

17 V. L. Saulnier, ›Charles-Quint traversant la France‹, *Fêtes et ceremonies au temps du Charles-Quint* (Paris 1960), S. 207 ff.

18 Pedro Girón, *Crónica del Emperador Carlos V*, hg. von J. Sánchez Montes (Madrid 1964), S. 337 und 346.

19 B. N. P., France 18515, f. 49–53.

20 B. N. P., France 4318, f. 86.

21 *Ebenda*, f. 87v.

22 Pedro Girón, *Crónica de Carlos V*, S. 344.

23 *Ebenda.*

24 Karl V., *Memorias*, S. 35.

25 *Ebenda*, S. 71.

26 *Ebenda.*

27 Sandoval, III, S. 112.

28 C. Fernández Duro, *Historia de la Armada espanola*, I, S. 259.

29 *Colección de Documentos Inéditos para la Historia de España*, I, S. 239.

30 *Cortes de los antiguos reinos de León y de Castilla*, V, S. 219.

Kapitel 10

1 M. Fernández Alvarez, *Política mundial de Carlos V y Felipe II*, S. 168 ff.; vgl. auch mein *Economía, Sociedad y Corona*, S. 189.

2 E. Lavisse, *Histoire de France*, V, Teil 2, S. 115.

3 Karl V., *Memorias*, S. 91.

4 B. P. M., Granvelle MSS, Nr. 2306 (undatierter Entwurf).

5 Karl an Philipp, 10. August 1546: A. G. S., Estado, leg. 642, f. 75.

6 *Memorias*, S. 89–90.

7 Francisco de Vitoria an Philipp II., undatiert (vermutlich von 1545): A. G. S., Estado, leg. 72, f. 60.

8 Philipp an Karl, Valladolid 16. April 1545: A. G. S., Estado, leg. 69, f. 34. Siehe auch Philipps Brief vom 30. Juni, f. 49. Für Carranza vgl., außer den Standardwerken von Menéndez Pelayo und Marañón, M. Bataillon, *Erasmo y España* (Mexico 1950), II, S. 105 und 323, und die neueren Untersuchungen von J. I. Tellecha, *El Arzobispo Carranza y su tiempo* (Madrid 1968), 2 Bände, und J. L. E. González Novalín, *El Inquisidor general Fernando de Valdés* (Oviedo 1968–1971), 2 Bände.

9 Karl V., *Memorias*, S. 97.

10 Brandi, I, S. 458–495.

11 *Memorias*, S. 98.

12 *Ebenda*, S. 101.

13 Luis de Ávila y Zúñiga, *Comentarios de la guerra de Alemania* (Venedig 1548), S. 430.

14 Karl V., *Memorias*, S. 115. Vgl. auch seine Rede an die Cortes 1548, abgedruckt in F. de Laiglesia, *Estudios historicos* (Madrid 1919), I, S. 423.

15 Hier zitiert nach Thomas Sheltons Übersetzung (London 1908), Band II, Buch 4, S. 34 (freie Übersetzung).

16 Karl V., Memorias, S. 105; vgl. Ávila y Zúñiga, S. 423.

17 Ávila y Zúñiga, S. 432.

18 *Memorias*, S. 119.

19 *Ebenda*, S. 125.

20 Ávila y Zúñiga, S. 444.

Vierter Teil

Kapitel 11

1 B. Beinert, ›El Testamento politico de Carlos V de 1548. Estudio crítico‹, *Homenaje de la Universidad de Granada a Carlos V* (Granada 1958), S. 209–218.

2 W. Bucholtz, *Geschichte der Regierung Ferdinands des Ersten* (Wien 1831–1838), 9 Bände; K. Lanz, *Korrespondenz des Kaisers Karl V.* (Leipzig 1844–1846), 3 Bände und *Staatspapiere zur Geschichte des Kaisers Karl V.* (Stuttgart 1845); J. J. von Döllinger, *Beiträge zur politischen, kirchlichen und Kulturgeschichte*, Band I: *Dokumente zur Geschichte Karls V. und Philipps II. und ihrer Zeit (1507–1751)* (Regensburg 1862);

L.-P. Gachard, *Charles-Quint* (Brüssel 1872), S. 523–960; A. von Druffel, *Beiträge zur Reichsgeschichte 1546–1555* (München 1873), 4 Bände.

3 Gachard, S. 787.

4 *Ebenda*, S. 789.

5 Ferdinands Brief (undatiert) vermutlich an seine Schwester Maria: A. G. R., Brüssel, E. A. 97, f. 149.

6 Bucholtz, IX, S. 495: Marias Brief an Ferdinand, Mai 1550 aus Brüssel.

7 Arras (Botschafter der spanischen Niederlande) an Maria, Augsburg 25. August 1550: A. G. R., Brüssel, E. A. 125, f. 57 (Entwurf).

8 *Ebenda*.

9 Druffel, I, S. 459.

10 *Ebenda*, I, S. 468.

11 *Ebenda*, I, S. 468: Heinrich II. an Marillac, 10. August 1550.

12 Ferdinand an Maria, Wien 29. März 1550, in Bucholtz, IX, S. 730. Für Ferdinands Einstellung zu dieser Zeit vgl. Marillacs Bericht an Heinrich II. vom 29. Juli 1550 aus Augsburg, abgedruckt in Druffel, I, S. 458.

13 Rafael Rodríguez Raso, ›La contienda Maximiliano-Felipe en la sucesión imperial de Carlos V‹, *Hispania*, vol. 73 (1958), S. 737.

14 Ferdinand an Karl V., 14. Dez. 1550: Lanz, *Korrespondenz*, III, S. 11.

15 Karl V. an Maria, 16. Dezember 1550: Lanz, *Korrespondenz*, III, S. 15.

16 H. H. St. A., Wien, P. A. 85, f. 61; Druffel, III, S. 177.

17 Maria Anmerkungen über Ferdinands Einwände gegen die Ernennung Philipps als Vertreter des Kaisers in Italien: H. H. St. A., Wien, P. A. 85, f. 86; vgl. Druffel, III, S. 191.

18 Gachard, S. 804.

19 Zitiert in Gachard, S. 806.

20 Gachard, S. 807.

21 Döllinger, S. 168–175; vgl. Lanz, *Staatspapiere*, S. 462, 477, 482, 483; Druffel, I, S. 595 und III, S. 161 ff.

22 A. G. S., Estado, leg. 81, f. 98–142.

23 Vgl. Brandi, I, S. 500.

24 *Ebenda*, I, S. 506.

25 A. G. S., Estado, Castilla, leg. 89, f. 52.

26 Juan Pérez de Tudela Buesco, ›La gran reforma carolina de las Indias en 1542‹, *Revista de Indias*, Juli-Dezember 1958, S. 463–509.

27 Herzog von Alba an Karl V., Madrid 11. Mai 1552: A. G. S., Estado, Castilla, leg. 89, f. 310.

28 A. G. S., Estado, Castilla, leg. 89, f. 340.

29 Der Bischof von Cuenca an Philipp, Cuenca 27. Mai 1552: A. G. S., Estado, Castilla, leg. 89, f. 349.

30 Ruy Gómez de Silva an Erase, Madrid 10. Mai 1552: A. G. S., Estado, Castilla, leg. 89, f. 131 (Entwurf).

31 Brief datiert Madrid 9. Juni 1552 (Entwurf): B. N. M., MSS Nr. 7915 (Granvelle Akten), Box 12.

32 28. Juli 1552, A. G. S., Estado, Alemania, leg. 647, f. 30.

33 A. G. S., Estado, Castilla, leg. 89, f. 319 (Entwurf).

34 A. G. S., Estado, Castilla, leg. 90, f. 109 (Entwurf).

35 Sandoval, III, S. 398–399.

36 Karl V. an Philipp, Villach 9. Juni 1552: A. G. S., Estado, Alemania, leg. 647, f. 54–55 (Entwurf).

37 Karl V. an Philipp, im Lager bei Metz, 25. Dezember 1552: A. G. S., Estado, Alemania, leg. 647, f. 57–58 (Entwurf).

38 Datiert Brüssel 6. Juni 1554: A. G. S., Patronato Real, leg. 29, f. 10.

39 Maurenbrecher, S. 330 ff. Vgl. Ernst Bizer, ›The German Reformation to 1555‹, *The New Cambridge Modern History*, II, S. 185: K. Brandi, *Deutsche Geschichte im Zeitalter der Reformation und Gegenreformation* (Leipzig 1941); L. von Ranke, *Deutsche Geschichte im Zeitalter der Reformation* (München 1925).

Kapitel 12

1 M. Foronda y Aguilera, *Estancias y viajes de Carlos V desde el día de su nacimiento hasta el de su muerte* (Madrid 1914), S. 639 ff.

2 R. B. Merriman, *Carlos V* (Buenos Aires 1949), S. 266.

3 Karl V. an Ferdinand, (Thionville) 12. Januar 1553: Lanz, *Korrespondenz*, III, S. 530.

4 Merriman, S. 269.

5 ›Account of the Siege of Cambrai‹, *Papiers d'Etat du Cardinal de Granvelle*, hg. von M. Ch. Weiss (Paris 1841–1843), IV, S. 106 ff.

6 Sandoval, III, S. 436.

7 Foronda, S. 427.

8 *Ebenda*.

9 Karl V. an Ferdinand, Brüssel 28. Juni 1554: A. G. S., Estado, leg. 508, f. 154.

10 A. G. S., Estado, leg. 90, f. 147–148.

11 Erase an Philipp, Landau 27. September 1552: A. G. S., Estado, leg. 90, f. 97–98.

12 *Ebenda*.

13 Sandoval, III, S. 478–481.

14 Merriman, S. 279.

15 Brandi, I, S. 529.

Kapitel 13

1 L.-P. Gachard, *Retraite et mort de Charles-Quint au Monastère de Yuste* (Brüssel 1854), I, S. 4.

2 Gaztelu an Juan Vázquez de Molina: in Gachard, *Retraite*, I, S. 6.

3 Quijada an V. de Molina, 8. Okt. 1556: in Gachard, *Retraite*, I, S. 11.

4 Gachard, *Retraite*, I, S. 7.

5 *Ebenda*, S. 8.

6 *Ebenda*, S. 9.

7 *Ebenda*, S. 18.

8 *Ebenda*, S. 12.

9 Gaztelu an V. de Molina, 11. Okt. 1556: in Gachard, *Retraite*, I, S. 17.

10 Quijada an Vázquez de Molina, Burgos 14. Oktober 1556: in Gachard, *Retraite*, I, S. 21.

11 *Ebenda*, S. 31.

12 Der obige Bericht geht aus von dem Manuskript des Archivars aus dem 19. Jahrhundert Tomás Gonzalez; vgl. Mignet, *Charles Quint, son séjour et sa mort au Monastère de Yuste* (3. Aufl. hg. Paris 1857), S. 149.

13 Entsprechend dem Bericht des venezianischen Gesandten Badoero: Mignet, S. 151.

14 *Ebenda*, S. 152.

15 *Ebenda*, S. 152 ff.

16 Gachard, *Retraite*, I, S. 33.

17 *Ebenda*, S. 36.

18 *Ebenda*, S. 38.

19 *Ebenda*, S. 52.

20 Mignet, S. 63.

21 *Ebenda*, S. 96, Anm. 4.

22 Gachard, *Retraite*, I, S. 111 ff.

23 Mignet, S. 197.

Kapitel 14

1 Mein Bericht fußt auf J. J. Martín, ›El Palacio de Carlos V en Yuste‹, *Archivo Español de Arte*, 23 (1950), S. 27 ff.

2 Gachard, *Retraite*, I, S. 111.

3 *Ebenda*, S. 124 ff.

4 *Ebenda*, S. 127.

5 Gaztelu an Vázquez de Molina, Xarandilla 15. November 1556: Gachard, *Retraite*, I, S. 42.

6 *Ebenda*, S. 45.

7 Gaztelu an Vázquez de Molina, Cuacos 21. Februar 1558: Gachard, *Retraite*, I, S. 271.

8 Karl V. an Juana, Yuste 25. Mai 1558: Gachard, *Retraite*, I, S. 297 ff.

9 *Ebenda*, S. 303.

10 Karl V., Memorias, S. 54–129 *passim*.

11 Gachard, *Retraite*, I, S. 245.

12 *Ebenda*, S. 295.

13 *Ebenda*, S. 254.

14 *Ebenda*, S. 322: Dr. Mathys' Bericht.

15 Quijada an Vázquez de Molina, 15. September 1558: *ebenda*, S. 367.

16 *Ebenda*, S. 372.

17 J. I. Tellecha, ›Así murió el Emperador‹, *Boletín de la Academia de la Historia*, vol. 143 (1958), S. 106.

18 Gachard, *Retraite*, I, S. 385.

Bibliographie

1 Allgemeine Darstellungen

J. Delumeau, *La Reforma*, (Barcelona 1967). Span. Übers. des franz. *Naissance et affirmation de la Réforme* in der Reihe ›La Nouvelle Clio‹ (2. Aufl. Paris 1968).

M. Fernández Alvarez, *La España del Emperador Carlos V*, Band XVIII (Madrid 1966) der *Historia de España* (Hrsg. R. Menéndez Pidal).

H. Koenigsberger, ›The Empire of Charles V in Europe‹, *The New Cambridge Modern History*, Band II, S. 301–333.

H. Lapeyre, *Las monarquías europeas del siglo XVI. Las relaciones internacionales* (Barcelona 1969). Span. Übers. des franz. *Les Monarchies européennes du XVIe siècle. Les relations internationales*, in der Reihe ›La Nouvelle Clio‹ (Paris 1967).

R. Mousnier, *Los siglos XVI y XVII*, Band IV der *Historia general de las Civilizaciones* (Barcelona 1964). Span. Übers. des franz. *Les XVIe et XVIIe siècles* (5. Aufl. Paris 1967).

L. von Pastor, *Historia de los Papas*. Span. Übers. der deutschen *Geschichte der Päpste seit dem Ausgang des Mittelalters*. Barcelona 1938–1961, vor allem Bd. VII–XIV.

2 Chroniken, gedruckte Quellen und zeitgenössische Berichte

L. Ávila y Zúñiga, *Comentario de la guerra de Alemania hecha por Carlos V en el año 1546 y 1547* (Madrid 1852).

W. Bauer und R. Lacroix (Hrsg.), *Die Korrespondenz Ferdinands I.*, 2 Bände (Wien 1912–1937).

G. A. Bergenroth, P. Gayangos, Martin A. S. Hume und R. Tyler (Hrsg.), *Calendar of Letters, Despatches, and State Papers, Spanish (1485–1558)*, 13 Bände (London 1862–1954).

Colección de Documentos Inéditos para la Historia de España, Hrsg. Fernández Navarrete und Marqués de la Fuensanta del Valle (Madrid 1842–1895), vor allem Band I und II.

Cortes de los antiguos Reinos de León y de Castilla, 5 Bände (Madrid 1883 bis 1903).

M. Ch. Weiss (Hrsg.), *Papiers d'État du Cardinal de Granvelle*, 9 Bände (Paris 1841–1852).

J. J. von Döllinger, *Beiträge zur politischen, kirchlichen und Kulturgeschichte*, Band 1: *Dokumente zur Geschichte Karls V. und Philipps II. und ihrer Zeit, 1507–1571* (Regensburg 1862).

A. von Druffel, *Briefe und Akten zur Geschichte des sechzehnten Jahrhunderts*, 4 Bände (München 1873–1896).

M. Fernández Alvarez, *Corpus documental de Carlos V*, Band I (1516–1539), (Salamanca 1973).

L.-P. Gachard (Hrsg.), *Correspondence de Charles V et d'Adrian VI* (Brüssel 1859).

–, *Retraite et mort de Charles-Quint au Monastère de Yuste*, 3 Bände (Brüssel 1854–1855).

P. Girón, *Crónica del Emperador Carlos V*, hg. von J. Sánchez Montes (Madrid 1964).

G. Heine, *Briefe an den Kaiser Karl V., geschrieben von seinem Beichtvater in den Jahren 1530–1532* (Berlin 1848).

K. Lanz (Hrsg.), *Korrespondenz des Kaisers Karl V.*, 3 Bände (Leipzig 1844 bis 1846, unveränd. Nachdruck 1966).

–, *Staatspapiere zur Geschichte des Kaisers Karl V.* (Stuttgart 1845).

G. van Male, *Lettres sur la vie intérieure de l'Empereur Charles Quint*, hg. von Baron de Reiffenberg (Brüssel 1843).

W. Maurenbrecher, *Karl V. und die deutschen Protestanten, 1545–1555* (Düsseldorf 1865).

P. Mexía, *Historia del emperador Carlos V*, hg. von J. de Mata Carriazo (Madrid 1945).

A. Morel-Fatio, *Historiografie de Charles Quint* (Paris 1913).

Relazioni degli ambasciatori veneti al Senato, hg. von E. Alberti (Florenz 1839–1863).

A. Rodríguez Villa, ›El Emperador Carlos V y su corte según las cartas de don Martín de Salinas, embajador del Infante don Fernando (1522–1539)‹, *Boletín de la Real Academia de la Historia*, Band 45 (Madrid 1904).

P. de Sandoval, *Historia de la vida y hechos del Emperador Carlos V*, hg. von C. Seco Serrano, 3 Bände (Madrid 1955–1956).

A. de Santa Cruz, *Crónica del Emperador Carlos V*, hg. von A. Blázquez y Delgado Aguilera und R. Beltrán y Rézpide, 5 Bände (Madrid 1920–1925).

A. de Valdés, *Diálogo de Mercurio y Carón*, hg. von J. F. Montesinos (Madrid 1954).

–, *Diálogo de la cosas ocurridas en Roma*, hg. von J. F. Montesinos (Madrid 1956).

A. Vázquez und R. S. Rose (Hrsg.), *Algunas cartas de Don Diego Hurtado de Mendoza (1528–1552)*, (New Haven 1935).

J. L. Vives, *Obras completas*, hg. von Lorenzo Riber, 2 Bände (Madrid 1947).

3 Biographien Karls V.

J. de Babelon, *Charles Quint* (Paris 1947).

G. de Boom, *Charles Quint, prince des Pays-Bas* (2. Aufl. Brüssel 1952).

K. Brandi, *Kaiser Karl V. Werden und Schicksal einer Persönlichkeit und eines Weltreiches*, 2 Bände (7. Aufl. München 1964).

M. de Ferdinandy, *El Emperador Carlos V – semblanza de un hombre* (Rio Piedras 1964), dt. Übers. von S. Giner, *Karl V.* (Tübingen 1966).

H. Lapeyre, *Charles Quint* (Paris 1971).

J. Lucas-Dubreton, *Charles Quint* (Paris 1958).

R. B. Merriman, *Carlos V el emperador y el español en el viejo y nuevo mundo* (Buenos Aires 1949).

P. Rassow, *Karl V. Der Kaiser des Mittelalters* (Göttingen 1957).

R. Tyler, *The Emperor Charles the Fifth* (London 1956).

4 Andere Biographien

M. van Durme, *El Cardenal Granvela (1517–1586 Barcelona 1957)*; ursprünglich in Flämisch (Brüssel 1953).

L. Febvre, *Un destin: Martin Luther* (Paris 1928).

J. L. E. González Novalín, *El Inquisidor general Fernando de Valdés*, 2 Bände (Oviedo 1968–1971).

H. Keniston, *Francisco de los Cobos, Secretary of the Emperor Charles V* (Pittsburgh 1960).

G. Mattingly, *Catalina de Aragón* (Buenos Aires 1942); span. Übers. des engl. *Catherine of Aragon* (London 1942), dt. Übers. *Katharina von Aragon* (Stuttgart 1962).

G. Marañón, *Luis Vives, Un español fuera de España* (Madrid 1942).

M. del C. Mazario Coleto, *Isabel de Portugal, Emperatriz y Reina de España* (Madrid 1951).

L. Pfandl, *Johanna die Wahnsinnige. Ihr Leben, ihre Zeit, ihre Schuld* (Freiburg 1930).

L. Schick, *Un grand homme d'affaires au début du XVIe siècle: Jacob Fugger* (Paris 1957).

5 Untersuchungen zu besonderen Perioden oder Themen

M. Bataillon, *Erasme et l'Espagne: Recherches sur l'histoire spirituelle du XVIe siècle* (Paris 1937).

K. Brandi et alia, *Berichte und Studien zur Geschichte Karls V.* (Göttingen 1935–1942).

R. Carande, *Carlos V y sus banqueros*, 3 Bände (Madrid 1944–1967).

Carlos V. Homenaje de la Universidad de Granada (Granada 1958).

G. Coniglio, *Il Regno di Napoli al tempo di Carlo V* (Neapel 1951).

F. Chabod, *Le Stato di Milano nell'Imperio di Carlos V* (Rom 1934).

–, *Charles Quint et son temps* (Paris 1959).

M. Fernández Alvarez, *Política mundial de Carlos V y Felipe II* (Madrid 1966).

–, *La sociedad española del Renacimiento* (Salamanca 1970).

M. Foronda y Aguilera, *Estancias y viajes de Carlos V desde el día de su nacimiento hasta el de su muerte* (Madrid 1914).

J. Huizinga, *Herbst des Mittelalters. Studien über Lebens- und Geistesformen des 14. und 15. Jahrhunderts in Frankreich und in den Niederlanden* (6. Aufl. Stuttgart 1952), span. Übers., *El otoño de la Edad Media* (Madrid 1945) nach der urspr. niederländischen Ausgabe (Aachen 1919); 2. Aufl. 1921).

J. M. Jover Zamora, *Carlos V y los españoles* (Madrid 1963).

Karl V. Der Kaiser und seine Zeit, hg. von P. Rassow und F. Schalk (Köln–Graz 1960).

F. de Laiglesia, *Estudios históricos* (1515–1555), 3 Bände (Madrid 1918–1919).

J. A. Maravall, *Las Comunidades de Castilla, una primera revolución moderna* (Madrid 1963).

J. M. March (Hrsg.), *Niñez y juventud de Felipe II*, 2 Bände (Madrid 1941 bis 1942).

R. Menéndez Pidal, *La idea imperial de Carlos V* (Madrid 1941); wiederabgedruckt in seinem *España y su historia* (Madrid 1957).

–, *El P. Las Casas y Vitoria, con otros temas de los siglos XVI y XVII* (Madrid 1958).

J. Perez, *La révolution des ›Comunidades‹ de Castille* (Bordeaux 1970).

P. Rassow, *Die Kaiser-Idee Karls V. dargestellt an der Politik der Jahre 1528 bis 1540* (Berlin 1932).

–, *Die politische Welt Karls V.* (2. Aufl. 1946); in der span. Übersetzung *El mundo político de Carlos V* (Madrid 1945, nach der 1. Aufl. München 1941).

J. Sánchez Montes, *Franceses, protestantes, turcos. Los españoles ante la política internacional de Carlos V* (Madrid 1951).

Zeittafel

1500-1530 Zeit der Hochrenaissance in der bildenden Kunst.

1500-1501 Der Portugiese Pedro Álvares Cabral entdeckt Brasilien.

1500 *24. Februar: Karl als erstes Kind Philipps des Schönen und Johannas von Spanien in Gent geboren.*
9. April: Ludwig XII. von Frankreich besetzt Mailand. Herzog Ludovico Moro kapituliert und wird gefangengenommen. Mailand unter französischer Herrschaft.
Juli: Infant Miguel, Sohn Manuels I., des Glücklichen, von Portugal und Isabellas von Spanien, gestorben. Karl Erbe der spanischen Lande.
25. November: Kolumbus wird in Ketten nach Spanien zurückgebracht.
Karl Mitglied des Ordens vom Goldenen Vlies.

1501-1502 Die portugiesischen Brüder Cortrereal erreichen Grönland und die Küste von Labrador.
Amerigo Vespucci erkundet im Auftrag der portugiesischen Krone die südamerikanische Küste bis über den Rio de la Plata hinaus nach Süden.

1501 Entdeckung Madagaskars.
1. August: Ende der aragonesischen Seitenlinie in Neapel. König Federico muß die Herrschaft an König Ludwig XII. von Frankreich übergeben.

1502-1504 Vierte Entdeckungsfahrt des Kolumbus.

1502 Kolumbus entdeckt das mittelamerikanische Festland.

1503 *10. März: Karls Bruder Ferdinand geboren.*
18. August: Alexander VI. gestorben. Sein Nachfolger Pius III. stirbt noch im selben Jahr. Julius II. (Giuliano della Rovere) wird Papst.

1504 31. Januar: Nach französisch-spanischen Kämpfen geht das Köngireich Neapel an Spanien (wie Sizilien bis 1713 spanisch).
7. November: Kolumbus kehrt nach Spanien zurück.

26. November: Isabella von Kastilien gestorben. Philipp der Schöne folgt ihr (als Philipp I.) auf den Königsthron. Ferdinand von Aragon regiert bis 1506 und von 1507 bis zu seinem Tod 1516 für Johanna die Wahnsinnige und als Vormund für Karl.

1505   12. Oktober: Vertrag von Blois zwischen Frankreich und Spanien. Ferdinand von Aragon heiratet in zweiter Ehe Germaine de Foix, die Nichte Ludwigs XII. von Frankreich.

1506   20. Mai: Chr. Kolumbus in Valladolid gestorben.
25. September: Karls Vater Philipp der Schöne gestorben. Karl wird nomineller Herrscher über die Niederlande und die Freigrafschaft Flandern. Mit den Schwestern Eleonore, Isabella und Maria lebt er bei seiner Tante, der Erzherzogin Margarete von Österreich, Regentin der Niederlande.
Papst Julius II. gibt den Neubau der Peterskirche in Auftrag (Baumeister Bramante, Raffael, Peruzzi, Michelangelo).

1507   12. März: Cesare Borgia, Sohn des Papstes Alexander VI., im Kampf gefallen.
Genua unter französischer Herrschaft. Verlust der Eigenständigkeit.
Karl in Mecheln zum Herrscher proklamiert.

1508   10. Dezember: Liga von Cambrai zwischen König Ludwig XII. von Frankreich, Kaiser Maximilian I., Papst Julius II. und Spanien gegen Venedig.

1509   21. April: Heinrich VII. in Richmond gestorben. Heinrich VIII. wird König von England.
10. Juli: Johann Calvin (Jean Caulvin) geboren. Papst Julius II., Ferrara, Mantua, Florenz, Savoyen, Spanien, England und Ungarn treten der Liga von Cambrai bei.

1510   24. Februar: Papst Julius II. schließt Frieden mit Venedig. – Luther reist nach Rom.

1511   5. Oktober: Heiliger Bund zwischen Papst Julius II., Venedig und Spanien gegen Frankreich.
Kirchenversammlung (schismatisches Konzil) von Pisa.

1512-1517	Laterankonzil
1512	31. August: Mit Hilfe spanischer Truppen gelangen in Florenz die Medici wieder zur Herrschaft. Verbannung Machiavellis.
	Schweizer Truppen erobern Mailand.
	Reichstag zu Köln: Die zehn »Reichskreise« werden geschaffen.
1513	21. Februar: Papst Julius II. gestorben.
	Leo X. (Giovanni de' Medici) zu seinem Nachfolger bestimmt.
	6. Juni: Schlacht bei Novara. Das französische Heer muß sich über die Alpen zurückziehen.
	Machiavelli veröffentlicht »Il Principe«.
1515	1. Januar: Ludwig XII. von Frankreich gestorben. Franz I. wird französischer König.
	13./14. September: Schlacht bei Marignano. Franz I. erobert Mailand. Französische Vorherrschaft in Oberitalien.
	Wilhelm von Croy, Herr von Chièvres, macht bei Karl seinen Einfluß geltend gegen Margarete von Österreich. Beendigung ihrer Regentschaft mit Zustimmung Kaiser Maximilians I. Karl wird für volljährig erklärt.
1516	*23. Januar: Ferdinand von Aragon (»der Katholische«) gestorben. Karl soll in Begleitung der älteren Schwester Eleonore nach Spanien reisen.*
	März: Karl wird »Gobernador General« in Spanien (ab 1517/18 als Karl I. König von Kastilien und Aragon) und Neapel–Sizilien.
	13. August: Vertrag von Noyon zwischen Franz I. und Karl. Frankreich verzichtet auf seine Rechte in Neapel.
	3. Dezember: Vertrag von Brüssel zwischen Kaiser Maximilian I. und Venedig. Festlegung der Gebietsgrenzen.
	Thomas Morus veröffentlicht »Utopia«, seine Schrift über den Idealstaat.
	Ab 1516: Chairedin (Khair ad-Din) Barbarossa unterwirft von Algier aus immer weitere Teile des Mittelmeerraumes seiner Herrschaft.

1517   *5. September: Karl reist von Vlissingen aus nach Spanien ab.*

18. September: Landung in der Bucht von Villaviciosa. Oktober/November: Karl besucht seine Mutter Johanna und seine zehnjährige Schwester Katharina in Tordesillas.

Treffen mit Bruder Ferdinand in Mojadlos; gemeinsamer Aufenthalt in Valladolid. Ferdinand wird zur Reise nach Flandern veranlaßt.

31. Oktober: Martin Luther schlägt an der Schloßkirche zu Wittenberg seine Ablaß-Thesen an.

1518   *15. Mai: Karl in Zaragoza.*

Heiratsverhandlungen zwischen Eleonore und Manuel I. von Portugal erfolgreich abgeschlossen.

Fernão de Magalhães (Fernando de Magellanes, Maghellan) zur Audienz bei Karl.

1519-1521 Spanische Truppen unter Cortes erobern Mexiko.

Erste Erdumsegelung durch Fernão de Magalhães.

1519   *Jahresanfang: Karl in Barcelona.*

12. Januar: Kaiser Maximilian I. in Wels gestorben.

13. April: Katharina de' Medici geboren.

2. Mai: Leonardo da Vinci gestorben.

Franz I. bewirbt sich vergeblich um die Kaiserkrone. Im ersten Wahlgang wird Friedrich der Weise, Kurfürst von Sachsen, zum Kaiser bestimmt; Friedrich nimmt die Wahl nicht an.

28. Juni: Karl zum römisch-deutschen Kaiser gewählt.

Juli: Leipziger Disputation zwischen Luther, Karlstadt und Eck.

6. Juli: Karl erhält in Spanien die Nachricht von der Wahl.

1520   *Jahresbeginn: Karl reist von Barcelona ab. Zweiter Besuch in Tordesillas. In Santiago Verhandlungen um die Finanzierung der Fahrt nach Deutschland.*

6. April: Raffael (Raffaelo Santi) gestorben.

20. Mai: Englandreise Karls. Adrian von Utrecht Regent in Spanien.

27. Mai: Karl am Hof Heinrichs VIII.; Treffen mit seiner Tante Katharina.

29. Mai: Vertrag von Canterbury.

11. Juni: Zusammenkunft Heinrich VIII. – Franz I. *Beratungen über eine Heirat Karls mit Maria Tudor.*

15. Juni: Papst Leo X. erläßt auf Betreiben des Johannes Eck gegen Luther die Bulle »Exsurge Domino«. Luther veröffentlicht »An den christlichen Adel deutscher Nation«, »Von der babylonischen Gefangenschaft der Kirche« und »Von der Freiheit eines Christenmenschen«.

Karl in Brüssel.

September: Aufstand der »Comuneros« in Spanien. Besetzung von Tordesillas.

Karl ernennt Don Júigo de Velasco, Konnetabel von Kastilien, und Admiral Don Fadrique Enríques zu Mitregenten während seiner Abwesenheit.

23. Oktober: Krönung in Aachen.

Oktober: Fernão de Magalhães entdeckt die nach ihm benannte Magellanstraße.

Dezember: Tordesillas von Regierungstruppen zurückerobert.

10. Dezember: Luther verbrennt die päpstliche Bulle.

1521-1526 Erster Krieg des französischen Königs Franz I. gegen Kaiser Karl V.

1521 *27. Januar: Karl eröffnet den Reichstag zu Worms.*

23. April: Sieg von Villalar über die »Comuneros«.

27. April: Fernão de Magalhães (Maghellan) auf den Philippinen von Eingeborenen getötet.

8./26. Mai: Wormser Edikt. Über Luther wird der Bann verhängt.

8. Juli: Heirat zwischen Ferdinand und Anna von Böhmen-Ungarn.

26. Juli: Ludwig II. von Böhmen-Ungarn heiratet Karls Schwester Maria von Österreich.

Juli: Karl V. in Brüssel.

24. November: Geheimvertrag zwischen Kaiser, Papst und dem englischen König.

November/Dezember: Verhältnis Karls mit Johanna van der Gheenst in Oudenaarde (natürliche Tochter: Margarete, Herzogin von Parma).

1. Dezember: Papst Leo X. gestorben.

Mailand von einem kaiserlich-spanischen Heer besetzt. Sultan Soliman der Prächtige nimmt Belgrad.

1522-1523 Erhebung der Reichsritter.

1522   19. Januar: Hadrian VI. (Adrian von Utrecht) folgt auf den Stuhl Petri.

Februar: Karl überträgt seinem Bruder Ferdinand die Herrschaft über die österreichischen Erblande.

15. April: Margarete wird Regentin der Niederlande.

16. Juni: Ratifizierung des Bündnisses mit Heinrich VIII. *Verlobung Karls mit Maria Tudor bestätigt.*

16. Juli: Karl wieder in Spanien.

Genua von deutschen und spanischen Truppen besetzt.

1523   Karl V. schließt Verträge mit Venedig, Papst Hadrian VI. und Erzherzog Ferdinand von Österreich gegen Franz I.

29. August: Ulrich von Hutten gestorben.

14. September: Hadrian VI. gestorben. Clemens VII. (Giulio de'Medici) wird Papst.

Zürcher Reformation unter Führung Zwinglis.

1524-1525 Bauernkriege in Ober- und Mitteldeutschland, Salzburg und Tirol.

1524   September: Fuenterrabía ergibt sich dem Herzog von Alba.

Karls Angriff aus Marseille mißglückt.

1525   24. Februar: Sieg der Kaiserlichen bei Pavia. Franz I. wird gefangengenommen. Ende der französischen Vorherrschaft in Oberitalien.

Spanische Truppen erobern Mailand.

Giovanni da Palestrina geboren.

Katharina, Karls jüngste Schwester, mit König Johann III. von Portugal vermählt.

Karl bildet einen »Indienrat«.

1526-1529 Zweiter Krieg Franz' I. gegen Kaiser Karl V.

1526   14. Januar: Friede von Madrid zwischen Kaiser Karl V. und König Franz I. Frankreich verzichtet auf Mailand, Genua, Neapel, Asti und das Herzogtum Burgund.

11. März: Karl heiratet in Sevilla Isabella von Portugal.

22. Mai: Heiliger Bund (Liga von Cognac) zwischen Franz I., Papst Clemens VII., Venedig, Florenz und Mailand.

25. Juni-27. August: Erster Reichstag zu Speyer.

29. August: Sultan Soliman der Prächtige siegt bei Mohács. König Ludwig II. von Böhmen und Ungarn fällt im Kampf.

Aufgrund der Erbverträge kommen Böhmen und Ungarn an Ferdinand.

Königliches Dekret in Spanien (in der Praxis nicht durchgeführt): Verbot der mohammedanischen Zeremonien, Sitten und Bräuche.

1527   6. Mai: »Sacco di Roma«: Die Soldaten Karls V. plündern Rom. Papst Clemens VII. in der Engelsburg gefangen.

Sturz der Medici in Florenz. Letzte florentinische Republik (bis 1530).

21. Mai: »Don Felipe«, der spätere König Philipp II., als erster Sohn Karls in Valladolid geboren.

22. Juni: Niccolò Machiavelli gestorben.

1. August: Ferdinands Sohn Erzherzog Maximilian, der spätere Kaiser Maximilian II., in Wien geboren.

Jahresende: Papst Clemens VII. wird freigelassen.

1528   6. April: Albrecht Dürer gestorben.

Andrea Doria befreit Genua. Wiedererrichtung der Republik.

Franz I. lehnt eine Duellforderung Karls ab. Karls und Isabellas Tochter Maria geboren.

1529   15. März-22. April: Zweiter Reichstag zu Speyer.

19. April: »Protestation« der evangelischen Reichsstände (»Protestanten«).

21. Juni: Niederlage Frankreichs in der Schlacht von Landriano.

29. Juni: Friede von Barcelona zwischen Kaiser und Papst.

3. August: Im »Damen-Frieden« von Cambrai (vermittelt durch Margarete von Österreich und Königin-

mutter Louise von Savoyen) zwischen Karl V. und Franz I. verzichtet Frankreich auf alle Ansprüche in Italien.

12. August: Karl in Genua.

September: Die Türken belagern Wien.

5. November: Karl V. in Bologna. Treffen mit Papst Clemens VII.

24. Februar: Karl durch Papst Clemens VII. in Bologna zum Kaiser gekrönt (zwei Tage zuvor Krönung mit der Lombardenkrone).

Vertrag Kaiser – Papst.

Abkommen über die Heirat zwischen Alessandro de' Medici, Herzog von Florenz, und Karls natürlicher Tochter Margarete.

Karl reist nach Innsbruck.

5. Juni: Mercurino de Gattinara, seit 1518 Großkanzler Karls V., in Innsbruck gestorben.

15. Juni: Karl in Augsburg.

20. Juni-19. November: Reichstag zu Augsburg. Melanchthon verfaßt die »Confessio Augustana«.

12. August: Florenz kapituliert vor dem kaiserlich-päpstlichen Heer. Wiedereinsetzung der Medici.

30. November: Karls Tante Erzherzogin Margarete von Österreich (Margarete von Savoyen), Statthalterin der Niederlande, gestorben.

Geburt und Tod des zweiten Sohnes Ferdinand.

Jean Bodin geboren.

27. Februar: Die protestantischen Reichsstände vereinigen sich im Schmalkaldischen Bund.

4. März: Treffen zwischen Karl V. und Maria von Ungarn in Löwen.

1. Juli: Maria zur Statthalterin der Niederlande ernannt.

11. Oktober: Ulrich Zwingli, Schweizer Reformator, in der Schlacht bei Kappel gefallen.

Karls Bruder Ferdinand zum römisch-deutschen König gewählt und gekrönt.

Spanische Truppen unter Francisco Pizarro erobern Peru.

1532	*Januar: Karl wieder in Deutschland. Reitunfall.* Reichstag von Regensburg.
	2./3. August: Nürnberger Religionsfriede zwischen Kaiser Karl V. und den protestantischen Reichsständen. Freie Religionsausübung wird zugesichert.
	August: Türkische Truppen unter Führung Solimans vor Wien.
	23. September: Karl in Wien. Rückzug der Türken.
	6. Oktober: Abreise von Wien.
	Karl trifft in Italien erneut Papst Clemens VII.
	Karls V. Neffe Prinz Hans von Dänemark gestorben.
	Orlando di Lasso geboren.
1533	*Jahresanfang: Karl kehrt nach Spanien zurück.*
	28. Februar: Michel de Montaigne geboren.
	7. September: Elisabeth Tudor, die spätere englische Königin Elisabeth I., in Greenwich geboren.
	26./28. Oktober: Der französische Thronfolger Heinrich (Heinrich II.) und Katharina de' Medici heiraten.
	Iwan IV., »der Schreckliche«, wird russischer Zar.
1534-1535	Herrschaft der Wiedertäufer in Münster.
1534	25. September: Clemens VII. gestorben.
	13. Okt.: Paul III. (Alessandro Farnese) wird Papst.
	Englische Suprematsakte. Heinrich VIII. Oberhaupt der anglikanischen Staatskirche. Endgültiger Bruch Englands mit der römischen Kirche.
	Ignatius von Loyola gründet den Jesuitenorden.
	Chairedin Barbarossa fällt in Süditalien ein; Eroberung von Tunis.
1535	*Jahresbeginn: Feldzug Karls gegen Barbarossa.*
	2. März: Abreise von Madrid.
	3. April: Karl in Barcelona.
	14. Juni: Ankunft bei Karthago.
	Juni-August: Schwere Verluste durch Krankheiten.
	Kaiserlicher Sieg bei La Goleta.
	Eroberung von Tunis.
	Juli: Der englische Kanzler Thomas Morus wird hingerichtet, da er die Suprematsakte nicht anerkennt.
	Gründung der Kolonie Neu-Frankreich am St.-Lorenz-Strom.

1536-1538 Dritter Krieg Franz' I. gegen Kaiser Karl V.

1536   Franz I. besetzt Savoyen.

Bündnis zwischen Frankreich und dem türkischen Sultan.

4. April: Karl landet in Italien. Einzug in Rom.
Bei Karls Unternehmen gegen Frankreich verhält sich Papst Paul III. neutral.

15. Mai: Anna Boleyn in England hingerichtet.
Heinrich VIII. heiratet Jane Seymour.

12. Juli: Erasmus von Rotterdam (Gerhard Gerhards) gestorben.

Juli: Alpen-Übergang. Provence-Feldzug Karls. Die Einnahme Marseilles scheitert.

November/Dezember: Rückkehr nach Spanien.

1537   *Winter: Geburt des Sohnes Juan.*
Friedensverhandlungen mit Frankreich.

1538   Heilige Liga gegen die Türken.

9. Mai: Karl in Nizza. Treffen mit Papst Paul III. Vereinbarung eines zehnjährigen Waffenstillstandes zwischen Karl V. und Franz I.

14. Juli: Erste persönliche Zusammenkunft zwischen Karl und Franz I. in Aigues-Mortes.

1539   *Karl gibt den Gedanken an einen Kreuzzug gegen die Türken auf.*

April: Geburt eines toten Sohnes.

1. Mai: Kaiserin Isabella gestorben.

Karl zieht sich für einen Monat ins Kloster Las Silas/ Toledo zurück.

Auflehnung Gents gegen Maria von Ungarn. Karl reist in die Niederlande. Sohn Philipp zum Regenten in Spanien bestimmt.

In Orléans trifft Karl erneut Franz I.

König Heinrich VIII. heiratet nach dem Tod Jane Seymours Anna von Cleve.

1540   *Jahresanfang: Karl zieht in Paris ein.*

Januar: Weiterreise nach den Niederlanden.

14. Februar: In Gent.

29. April: Karl trifft Sanktionen gegen das aufständische Gent (»Strafgericht«).

28. Juli: In England wird Kanzler Thomas Cromwell hingerichtet.

Papst Paul III. bestätigt den Jesuitenorden.

1541   Interims-Reichstag zu Regensburg.

24. September: Paracelsus (Theophrastus Bombastus von Hohenheim) gestorben.

Oktober/November: Erfolgloser Feldzug Karls gegen Algier. Stürme und Unwetter erzwingen den Abbruch des Unternehmens.

26. November: Karl in Palma.

30. November: Aufenthalt in Cartagena.

Reformation Johann Calvins (Jean Caulvins) in Genf.

El Greco (Domenikos Theotokópulos) geboren.

1542-1544 Vierter Krieg Franz' I. gegen Karl V.

1542   12. Juli: Franz I. erklärt Kaiser Karl V. den Krieg. Kampfhandlungen um Mailand und in den Niederlanden.

Karl betraut Philipp mit der Regentschaft in Kastilien und geht in die Niederlande.

8. Dezember: Maria Stuart geboren.

Heiratsverhandlungen mit Portugal: Philipp soll Maria Manuela von Portugal heiraten, Juana wird Don Juan Manuel versprochen.

»Leyes Nuevas« erlassen zum Schutz der Indios in Amerika.

Der Portugiese Pinto entdeckt Japan.

Papst Paul III. erneuert die Inquisition.

1543   24. Mai: Nikolaus Kopernikus gestorben.

Beistandspakt zwischen Karl V. und König Heinrich-VIII. von England gegen Frankreich.

Kaiserliche Truppen erobern Düren/Hzgtm. Cleve.

Der Herzog von Cleve heiratet Karls Nichte.

Eroberung von Saint-Dizier.

1544   18. September: Friede von Crépy: Frankreich verzichtet erneut auf seine Ansprüche in Italien.

Winter: Karl in den Niederlanden.

19. November: Das Konzil von Trient wird einberufen.

Dezember: Reichstag in Worms.

1545-1563	Konzil von Trient.
1545	8. Juli: *Karls Enkel Carlos (Sohn Philipps) geboren.*
	12. Juli: *Tod der Schwiegertochter Maria Manuela von Portugal.*
1546-1547	Schmalkaldischer Krieg. Karl V. im Kampf mit den protestantischen Reichsfürsten.
1546	18. Februar: Martin Luther in Eisleben gestorben. Donaufeldzug.
	Winter: Ulm, Augsburg, Straßburg kapitulieren vor den kaiserlichen Truppen.
1547-1548	»Geharnischter Reichstag« zu Augsburg. Die Gründung eines Reichsbundes unter Führung des Kaisers scheitert am Einspruch der Reichsstände.
1547	28. Januar: König Heinrich VIII. von England in Westminster gestorben. Für den unmündigen Eduard VI. übernimmt zunächst sein Onkel Eduard Seymour, Herzog von Somerset, die Regentschaft.
	31. März: Franz I. von Frankreich gestorben. Auf den Thron folgt Heinrich II.
	24. April: Schlacht von Mühlberg. Sieg der kaiserlichen Truppen. Kurfürst Johann Friedrich von Sachsen gefangengenommen. Die Kurwürde wird Herzog Moritz von Sachsen übertragen (Albertinische Linie).
	September: Miguel de Cervantes Saavedra geboren. Verschwörung des Fiesco zu Genua gegen Andrea Doria.
1548	Reichstag zu Augsburg. Augsburger Interim.
	Oktober: *Philipp verläßt Spanien. Sein Vetter Maximilian übernimmt die Regierungsgeschäfte. Beginn der Auseinandersetzungen um die Thronfolge.*
1549	10. November: Papst Paul III. gestorben.
1550	7. Februar: Julius III. zum Papst gewählt.
	April: *Philipp wird als Erbe der Niederlande anerkannt. Karl V. und Ferdinand in Augsburg.*
	August: Minister Nicolas de Granvelle (der Ältere) gestorben.
	8.-26. September: *Maria von Ungarn in Augsburg als Vermittlerin in der Nachfolgefrage Karl – Philipp – Ferdinand – Maximilian.*

1.*November: Maximilian verläßt Spanien. Regentin ist seine Frau Maria, die Tochter Karls.*
10.*Dezember: Maximilian in Augsburg.*

1551   1.*Januar: Maria erneut in Augsburg. Weitere Vermittlungsversuche.*
26. Februar: Bündnis deutscher Fürsten gegen den Kaiser.
28. Februar: Der Reformator Martin Bucer in Cambridge gestorben.
9.*März: Vereinbarung über die wechselnde Nachfolge im Reich (von Ferdinand nicht erfüllt).*
21. September: Kriegserklärung Frankreichs.
Oktober: Vertrag von Lochau. Deutsche Fürsten schließen einen Beistandspakt mit Heinrich II. von Frankreich.

1552-1556   Krieg Karls V. gegen Frankreich.

1552   15. Januar: Vertrag von Chambord zwischen Heinrich II. von Frankreich und den deutschen Protestanten gegen Karl V. Metz, Toul und Verdun werden Frankreich zugesprochen.
Aufstand unter Führung des Kurfürsten Moritz von Sachsen.
4. April: Augsburg in der Hand des Kurfürsten. *Karl in Innsbruck.*
18. Mai: Moritz erobert Füssen.
Karl flieht nach Lienz und Villach.
Feldzug durch Bayern mit Unterstützung des Herzogs von Alba und des Markgrafen von Brandenburg. Belagerung von Metz.
August: Vertrag von Passau. Freie Religionsausübung für die Protestanten garantiert bis zu einem neuen Reichstag.

1553   1.*Januar: Karl bricht die Belagerung von Metz ab.*
9. April: François Rabelais gestorben.
6. Juli: Eduard VI. von England fünfzehnjährig gestorben. Seine Halbschwester Maria I. Tudor wird englische Königin. Heiratsverhandlungen mit Philipp von Spanien.
Katholische Restauration in England.

11. Juli: Kurfürst Moritz von Sachsen gestorben.
Richard Chancellor entdeckt den nördlichen Seeweg nach Rußland.

1554 Maria die Katholische, Königin von England, heiratet Philipp von Spanien.

1555 23. März: Papst Julius III. gestorben. Sein Nachfolger Marcellus II. stirbt bereits nach einmonatiger Amtszeit.

13. April: Johanna »die Wahnsinnige«, Karls Mutter, in Tordesillas gestorben.

23. Mai: Paul IV. wird Papst.

25. September: Augsburger Religionsfriede. Anerkennung des lutherischen Bekenntnisses in Deutschland.

22. Oktober: Karl tritt als Großmeister des Ordens vom Goldenen Vlies zurück.

25. Oktober/16. Januar 1556: Kaiser Karl V. dankt zugunsten seines Sohnes und seines Bruders ab. Philipp II. wird Herrscher in Spanien, Neapel, Mailand, Burgund und den Niederlanden. Kaiser des Reiches und Herr der österreichischen Erblande wird Ferdinand I.

1556-1559 Französisch-spanischer Krieg.

1556 5. Februar: Waffenstillstand von Vauselles.

31. Juli: Ignatius von Loyola gestorben.

August/September: Karl kehrt nach Spanien zurück. Aufenthalt im Kloster von Yuste.

Winter: Karl beim Grafen von Oropesa in Xarandilla.

1557 *Februar: Karl übersiedelt endgültig nach Yuste.*

11. Juni: Johann III. von Portugal gestorben. *Karl vermittelt im Streit um die Erbfolge.*

1558 17. Februar: *Karls Schwester Eleonore gestorben.*

Februar: Ferdinand von den Kurfürsten zum Kaiser erhoben.

14. März: Krönung in Frankfurt am Main.

24. April: Maria Stuart heiratet den französischen Thronfolger Franz, den späteren König Franz II.

Sommer: Karls natürlicher Sohn Don Juan d'Austria (»Jeronimo«) in Yuste.

30. August: Karl erkrankt an Malaria.

21. September: Karl V. in Yuste gestorben.

18. Oktober: Karls Schwester Maria von Ungarn, Regentin der Niederlande, gestorben.

17. November: Maria I., die Katholische (»Bloody Mary«) gestorben. Elisabeth I. wird Königin von England. Heinrich II. von Frankreich erhebt für Maria Stuart Ansprüche auf den englischen Thron.

Französische Truppen erobern Calais.

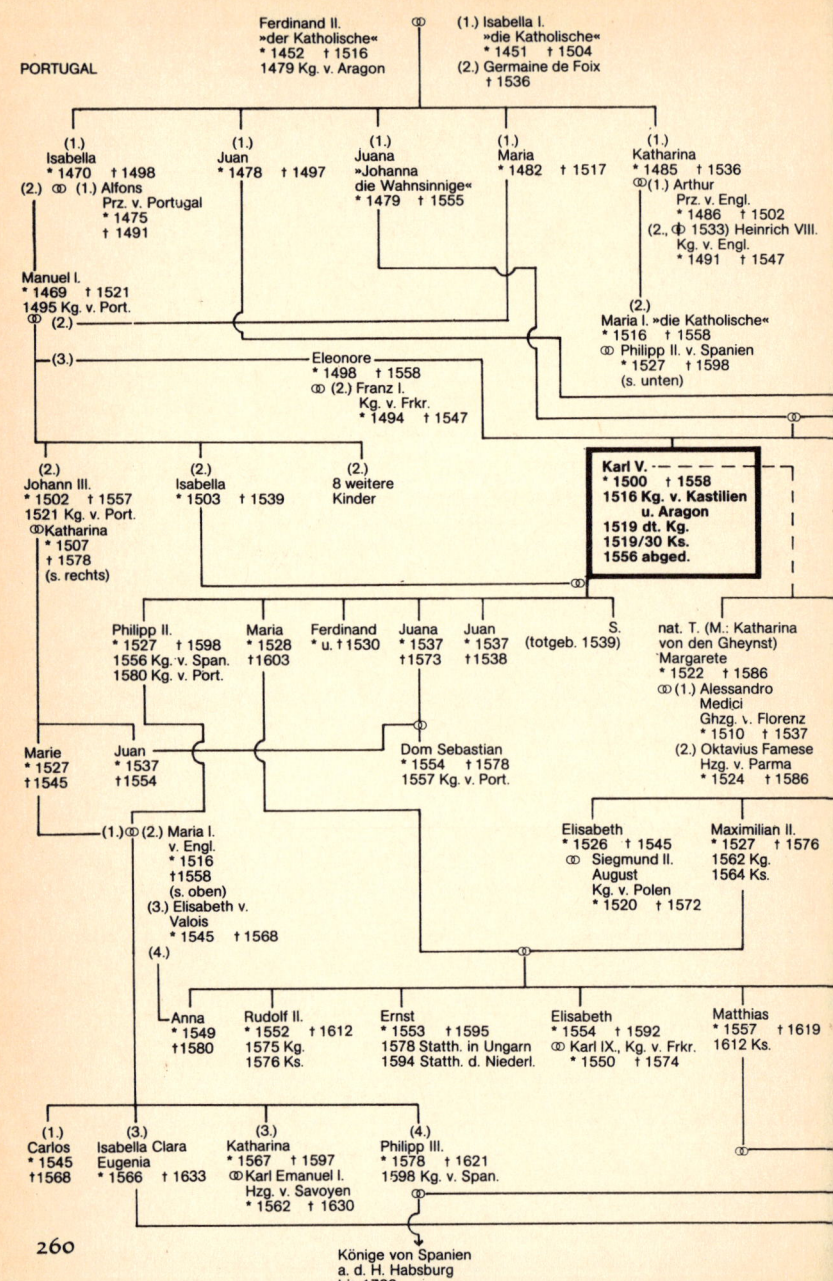

ARAGON KASTILIEN

PORTUGAL

Ferdinand II.
»der Katholische«
* 1452 † 1516
1479 Kg. v. Aragon

(1.) Isabella I.
»die Katholische«
* 1451 † 1504
(2.) Germaine de Foix
† 1536

(1.)
Isabella
* 1470 † 1498
(2.) ∞ (1.) Alfons
Prz. v. Portugal
* 1475
† 1491

(1.)
Juan
* 1478 † 1497

(1.)
Juana
»Johanna
die Wahnsinnige«
* 1479 † 1555

(1.)
Maria
* 1482 † 1517

(1.)
Katharina
* 1485 † 1536
∞(1.) Arthur
Prz. v. Engl.
* 1486 † 1502
(2., ∞ 1533) Heinrich VIII.
Kg. v. Engl.
* 1491 † 1547

Manuel I.
* 1469 † 1521
1495 Kg. v. Port.
∞ (2.)

(2.)
Maria I. »die Katholische«
* 1516 † 1558
∞ Philipp II. v. Spanien
* 1527 † 1598
(s. unten)

(3.)

Eleonore
* 1498 † 1558
∞ (2.) Franz I.
Kg. v. Frkr.
* 1494 † 1547

(2.)
Johann III.
* 1502 † 1557
1521 Kg. v. Port.
∞Katharina
* 1507
† 1578
(s. rechts)

(2.)
Isabella
* 1503 † 1539

(2.)
8 weitere
Kinder

Karl V.
* 1500 † 1558
1516 Kg. v. Kastilien
u. Aragon
1519 dt. Kg.
1519/30 Ks.
1556 abged.

Philipp II.
* 1527 † 1598
1556 Kg. v. Span.
1580 Kg. v. Port.

Maria
* 1528
† 1603

Ferdinand
* u. † 1530

Juana
* 1537
†1573

Juan
* 1537
†1538

S.
(totgeb. 1539)

nat. T. (M.: Katharina
von den Gheynst)
Margarete
* 1522 † 1586
∞ (1.) Alessandro
Medici
Ghzg. v. Florenz
* 1510 † 1537
(2.) Oktavius Farnese
Hzg. v. Parma
* 1524 † 1586

Marie
* 1527
†1545

Juan
* 1537
†1554

Dom Sebastian
* 1554 † 1578
1557 Kg. v. Port.

Elisabeth
* 1526 † 1545
∞ Siegmund II.
August
Kg. v. Polen
* 1520 † 1572

Maximilian II.
* 1527 † 1576
1562 Kg.
1564 Ks.

(1.)∞ (2.) Maria I.
v. Engl.
* 1516
†1558
(s. oben)
(3.) Elisabeth v.
Valois
* 1545 † 1568
(4.)

Anna
* 1549
†1580

Rudolf II.
* 1552 † 1612
1575 Kg.
1576 Ks.

Ernst
* 1553 † 1595
1578 Statth. in Ungarn
1594 Statth. d. Niederl.

Elisabeth
* 1554 † 1592
∞ Karl IX., Kg. v. Frkr.
* 1550 † 1574

Matthias
* 1557 † 1619
1612 Ks.

(1.)
Carlos
* 1545
†1568

(3.)
Isabella Clara
Eugenia
* 1566 † 1633

(3.)
Katharina
* 1567 † 1597
∞ Karl Emanuel I.
Hzg. v. Savoyen
* 1562 † 1630

(4.)
Philipp III.
* 1578 † 1621
1598 Kg. v. Span.

Könige von Spanien
a. d. H. Habsburg
bis 1700

HABSBURG

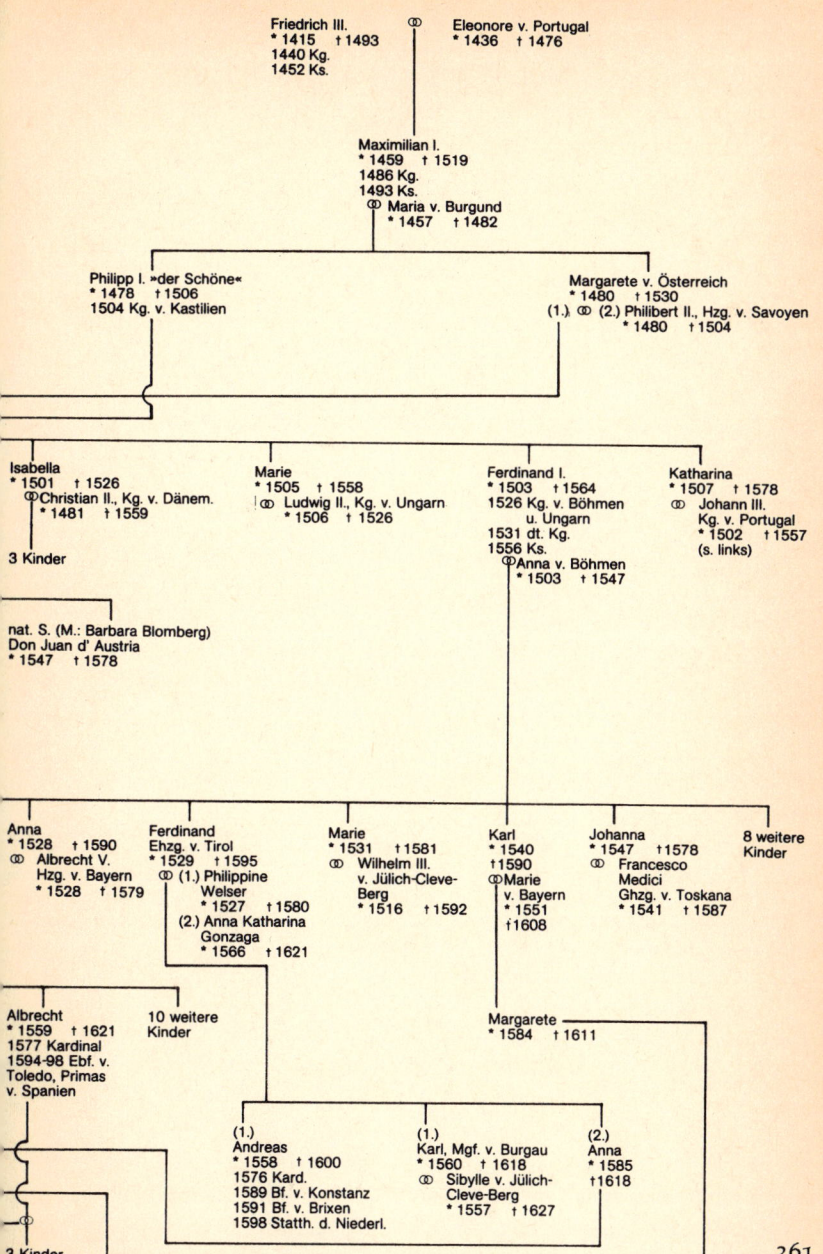

Friedrich III.
* 1415 † 1493
1440 Kg.
1452 Ks.
⚭ Eleonore v. Portugal
* 1436 † 1476

Maximilian I.
* 1459 † 1519
1486 Kg.
1493 Ks.
⚭ Maria v. Burgund
* 1457 † 1482

Philipp I. »der Schöne«
* 1478 † 1506
1504 Kg. v. Kastilien

Margarete v. Österreich
* 1480 † 1530
(1.) ⚭ (2.) Philibert II., Hzg. v. Savoyen
* 1480 † 1504

Isabella
* 1501 † 1526
⚭ Christian II., Kg. v. Dänem.
* 1481 † 1559

3 Kinder

Marie
* 1505 † 1558
⚭ Ludwig II., Kg. v. Ungarn
* 1506 † 1526

Ferdinand I.
* 1503 † 1564
1526 Kg. v. Böhmen
u. Ungarn
1531 dt. Kg.
1556 Ks.
⚭ Anna v. Böhmen
* 1503 † 1547

Katharina
* 1507 † 1578
⚭ Johann III.
Kg. v. Portugal
* 1502 † 1557
(s. links)

nat. S. (M.: Barbara Blomberg)
Don Juan d' Austria
* 1547 † 1578

Anna
* 1528 † 1590
⚭ Albrecht V.
Hzg. v. Bayern
* 1528 † 1579

Ferdinand
Ehzg. v. Tirol
* 1529 † 1595
⚭ (1.) Philippine
Welser
* 1527 † 1580
(2.) Anna Katharina
Gonzaga
* 1566 † 1621

Marie
* 1531 † 1581
⚭ Wilhelm III.
v. Jülich-Cleve-
Berg
* 1516 † 1592

Karl
* 1540
† 1590
⚭ Marie
v. Bayern
* 1551
† 1608

Johanna
* 1547 † 1578
⚭ Francesco
Medici
Ghzg. v. Toskana
* 1541 † 1587

8 weitere
Kinder

Albrecht
* 1559 † 1621
1577 Kardinal
1594-98 Ebf. v.
Toledo, Primas
v. Spanien

10 weitere
Kinder

Margarete
* 1584 † 1611

(1.)
Andreas
* 1558 † 1600
1576 Kard.
1589 Bf. v. Konstanz
1591 Bf. v. Brixen
1598 Statth. d. Niederl.

(1.)
Karl, Mgf. v. Burgau
* 1560 † 1618
⚭ Sibylle v. Jülich-
Cleve-Berg
* 1557 † 1627

(2.)
Anna
* 1585
† 1618

3 Kinder
jung

261

Personenregister

Regierende Monarchen und Fürsten findet man, wenn sie nicht zum Hause Habsburg gehören, unter ihren jeweiligen Staaten.

Acuña, Hernando de (Offizier im Heer und Dichter, gest. 1580) 87

Admiral von Kastilien – siehe Enríquez de Guzmán, Fadrique

Adrian von Utrecht (1459–1523), Erzieher Karls V.; Statthalter in Spanien während Karls Abwesenheit 1519; Papst Hadrian VI. 1522 bis 1523 17, 24, 40, 45, 47, 54, 57, 66

Alba (Alva) Don Fernando Alvarez de Toledo y Pimental (1507–1582), 3. Herzog von, Feldherr und Staatsmann 28, 68, 69, 80, 117, 119, 123, 151, 152, 154, 165, 166, 171, 172, 177, 187, 188, 193, 194, 227

Albornoz, Kardinal 100

Albret, Henri d' (1503–1555), Anwärter auf den Thron von Navarra, Sohn von Jean d'Albret, der 1512 Navarra an Spanien verlor 68

Albret, Jean d' 68

Alexander VI. (geb. Rodrigo Borgia), Papst 1492–1503 14

Almagro, Diego del (1478 oder 1479 bis 1538), Konquistador 86

Alonso de Aragón (1478–1520), natürlicher Sohn Ferdinands II. von Aragón, Erzbischof von Saragossa (Zaragoza) 27

Angulo, Martín de (Prior des Klosters St. Hieronymus von Yuste) 212

Anna von Böhmen und Ungarn (gest. 1547), Gemahlin (verh. 1520) Ferdinands, des Bruders Karls V. 51, 66

Arce, spanischer tercio-Kommandeur 171

Ascoli, Fürst – siehe Leyva, Antonio de 61

Astorga (Stadt in León), Bischof von 163

Astorga, Alvaro Pérez Osorio, 3. Marqués von (gest. 1523) 27

Augsburg, Kardinal von 181

Ávila, Bischof von 24

Ávila y Zúñiga, Don Luis de, Karls Waffengefährte, Historiker des Kriegs in Deutschland 61, 152, 168, 184, 216, 219

Balançon, Joachim de Rye, Herr von 61, 191

Barbarossa, Khair ad-Din (1467 bis 1546), levantinischer Pirat, Herrscher von Algier 1529–1535 24, 97, 122, 124, 126, 136, 137, 143, 155, 229

Bayern, Herzöge von Wilhelm IV. (1515–1550) und sein Sohn Albrecht, verheiratet mit der Nichte Karls V. 159, 164, 166

Bazán, Álvaro de (1526–1558), 1. Marqués von Santa Cruz, berühmter Flottenbefehlshaber 152